我国文化产业知识产权保护研究

徐兴祥　饶世权　夏永梅
杨　珊　陈迎新
著

法律出版社 LAW PRESS · CHINA
北京

图书在版编目(CIP)数据

我国文化产业知识产权保护研究 / 徐兴祥等著. --
北京：法律出版社，2023
ISBN 978 - 7 - 5197 - 7708 - 1

Ⅰ. ①我… Ⅱ. ①徐… Ⅲ. ①文化产业－知识产权保护－研究－中国 Ⅳ. ①D923.4

中国国家版本馆 CIP 数据核字(2023)第 049862 号

我国文化产业知识产权保护研究
WOGUO WENHUA CHANYE ZHISHI CHANQUAN BAOHU YANJIU

徐兴祥 饶世权 夏永梅 杨 珊 陈迎新 著

策划编辑 张 颖
责任编辑 张 颖
装帧设计 贾丹丹

出版发行 法律出版社
编辑统筹 法律应用出版分社
责任校对 王 丰
责任印制 刘晓伟
经　　销 新华书店

开本 A5
印张 11.125 **字数** 285 千
版本 2023 年 8 月第 1 版
印次 2023 年 8 月第 1 次印刷
印刷 唐山玺诚印务有限公司

地址:北京市丰台区莲花池西里 7 号(100073)
网址:www.lawpress.com.cn
投稿邮箱:info@lawpress.com.cn
举报盗版邮箱:jbwq@lawpress.com.cn
销售电话:010 - 83938349
客服电话:010 - 83938350
咨询电话:010 - 63939796

书号:ISBN 978 - 7 - 5197 - 7708 - 1 **定价**:58.00 元
凡购买本社图书,如有印装错误,我社负责退换。电话:010 - 83938349

西南交通大学研究生专著经费建设项目
(项目编号:SWJTU - ZZ2022 - 053)

四川省社会科学研究"十三五"规划一般项目
"文化产业知识产权的协调保护机制研究"课题成果
(批准号:SC17B102)

西南交通大学—中细软中国高铁知识产权研究院、
四川省知识产权教育培训(西南交通大学)基地项目
(项目编号:IP21001 - IP21005)

本书各章撰稿人分工

（以编写章节为序）

徐兴祥　第一章、第五章

饶世权　第二章

杨　珊　第三章

陈迎新　第四章

夏永梅　第六章

作者简介

徐兴祥，西南交通大学公共管理学院法学系副教授，中国政法大学民商法学（知识产权法方向）博士，硕士生导师。主要从事知识产权法、民商法和文化产业法等的研究。中国政法大学知识产权研究中心研究员，四川省知识产权局专利侵权判定咨询专家。参与主研国家哲学社会科学基金项目 1 项、省部级哲学社会科学基金项目 2 项，主持省部级课题 4 项，主持横向课题 10 余项。在 CSSCI 期刊及其他中文和英文期刊发表学术论文 20 多篇（其中英文论文 5 篇）。出版专著 3 部（其中独著 1 部、合著英文专著 1 部、合著中文专著 1 部）。

饶世权，西南交通大学副教授，法学博士，硕士生导师。主要从事法治理论、知识产权法、文化产业法的研究。任中国法学会董必武法学思想（中国特色社会主义法治理论）研究会理事。主持或参与国家社科基金项目及省部级项目多项，出版论著多部，在 CSSCI 及其他期刊发表学术论文数篇。

夏永梅，西南交通大学公共管理学院法学系理论法学教研室主任，讲师，法学博士，奥克兰理工大学访问学者。在《求是学刊》《学术交流》《人民论坛》《理论与改革》《探索》等 CSSCI 期刊上发表文章多篇，其中发表于《求是学刊》的文章《智慧城市背景下居民自治的发展困境与法律应对》被人大复印资料《宪法学　行政法学》全文转载，发表于《西南政法大学学报》的文章《解读中国异化消费现状——西方生态学马克思主义理论的启示》被人大复印资料《理论经济学》全文转载。主持和参加国家级、省部级项目多项，参编学术专著多部。

杨　珊，西南交通大学公共管理学院法学系副教授，法学博士，主要研究方向为经济法、知识产权法。先后在 CSSCI 期刊及其他刊物上发表学术论文 10 余篇，编写或参与编写专著和教材 4 部，主持或参与国家社科基金项目、教育部课题及其他省部级项目 7 项。

陈迎新，西南交通大学公共管理学院法学系法学副教授，法学博士，硕士生导师。主持或参与司法部、国家社科基金、四川省软科学、四川省社科基金、四川省教育厅等多项课题。在《中国科技论坛》《社会科学研究》《诉讼法论丛》等杂志发表论文多篇。参与出版《减刑、假释制度改革实证研究》《地方立法公众参与机制研究》等专著，参与出版教材《交通运输法》《比较司法制度》等。

目　录

第一章 绪　论

第一节 研究背景

当今世界正经历百年未有之大变局，我国须以创新稳定局势。习近平总书记强调，创新是引领发展的第一动力，保护知识产权就是保护创新。[①] 为全面建设社会主义现代化国家，必须更好推进知识产权保护工作。只有严格保护知识产权，才能完善现代产权制度、深化要素市场化改革，促进市场在资源配置中起决定性作用、更好发挥政府作用。从 2014 年国务院总理李克强首次提出"努力建设知识产权强国"开始，党中央、国务院、国家知识产权管理部门，以及地方各级人大及其常委会、政府等多个主体陆续发布了与知识产权保护相关的文件，以此提高我国知识产权保护水平，使我国由知识产权引进大国向知识产权创造大国转变。2021 年 9 月，中共中央、国务院发布了《知识产权强国建设纲要（2021—2035 年）》（以下简称《纲要》），内容涉及知识产权制度体系、知识产权有效保护、知

① 参见《习近平在中央政治局第二十五次集体学习时强调全面加强知识产权保护工作 激发创新活力推动构建新发展格局》，载人民网 2020 年 12 月 2 日，http://jhsjk.people.cn/article/31951686。

识产权市场化运用、知识产权公共服务体系、知识产权人文社会环境、知识产权全球治理和组织保障等多方面的战略性措施。《纲要》的实施,有利于更好地发挥我国知识产权制度的功能,为推动社会主义现代化建设发挥更加重要的作用。① 同时,“十四五”规划明确强调,要高度重视发展文化产业。展望 2035 年,我国将建成社会主义文化强国,国家文化软实力显著增强,文化产业整体实力和竞争力将大幅跃升。文化产业的发展对于提升国家文化软实力发挥了不可忽视的作用,其日益成为我国经济增长的重要动力。知识经济时代推进文化产业供给侧结构性改革和转型升级,知识产权保护越来越成为文化产业发展的发力点。② 因此,推动文化产业知识产权保护,有助于我国文化产业高质量发展,促进我国经济稳健增长。

第二节 研究意义

第一,独到的学术价值。目前文化产业知识产权保护相关法律法规出台时间较短,且学术界较少有专注文化产业知识产权保护的相关研究,即便有,也仅仅是简单分析现状、提出对策。尽管如此,学术界对于文化产业知识产权保护的热情依旧高涨。因此,本书也力求探索该热点领域,注重从文化产业和知识产权的耦合关系入手,系统分析文化产业知识产权保护主体、内容、方式等各因素,同时阐明各因素之间的关系,明确其相互影响、相互作用形成的协调

① 参见冯晓青:《完善知识产权制度,建设知识产权强国》,载《群言》2022 年第 3 期。

② 参见文妍:《数字经济下知识产权保护对文化产业发展影响机制研究》,哈尔滨商业大学 2022 年硕士学位论文。

机制,从而分析现状及相关问题,同时提出具有建设性的建议。

第二,独到的应用价值。21 世纪初,文化产业抄袭、盗版猖獗,对知识产权造成严重负面影响。为对文化产业市场秩序进行规范,本书致力于解决文化产业知识产权保护方面相关问题,使文化产业健康发展,促进文化产业繁荣。而当前文化产业知识产权保护呈现的现状是由于不同主体、不同保护方式的失衡,导致内容出现交叉重叠与矛盾冲突,从而抵销了现有应对措施所能发挥的最佳效果。本书旨在提出协同机制,在实践中可以发挥不同主体、不同保护方式的优点,消解其缺点,形成合力效应,使内容更为全面,更多发挥其保护作用。

第三,独到的社会效益。随着"知识经济"时代的到来,文化产业的发展日益受到普遍关注。在此背景下,深入研究文化产业知识产权保护成为必然选择。本书致力于提高国家文化软实力,满足时代需要,深入剖析和研究文化产业知识产权保护;旨在为设区的市以上文化产业主管部门、知识产权部门及其他相关组织机构提供决策参考,为文化产业企业的知识产权保护提供方案。

第三节　国内外研究现状

一、国外相关研究的学术史梳理及研究动态

文化产业与知识产权有密切的关系,国外无论是政府还是学者都将知识产权保护作为文化产业的核心。早在 1991 年,格罗斯及其助手就开始探求知识产权保护对数字技术创新的重要作用,认为其可以促进文化产品的增多,使文化产业发展。1997 年,英国学者大卫·瑟斯比认为,文化产业至少有可能是某种形式的"智慧财产

权”;英国政府(2001)则认为,文化创意产业就是知识产权的开发和运用;霍金斯(2003)在《创意经济》一书中提到,文化“创意产业”的产品均在知识产权法的保护范围,知识产权有专利、版权、商标和设计四大类。而联合国贸易和发展会议(UNCTAD)认为,文化创意产业是通过贸易和知识产权获利。同时,刘春和肖飞(2010)基于文化创意产业和知识产权保护的关系,演化经济学理论,分析了文化创意产业知识产权的形成与交易,探讨了文化创意产业知识产权评价的相关因素。其中指出,市场因素是创意产品和服务带来的利益,是创意产业实现其价值的知识产权载体、传导路径。[①] 以上虽然主要讨论文化创意产业,但其对文化产业同样适用。具体针对文化产业,布兰施泰特于2004年便开始探求如何完善知识产权保护,以达到加速数字技术创新、最终实现文化产业发展的效果[②]。另外,朴成浩(2009)认为,应该通过仲裁来专门解决文化产业知识产权与娱乐相关的争议[③]。陈云兴、林大为等人(2013)提到,基于产业创新的思想,文化创意产业的发展成为许多国家重要的政策之一,而知识产权在其中扮演着至关重要的角色[④]。郭秀英(2018)同样提出,著作权保护是文化产业稳定发展必不可少的条件,需要持续管制[⑤]。金

---

① Liu C. & Fei X. , *On Evaluation of Intellectual Property of Cultural and Creative Industry Based on Evolutionary Economics*, IEEE,2010.

② See Branstertter L. G. ,Fisman R. & Foley C. F. , *Do Stronger Intellectual Property Rights Increase International Technology Transfer? Empirical Evidence from U. S. Firm-level Panel Data*, *World Bank Policy Research Working Paper*,The World Bank,2004.

③ 박성호.문화산업 관련 분쟁과 중재-지적재산권 및 엔터테인먼트 관련 분쟁의 해결을 중심으로-인권과 정의,No. 389(2009):123 – 154.

④ See Chen Y. S. ,Lin D. W. et al. ,*Legal Safeguard from Intellectual Property Rights of Cultural Creative Industry*,Applied Mechanics and Materials,Vol. 311,p. 305 – 309(2013).

⑤ 곽수영.문화산업의 지적재산권에 대한 비교연구:한·중 게임산업의 발전 가능성 평가,글로벌 문화연구9 No. 1(2018):55 – 84.

章宇(2020)也认为,在文化产业的发展中一直存在问题的是知识产权[①]。由此可知,文化产业知识产权保护对文化产业的发展起着至关重要的作用。

二、我国相关研究的学术史梳理及研究动态

我国对文化产业知识产权保护的研究通过知网查询,可以追溯到2002年,至今大致经历了三个阶段:第一阶段是2002年至2005年,主要阐述文化产业与知识产权的紧密关系,回答为什么要加强文化产业知识产权保护。例如,李顺德的《文化产业与知识产权》(《中国经贸导刊》2002年第8期);赵玉忠的《文化产业发展与知识产权保护》(《科技与法律》2005年第3期);等等。第二阶段是2006年至2009年,进一步关注文化产业的知识产权保护,主要是检讨当前文化产业知识产权保护存在的不足,并提出完善对策。例如,丛立先、卢洋的《论我国文化产业的知识产权保护》(《社会科学辑刊》2008年第1期);杨和义的《文化产业知识产权保护的经验借鉴》(《改革》2009年第6期);等等。第三阶段是2010年至今,主要是进一步深入研究文化产业知识产权的策略、体系等。例如,邹龙妹的《文化创意产业中的知识产权保护方法与策略》(《知识产权》2012年第8期);刘亚军的《文化创意产业的知识产权保护》(《社会科学辑刊》2015年第3期);吴汉东的《文化创意产业发展与知识产权战略实施》(《人文天下》2017年第18期);周荣军的《知识产权保护对文化产业出口竞争力的影响》(《湖北社会科学》2020年第3期);谢巧生、周克放的《版权司法保护对文化产业发展影响研究》(《中国出

① 김장우.무용공연 지식재산권의 현재와 개선방안,스포츠엔터테인먼트와 법 23,No. 2 (2020):111 – 127.

版》2021 年第 14 期)；周刚志、王星星的《“文化强国”目标下的文化产业政策导向与选择》(《湖南大学学报(社会科学版)》2022 年第 1 期)；等等。这些研究呈现下列趋势。

1. 研究文化产业与知识产权的关系，回答文化产业知识产权保护的意义。主要从两个方面进行了研究：一方面，从文化产业的内涵、特征、性质等方面阐述文化产业与知识产权的关系，认为文化产业具有知识产权特征(赵玉忠，2005)，文化产业的重要内容和形式是知识产权(翟晓舟，2008)，文化产业与知识产权具有天然的联系与属性(丛立先，2011；魏康琪，2014)，同时文化产业的核心竞争力是知识产权(吴汉东，2017；谢巧生，2021；周刚志，2022)。因此，文化产业的本质是以版权产业为核心(李顺，2002)，即使是文化产业的外层及相关层也离不开知识产权制度(张爱国，2010；王宇，2009；李顺德，2012)，文化产业的发展与知识产权保护密切相关(周荣军，2020)。另外，在文化创意产业中，其知识产权的价值内涵和属性除了具有一般产业知识产权的共性，还具有其特殊之处(韩雨潇，2022)。陈波(2013)从文化产业与知识产权的内容、宗旨目标和主体三个方面指出了二者的契合性。另一方面，从文化产业知识产权保护的意义和作用进行研究，认为文化产业的知识产权保护可以使创意者、权利人的合法权益得到全方位的保护，为创意灵感的产生、创意成果的转换、创意经济价值的实现营造出一个稳定、和谐的外部产业环境(邹龙妹，2012；赵弘，2006；常琳，2012)，提高文化产业企业的市场竞争力和国家的核心竞争力(王海燕，2011；马永双，2011；刘亚军，2015)。同时，知识产权保护力度的加强能够促进文化产业创新水平，提升其出口竞争复杂度(周荣军，2020)，文化创意产业知识产权对驱动经济创新发挥着不可替代的作用(黄国群、庞媛，2021)。另外，文化产业与科技深度融合正成为重要的发展方向，区块链技术对其知识产权保护正在发挥着积极作用（乔瑜，2020），且文创企业知识产权质押融资对促进文化创意产业高质量发展具有重要的现实意义（龚志文，2021）。

2. 研究文化产业知识产权保护的现状，指出现有保护的不足。首先，文化产业知识产权保护意识、观念缺失或不完善，忽视文化产业的知识产权保护（穆青，2008；刘迷迷，2012；曾丹，2013；田秋丽，2015；李海，2019）。其次，文化产业知识产权立法保护不完善，缺失体系化法律制度与政策（丛立先，2008；常琳，2012；辛阳，2013；张爱娥，2014；李海，2019），国际整体知识产权标准不一（刘晓佳，2021），且知识产权侵权成本低，侵权行为不断发生，司法保护、行政执法保护较弱（卢洋，2008；李殿伟，2009；常琳，2012；田秋丽，2015），维权成本太高（穆青，2008；刘晓佳，2021）。最后，社会服务不足，比如，王宇红（2009）、张晓玲（2009）等认为，行业协会的知识产权协调和服务功能不健全，影响了企业的知识产权保护。另外，还有的学者认为，缺少完善的知识产权中介代理体系，中介服务机构不够成熟（李海，2019）等。

3. 提出了文化产业知识产权保护完善对策。首先，要加强宣传教育，提高文化产业知识产权保护意识（陆超，2005；丛立先，2008；陈静，2010；董凤华，2012；易玉，2014），增强全社会的知识产权保护意识（赵弘，2006；李海，2019）。要从政府部门开始宣传文化产业知识产权的重要性，融入相关知识产权内容（刘晓佳，2021）。其次，应当完善知识产权法律制度体系，优化文化创意产业发展环境（赵弘，2006；穆青，2008；杨雪，2011；王家鹏，2012；曾丹，2013；田秋丽，2015），加强文化创意产业促进法的立法构建，同时进一步完善《著作权法》等相关现行法律法规（韩雨潇，2022）。再次，完善文化产业知识产权保护准则，建立一种通行的国际知识产权保护准则或法规,对于文化产业在全球贸易中会产生的一些主要侵权行为进行准确的界定(刘晓佳,2021),指出当前存在的各种侵权行为,提出要利用法律武器及时制止侵权行为,加强维权,完善和严格司法、行政对文化产业知识产权的保护(杜志军,2005;陈静,2010;董凤华,2012;唐岩,2014)。提升效能的建设,提高科技创新知识产权的管理工作力度,科学指导企事业单位的知识产权保护工作,从而推进文化企业的知识产权的管理制度的建立(李海,2019)。逐步建立知识产权保护由行政保护向司法保护过渡的执法(李殿伟,2009),应加大文化产业知识产权保护的标准化体系建设和执法力度,有效维护文化产业市场经营秩序行为,杜绝不正当竞争行为,以维护文化产业知识产权的合法权益(史久期,2011)。复次,应当完善企业内部管理制度与自律机制、社会服务机制(陆超,2005;李殿伟,2009;姜梅,2013;田秋丽,2015)。最后,构建文化产业知识产权保护体系(穆青,2008;吴汉东,2017;周荣军,2020),进一步来讲,周荣军(2020)提出对不同文化产业实施差异化的知识产权保护体系。王宇红、张晓玲(2009)从主体角度提出,应从政府、行业协会、创意企业以及以创作者为核心的个人四个层面构建文化产业知识产权保护体系。邹龙妹(2012)提出从产业协会、企业联盟、企业和从业人员四方面来构建和完善文化创意产业的知识产权保护体系。王海燕(2011)主张政府、行业协会和企业应分别从宏观、中观和微观三个层面发挥作用。邵培樟(2010)从内容角度,提出了主体的权益保护机制、主体权益与公众利益平衡机制、对滥用知识产权行为的规制机制、纠纷解决机制。杨德桥(2013)、韩弘力(2013)、于向阳(2014)从知识产权类别方面提出应以版权法为核心,兼用专利法、商标法、商业秘密法和反不正当竞争法来构建文化产业保护体系。刘亚军(2015)提出以权利主体、权利客体、权利获得、权利内容、权利行使、权利救济六点为坐标中横轴，与纵轴中著作权、商标权、专利权横纵线交集，分别形成6个点，由此构成文化产业知识产权保护体系。另外，（吴汉东，2017；李海，2019；刘晓佳，2021）提出发展创新文化产业知识产权保护技术，大力推进文化产业知识产权的运用，扩大文化产业知识产权保护对象的范围，优化文化产业知识产权的市场交易体系，加大文化产业知识产权人才培养力度等建议。

综上所述，目前，国内外文献对整体的文化产业知识产权保护探索较少，多数局限于某一具体的文化产业。另外，文化产业知识产权保护现状及其存在的不足已基本达成共识，但对于文化产业知识产权保护的对策却存在较为广泛的争论。因此，以此为基础，需要对文化产业知识产权保护的各种因素如何协同形成恰当的保护机制进行深入研究。

第二章　文化产业与知识产权保护的耦合关系

第一节　文化产业与知识产权的关系

一、“文化产业”的词源、内涵与特征

（一）文化产业的概念与思想流变

1. 西方“文化产业”的概念与思想流变

文化产业由英文“culture industry”翻译而来，最早是由西方学者本雅明在 1926 年发表的《机械复制时代的艺术作品》一文中提出。1947 年出版的德国法兰克福学派学者西奥多·阿多诺和马克斯·霍克海默合著的《启蒙辩证法》中首次提出了“文化工业”的概念，用以批判资本主义社会下大众文化的商品化、标准化、程式化。这种批判理论得到了其他学者的赞同，如哈贝马斯、马尔都塞等法兰克福学派学者认为，“相对于大众文化来说，文化工业更强调文化与工业社会在技术上的联系，更强调已经完全成为商品的‘文化’无深度、模式化以及易复制和按市场规律批量生产等特征，也更为强调文化工业独特的传播方式（如电影、电视、收音机以及报纸、杂志等工业化产物）和由此导致的文化堕落：文化在文化工业模式操纵下，成为束缚意识的工具、独裁主义的帮凶，并以更巧妙的方式（娱乐）来欺骗大众、奴役大众，从而促使文化从启蒙向意识形态倒退，成为

欺骗大众的手段”[①]。显然,法兰克福学派对“文化工业”的批判有其合理性,但文化工业可以推进文化大众化,即文化逐渐由精英的奢侈品成为大众的消费品,这是其进步的一面。因此,围绕“文化工业”的诸多观点中,逐渐认识到文化工业进步的一面。1965 年马克拉基于信息技术对国民经济的贡献,提出了“知识工业”的概念,1968 年德国作家汉斯·马格涅斯·恩泽斯伯格在《意识工业》一书中提出了“意识工业”的概念。许多思想家注意到传统文化融入资本主义利益和进步中的重要性。欧洲委员会和联合国教科文组织使用了“文化产业”的概念,欧洲委员会还使用了“内容产业”的概念。20 世纪七八十年代,日本学者日下公人著有的《新文化产业论》、庄林二三雄著有的《日本的文化产业》,已较为广泛地使用“文化产业”这一概念,而且“文化产业”不是批判文化的工业化,而是主张文化的产业化发展。

2. 中国“文化产业”的概念与思想嬗变

在我国,“文化”长期以来是作为“事业”来对待的。改革开放初期,开始允许一些文化事业实现“企业化管理”,从事“经营性”的文化活动。到了 1988 年,文化部[②]、国家工商行政管理局[③]联合发布《关于加强文化市场管理工作的通知》,在国家法规性文件中正式使用了“文化市场”概念。1989 年文化部经国务院批准设立了文化市场管理局。1991 年国务院批转的《文化部关于文化事业若干经济政策意见的报告》中,使用了“文化经济”概念。1993 年《关于加速发展第三产业的决定》中将“报刊经营”列入第三产业,文化事业出现经济化的趋

① 欧阳坚:《文化产业政策与文化产业发展研究》,中国经济出版社 2011 年版,第 39 ~ 40 页。

② 现已更名为文化和旅游部,后文不再赘述。

③ 现已更名为国家市场监督管理总局,后文不再赘述。

势。1998 年文化部文化产业司正式成立。2000 年 10 月党的十五届五中全会通过的《中共中央关于制定国民经济和社会发展第十个五年计划的建议》正式提出了“文化产业”概念,开始了中国文化产业化。之后,中国出台了一系列政策、法规,促进了文化产业发展。2003 年 9 月文化部制定了《关于支持和促进文化产业发展的若干意见》,明确指出文化产业是指“从事文化产品生产和提供文化服务的经营性行业”。2004 年 4 月国家统计局在发布的《文化及相关产业分类》中将文化及相关产业定义为“为社会公众提供文化、娱乐产品和服务的活动,以及与这些活动有关联的活动的集合”。2011 年 10 月党的十七届六中全会通过了《关于深化文化体制改革推动社会主义文化大发展大繁荣若干重大问题的决定》,中国文化产业的发展进入新时期。党的十八大报告中提出,要推动文化产业快速发展,将我国文化产业打造为国民经济支柱性产业。党的十九大报告中提出,“健全现代文化产业体系和市场体系,创新生产经营机制,完善文化经济政策,培育新型文化业态”。党的二十大报告中提出,“健全现代文化产业体系和市场体系,实施重大文化产业项目带动战略”。

经过长期的发展探索,我国文化产业政策已经摆脱了以经济目标为主体的发展格局,形成了日渐模糊的产业间边界,文化产业正深入融合国民经济的大循环中,成为促进经济转型升级的新动力。文化产业政策已经由追求文化产业的数量增长转变为提高文化产业发展的质量和效益,努力推动文化产业成为国民经济支柱性产业。据统计,2016 年文化产业增加值为30 254亿元,同期占 GDP 的比例亦由 3.48% 提升到 4.07% ,2017 年全国文化及相关产业增加值为34 722亿元,占 GDP 的比重为 4.20% 。2021 年全国规模以上文化及相关产业企业营业收入为119 064亿元,其中核心领域营业收入为73 258亿元,占 61.50% 。

（二）“文化产业”的内涵

尽管文化产业思想已为各国和各界所认同，但对于什么是“文化产业”，各界的认识却并不完全相同。

1. 学术界对文化产业的理解

文化产业不同于文化事业。文化产业与文化事业之根本区别就在于文化事业不以营利为目的，而以公益为目的，而文化产业则以营利为目的。公益性与营利性有可能存在矛盾性，如色情电影等低俗文化活动，虽然可以营利，却毫无社会效益，甚至损害社会利益。但二者更多时候可以达成一致，比如，我国的主旋律影视作品不仅具有艺术性，能取得良好的市场效益，公众还能以较低的价格接受到良好的文化产品或服务，扩大了文化活动的社会效益。基于文化产业与文化事业的根本区别，二者的功能、实施主体、目标取向、管理方式也会呈现差异。[①] 但学界对于文化产业的理解不是区别于文化事业的关系，而是直接对文化产业进行界定，主要有以下几种理解：

（1）经营符号性商品说。英国学者琼斯廷·奥康纳认为：“文化产业是指以经营符号性商品为主的那些活动，这些商品的基本经济价值源于它们的文化价值。”“它首先包括我们称为‘传统的’文化产业——广播、电视、出版、唱片、设计、建筑、新媒体——和‘传统艺术’——视觉艺术、手工艺、剧院、音乐厅、音乐会、演出、博物馆和画廊。”[②]简言之，文化产业包括传统文化产业与传统艺术。

（2）生产、传播文化产品与文化服务的工业化机构说。英国媒

---

① 参见欧阳坚：《文化产业政策与文化产业发展研究》，中国经济出版社 2011 年版，第 39 ~ 40 页。

② 欧阳坚：《文化产业政策与文化产业发展研究》，中国经济出版社 2011 年版，第 41 页。

体理论家尼古拉·加纳姆认为:“文化产业指那些使用同类生产和组织模式如工业化的大企业的社会机构,这些机构生产和传播文化产业和文化服务。如报纸、期刊和书籍的出版部门、影像公司、音乐出版部门、商业性体育机构等。”[①]简言之,文化产业是指生产和传播文化产品和文化服务的工业化机构,包括出版部门、体育机构、影像公司等。

(3)创造性艺术说。澳大利亚麦考瑞大学教授大卫·索罗斯比主张以创造性艺术作为界定文化产业的标准,凡与创造性艺术相关的产业都属于文化产业。但由于文化产业与创造性艺术的关联性有强弱,其以同心圆界定文化产业的范围(见图2-1)[②],因此,文化产业是“以创造性为核心的向外延伸与扩大,是以‘创造’为核心并与其他各种投入相结合而组成的各类文化产业的经济集合”[③]。

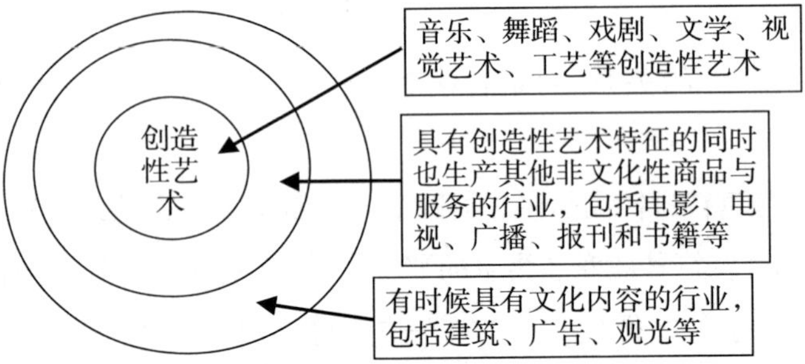

图2-1 文化产业的内容

(4)市场运作说。《文化蓝皮书2001—2002年:中国文化产业

① 欧阳坚:《文化产业政策与文化产业发展研究》,中国经济出版社2011年版,第41页。

② 参见欧阳坚:《文化产业政策与文化产业发展研究》,中国经济出版社2011年版,第41页。

③ 朱建纲:《文化产业发展战略研究》,湖南教育出版社2006年版,第7页。

发展报告》指出，文化产业只是文化中的一部分，是文化中可以采用市场运作的一部分。就其提供产品性质来说，文化产业可以被理解为向消费者提供精神产品或服务的行业；就其经济过程来说，文化产业可以被定义为“按照工业标准生产、再生产、储存以及分配文化产品和服务的一系列活动”[①]。

(5)文化商业价值说。这种观点认为，“文化产业是以生产、经营文化商品与文化服务为主要业务，以创造利润为核心，以文化企业为骨干，以文化价值转化为商业价值的协作关系为纽带，所组成的社会生产的基本组织结构”[②]。

2. 各国和各组织对“文化产业”的理解

各国基于本国国情，国际组织基于自己对于文化产业的理解，分别对文化产业作出了相应的界定。一是联合国教科文组织的工业标准说，其认为文化产业就是按照工业标准，生产、再生产、储存以及分配文化产品和服务的一系列活动。[③] 工业标准强调批量、规模、连续化生产、交换和分配、消费，其包括文化遗产、出版印刷业和著作文献、音乐、表演艺术、视觉艺术、音频媒体、视听媒体、社会文化活动、体育和游戏、环境和自然共计 10 类。[④] 二是美国的版权业说，其认为文化产业就是版权业，包括文化艺术(含表演艺术、艺术博物馆)、影视业、图书业、音乐唱片业共 4 类。[⑤] 三是英国的创意产

① 朱建纲:《文化产业发展战略研究》，湖南教育出版社 2006 年版，第 7 页。

② 胡惠林:《文化产业学:现代文化产业理论与政策》，上海文艺出版社 2006 年版。

③ 参见朱建纲:《文化产业发展战略研究》，湖南教育出版社 2006 年版，第 7 页。

④ 参见欧阳坚:《文化产业政策与文化产业发展研究》，中国经济出版社 2011 年版，第 44 页。

⑤ 参见欧阳坚:《文化产业政策与文化产业发展研究》，中国经济出版社 2011 年版，第 44 页。

业说,其认为文化产业包括广告、建筑、艺术和古董市场、手工艺、设计、时尚设计、电影、运动休闲软件、音乐、电视和广播、表演艺术、出版和软件 13 类。[1] 四是欧盟的内容产业说,其认为文化产业是制造、开发、包装和销售信息产品及其服务的产业,包括各种媒体上所传播的印刷品内容(报纸、杂志、书籍等),音像电子出版物内容(联机数据库、音像制品服务、电子游戏等),音像传播内容(电视、录像、广播和影视),用作消费的各种数字化软件等。[2] 五是日本的"娱乐观光业"说,其认为文化产业分为内容产业、休闲产业和时尚产业。休闲产业是指学习休闲、鉴赏休闲、运动设施和学校及补习班、体育比赛售票、国内旅游、电子游戏、音乐伴唱等产业。时尚产业是指时尚设计和化妆品这两类产业。内容产业是指以音乐、影像、游戏和信息出版为代表,包括电脑、网络、电视、多媒体系统建构、数字影像处理、数字影像讯号发送、录影软件、音乐录制、书籍杂志、新闻等产业门类。

可见,各国和各组织对于文化产业的具体内容的理解有相同点,也有不同点,更有不同的侧重。而在我国,全国政协和文化部组成的文化产业联合调查组于 2001 年将文化产业界定为:"文化产业是指从事文化产品生产和提供文化服务的经营性行业。"包括文化艺术、文化出版、广播影视、文化旅游四大领域[3],可以称为"经营性行业说"。2004 年国家统计局制定的《文化及相关产业分类》中,将文化产业界定为"为社会公众提供文化、娱乐产品和服务的活动,以

---

① 参见欧阳坚:《文化产业政策与文化产业发展研究》,中国经济出版社 2011 年版,第 44 页。

② 参见欧阳坚:《文化产业政策与文化产业发展研究》,中国经济出版社 2011 年版,第 44 页。

③ 朱建纲:《文化产业发展战略研究》,湖南教育出版社 2006 年版,第 7 页。

及与这些活动相关联的活动的集合”，包括提供文化产品、文化传播服务和与文化休闲娱乐活动有直接关联的用品、设备的生产和销售活动以及相关文化产品的生产和销售活动，具体可划分为核心层、外围层和相关层（见图2－2）。①

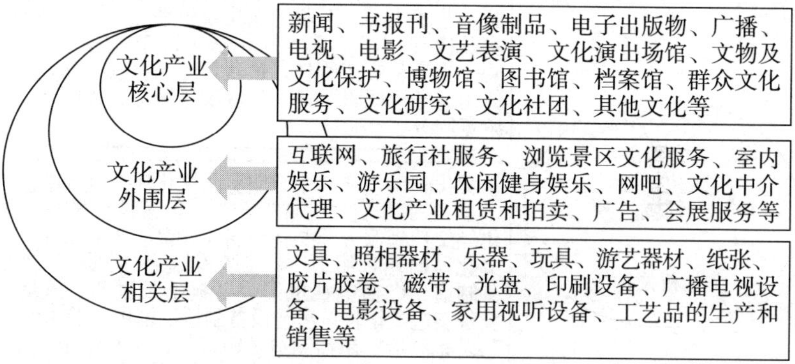

图2－2　2004年《文化及相关产业分类》文化产业内容示意

国家统计局制定的《文化及相关产业分类（2018）》指出，“本分类规定的文化及相关产业是指为社会公众提供文化产品和文化相关产品的生产活动的集合”。其范围可分为两部分：一是以文化为核心内容，为直接满足人们的精神需要而进行的创作、制造、传播、展示等文化产品（包括货物和服务）的生产活动，具体包括新闻信息服务、内容创作生产、创意设计服务、文化传播渠道、文化投资运营和文化娱乐休闲服务等活动。二是为实现文化产品的生产活动所需的文化辅助生产和中介服务、文化装备生产和文化消费终端生产（包括制造和销售）等活动。前者是文化核心领域，后者为文化相关领域（见图2－3）。

① 参见欧阳坚：《文化产业政策与文化产业发展研究》，中国经济出版社2011年版，第45页。

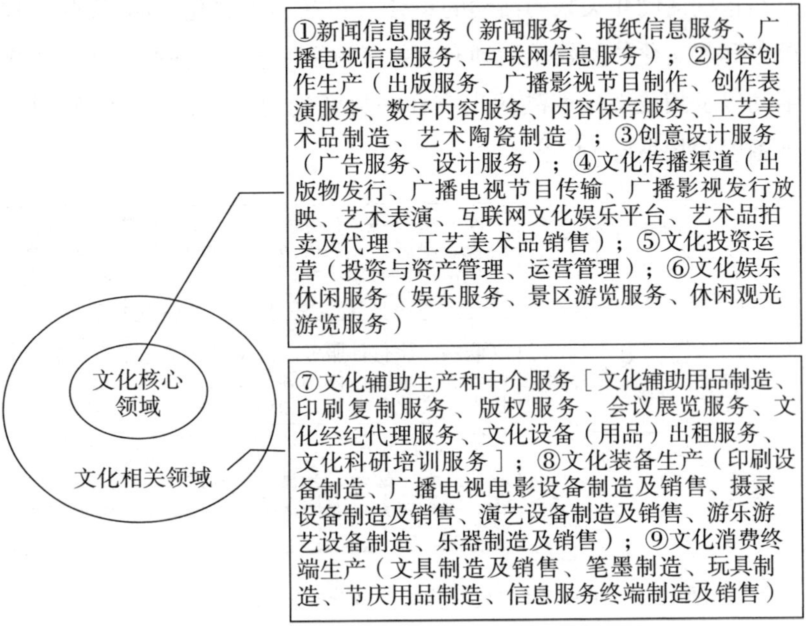

图 2－3　《文化及相关产业分类(2018)》文化产业内容示意

3. 文化产业的应有定义

《文化产业促进法(草案送审稿)》第 2 条规定,“本法所称文化产业,是指以文化为核心内容而进行的创作、生产、传播、展示文化产品和提供文化服务的经营性活动,以及为实现上述经营性活动所需的文化辅助生产和中介服务、文化装备生产和文化消费终端生产等活动的集合。前款所称经营性活动的类别包含内容创作生产、创意设计、资讯信息服务、文化传播渠道、文化投资运营、文化娱乐休闲等”。显然这个定义与国家统计局制定的《文化及相关产业分类(2018)》界定的“文化及相关产业”的定义大致一致,可以称为“文化经营性活动说”。但这一定义仍然不足以准确理解文化产业,因此,需要更深入理解“文化”与“产业”,进而理解“文化产业”。

"文化"是广泛使用的概念,美国学者克罗伯、克拉克洪总结了166条关于"文化"的定义。国外将其分为七大类,包括描述性定义、历史性定义、行为规范性定义、心理性定义、结构性定义、遗传性定义和不完整性定义。[①] 我国有学者认为,"从广义上讲,文化是指人类创造的一切物质产品和精神产品的总和;从狭义上讲,文化是指语言、文学、艺术及一切意识形态在内的精神产品"[②]。还有的学者认为,"文化具有五大特征:文化是人类社会共同生活过程中衍生出来或创造出来的;文化不是天生的,而是后天学来的;文化是一个群体或社会全体成员共同享有的;文化是一份社会遗产,是一个连续不断的动态过程;文化具有多样性与共同性"[③]。这些定义其实都没有逃出文化广义、中义与狭义的范围。

广义的"文化"是指"人类在社会历史发展过程中所创造的物质财富和精神财富的总和"[④]。因此,文化包括物质文化与精神文化。这时的文化概念与文明概念是同一的。中义的"文化"是指精神层面的文化,是"以社会意识形态为主要内容的观念体系,是由政治思想、道德、艺术、宗教、哲学等意识形态所构成的领域"[⑤],其不仅包括以独立的思想形态表现出来的文学、艺术、教育、科学等,而且包括附着在物质产品上的价值观念、审美意识、行为习惯等。狭义的"文化"是指以独立的思想形态呈现的文学、艺术、教育、科学、礼俗、信

---

① 参见朱建纲:《文化产业发展战略研究》,湖南教育出版社2006年版,第3页。

② 丛立先:《我国文化产业的知识产权战略选择》,载《政法论丛》2011年第3期。

③ 秦珍子:《非公有资本进入文化产业:放松领域与加强监管规制建设》,载《经济体制改革》2007年第5期。

④ 中国社会科学院语言研究所词典编辑室编:《现代汉语词典》(第6版),商务印书馆2012年版,第1363页。

⑤ 中国社会科学院语言研究所词典编辑室编:《现代汉语词典》(第6版),商务印书馆2012年版,第1363页。

仰、道德、习俗等。狭义、中义与广义文化之关系如图2－4所示。

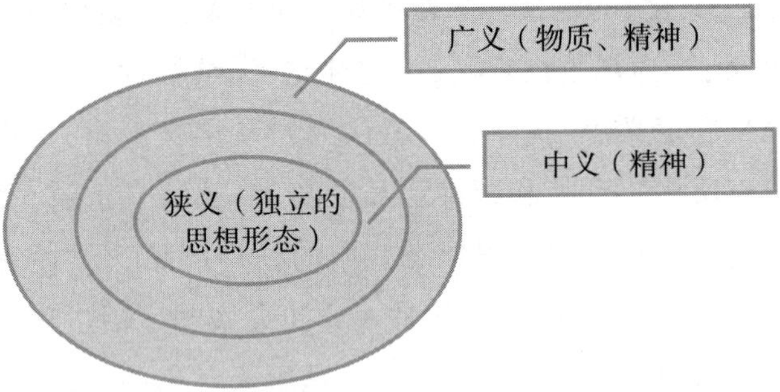

图2－4　狭义、中义、广义"文化"的关系

而产业经济学将"产业"界定为"国民经济中以社会分工为基础，在产品和劳务的生产与经营上具有某些相同特征的企业或单位及其活动的集合。在国民经济中，从各类物质生产部门到提供各种服务的各行各业，都可以称之为产业"，其包括产业类型、产业结构、产业关联、产业分布、产业组织、产业发展、产业规制（自然垄断产业规制、竞争性规制、社会性规制）、产业政策等。[①] 而《现代汉语词典》将"产业"解释为：土地、房屋、工厂等财产；构成国民经济的行业和部门；现代工业生产。[②] 显然，产业经济学对"产业"的界定因具有因果逻辑而体现出历史与现实的结合，而词典的解释则是对结果状态的描述。从上述"产业"的内涵中可以发现，产业以社会分工为基础，因为社会分工而产生了专业化的部门；另外，产业是"具有某些相同特征的企业或单位及其活动的集合"，需要一定数量的具有相同特征的社会组织。

① 参见简新华、杨艳琳主编：《产业经济学》（第2版），武汉大学出版社2009年版，第1页。

② 参见中国社会科学院语言研究所词典编辑室编：《现代汉语词典》（第6版），商务印书馆2012年版，第143页。

因此,产业是规模化的反映,是基于生产和经营的相同特征而形成的集合;产业也是将土地、房屋、工厂等作为生产要素而形成的生产经营行业或部门。从这个意义上来说,"产业"是经济学的概念。

将"文化"与"产业"相结合,就形成了如表2－1所示的模型。

表2－1　文化与产业的结合形态

<table>
<tr><td rowspan="2">形态</td><td colspan="2">精神文化</td><td>物质文化</td></tr>
<tr><td>狭义文化(独立形态)</td><td>中义文化(附着形态)</td><td rowspan="2">现代物质产业</td></tr>
<tr><td>产业</td><td>文化产业</td><td>传统产业</td></tr>
</table>

在上述模型中,广义文化中的物质文化与产业结合,形成了工业、农业、商业等现代物质产业,而不称为"文化产业"。中义文化中的附着形态的精神文化与物质产品相结合,直接体现了物质产品的功能和属性,归属于传统产业。因此,"文化产业"应当特指以独立形态存在的精神、思想与产业相结合,并将思想、文学、艺术等生产为文化(精神)产品,提供给人们消费,从而获得利润的活动,是狭义文化的产业化活动及其结果。从这个意义上来说,将文化产业称为创意产业、内容产业具有合理性。而《文化产业促进法(草案送审稿)》第2条规定的文化产业和国家统计局制定的《文化及相关产业分类(2018)》中的文化产业的范围更强调其形式或载体、工具等,即文化产业是以内容为生产核心的,包括为内容创作、制作、传播而提供支持的相关行业,均属于文化产业的范围,但核心应当是内容的创作、制作、传播和保存。

(三)文化产业的特征

1. 文化产业以独创性思想为主要内容,具有强烈的意识形态属性

文化产业是创造、生产、交换、消费精神和思想产品的产业,而

其核心竞争力取决于精神、思想产品是否具有独创性,创造性思想是文化产业的本质内核,文化产业是创造性思想的形式与载体。因此,文化产业的“创造性艺术说”一定程度上揭示了文化产业的主要内容所体现的独创性特征。

文化产品作为一种商品,具有一般商品的共有属性,即具有一定的价值和使用价值,可以进入流通领域,能满足人们的消费需求,但文化产品作为一种精神产品,也必然体现某种价值观念、道德要求和生活态度,在传播和消费的过程中会对受众的意识形态、思想观念和价值体系产生直接或间接的影响。因此,从这一层面来看,文化产品是带有鲜明的意识形态属性的特殊商品。① 正如李长春同志曾指出的,“在社会主义市场经济条件下,文化产品既有教育人民、引导社会的意识形态属性,也有通过市场交换获取经济利益、实现再生产的商品属性、产业属性、经济属性。在‘两种属性’中,意识形态属性是文化产品的特殊性,商品、产业、经济属性是文化产品的普遍性”②。因此,与一般物质产业相比较,文化产业最突出的特征具有鲜明的意识形态属性,是国家文化软实力的重要标志,也关系着国家文化安全。

2. 文化产业是以文艺等为核心的圈层体系

文化产业以具有独创性的文学、艺术为主要内容,以内容的创作、生产、复制、传播或服务等(如广播电影、电视载体、出版、文娱演出业、文艺娱乐业等)为核心层,外围层应当是与核心层相关的制造业等。创造性艺术说鲜明地体现了文化产业的圈层体系。

---

① 参见欧阳坚:《文化产业政策与文化产业发展研究》,中国经济出版社 2011 年版,第 75 页。

② 李长春:《正确认识和处理文化建设发展中的若干重大关系 努力探索中国特色社会主义文化发展道路》,载《求是》2010 年第 12 期。

3. 文化产业是文化的商品化和市场化

文化的商品化是与物质商品相比较，文化产业提供的是"人们在思想、文学、艺术等精神生产和交往活动中所获得的，并用语言、文字等载体表达"的特殊商品①，不仅具有文化价值，而且具有商品价值，是具有文化价值的商品，可以满足人们的精神生活需要。文化的市场化是指与文化事业相比较，文化产业显示出"市场化"的特点，体现为文化产业具有经济价值属性，以营利性为目的，以市场为运行机制。因此，文化产业与文化事业、物质产业相比较，既有区别之处，也有相同之处，还有相互促进的作用（见表2－2）。而文化产业的经营符号性商品说、创造性艺术说、市场运作说、文化商业价值说等本质是揭示文化产业与文化事业、物质产业的区别的。

表2－2　文化产业与文化事业、物质产业的区别

内容	价值	目的	功能	产品特性	本质
文化产业	文化价值、经济价值	营利	满足精神需要（国家软实力、文化安全）、物质效益	文化商品，具有精神性、无体性、个性化特点	文化产业化、市场化、商品化
文化事业	文化价值	公益	精神效益（国家软实力、文化安全）	文化公共产品，具有精神性、无体性、个性化特点	文化公益化
物质产业	经济价值	营利	物质效益	物质商品，具有物质性、有体性、标准化特点	物质产业化、市场化、商品化

① 参见中国社会科学院语言研究所词典编辑室编：《现代汉语词典》（第6版），商务印书馆2012年版，第1363页。

4. 文化产业的高创作成本、高风险

文化产品的生产成本主要体现在内容创作或制作上，而内容创作或制作具有研发成本高、复制成本低的显著特征。例如，要制作完成一部电影作品，需要完成剧本改编、演员演绎、编辑、配音、制作等工作，消费大量人力、物力、财力，而一旦“母带”制作成功，复制电影拷贝成本极低。文化产品的这一特征，在给创造者带来巨额回报可能性的同时，也随时面临被复制盗用的巨大风险。研发出来的文化产品若没有得到严格的法律保护，一旦被盗用复制，创造者的劳动将付诸东流，不仅无法得到回报，还会严重挫伤创造者的积极性，对整个社会的文化繁荣和发展造成不利的影响。

此外，文化产业收益具有不确定性风险。从产业收益来看，一方面，文化产业属于内容产业，具有较高的附加值和收益率；另一方面，文化产品主要满足人们精神层面的需求，这种需求具有较强的选择性、可替代性、个性化、不确定性和复杂性、难预测性，个体差异性十分明显，民族、地域、宗教、文化背景、受教育程度等都是影响需求种类和程度的重要因素。因此，文化产品消费不仅由产品内容决定，在很大程度上也由消费偏好和营销路径所决定。例如，在文化市场中经常出现在市场上受追捧的产品，可能只有娱乐价值而缺少艺术价值；而具有较高艺术价值的文化产品却遭到市场冷落，“叫好不叫座”。国家电影局发布的数据显示，2021 年我国电影产量高达 740 部，新上映国产片数量 487 部，国产片总票房 399. 27 亿元。其中，票房过亿元的国产影片 42 部，占放映国产片的 8. 60%；排名前 25 部的国产影片票房总计为 328. 92 亿元，占总票房的 82% 以上。这意味着 90% 的国产电影难以营利，有些甚至连放映的机会都没有。因此，难以预测的市场前景使文化产业收益具有不确定性，从而可能为文化产业带来风险。

二、知识产权的内涵与基本特征、类别

（一）知识产权的内涵

“知识产权”开始是一个学理概念，有的学者认为其最早产生于17世纪中叶，主要倡导者是法国学者卡普佐夫，后为比利时法学家皮卡第接受并得到进一步阐述。[①] 1967年前，知识产权在各国或地区有不同的称法，如日本曾称作“无体财产权”，现在称为“知的财产权”，我国台湾地区称为“智慧财产权”，我国大陆民法理论20世纪七八十年代曾称为“智力成果权”。不少西方国家表述为“无形产权”，直到现在仍有这种称呼。但1967年在瑞典斯德哥尔摩签订的《建立世界知识产权组织公约》（《WIPO公约》）中使用的“intellectual property”被译为“知识产权”，自此世界各国立法者和法学家广泛使用“知识产权”这一概念。而对什么是知识产权，有以下三种认识方式。

一是列举内容的方法，即用列举知识产权主要内容的方法表述知识产权的概念，如美国学者阿瑟·米勒认为，知识产权传统上包括专利、商标和版权三个法律领域；我国学者沈达明认为，专利权、商标权与著作权等一般结合在一起称为知识产权。[②] 还有学者认为，知识产权是对包括著作权、专利权、商标权、发明权、发现权、商业秘密、厂商名称、地理标记等智力成果权的总称。[③] 传统、狭义的知识产权主要包括工业产权和著作权二大类。

二是定义的方法。主要是一些学术著作，可以分为多种学说。

① 参见张翔飞等：《知识产权新论》，人民法院出版社2002年版，第2～3页。

② 参见沈达明编著：《知识产权法》，对外经济贸易大学出版社1998年版，第1页。

③ 参见刘春茂主编：《知识产权原理》，知识产权出版社2002年版，第4页。

第一种是智力创造成果权说。有学者认为，知识产权是人们就其智力创造的成果依法享有的专有权利[1]；知识产权即智力财产权，是指"民事主体依法对其智力成果享有的所有权"[2]。世界知识产权组织编写的《知识产权教程》认为，知识产权的对象是指人的脑力、智力的创造物。[3] 第二种是智力创造成果和工商业标记权说。有学者认为，知识产权是人们基于自己的智力活动创造成果和经营管理活动中的经验、知识的结晶而依法享有的民事权利[4]；"知识产权是在科学、技术、文化、艺术、工商业等领域内，民事主体对其创造性智力成果和工商业标记依法享有的专有权利"[5]；"知识产权是人们依法对自己的特定智力成果、商誉和其他特定相关客体享有的权利"[6]。还有学者认为，知识产权是基于创造性智力成果和工商业标记依法产生的权利的统称[7]。第三种是信息权说。日本学者中山信弘认为，"所谓知识财产，是指禁止不正当模仿所保护的信息"[8]。我国学者认为，"从信息角度来审视知识产权是一个比较特殊的方法"[9]。第四种是无体财产权说。这种观点认为，"知识产权是指民事主体基于其智力成果和工商业标记、信誉及其他无体财产而依法享有的支

① 参见郑成思：《知识产权法教程》，法律出版社 1993 年版，第 1 页。

② 梁军主编：《知识产权法》，电子科技大学出版社 2019 年版，第 1 页。

③ 参见世界知识产权组织：《知识产权教程》，专利文献出版社 1990 年版，第 2 页。

④ 参见刘春茂主编：《中国民法学 · 知识产权》，中国人民公安大学出版社 1997 年版，第 1 页。

⑤ 冯晓青主编：《知识产权法》，武汉大学出版社 2009 年版，第 3 页。

⑥ 王迁：《知识产权法教程》(第 7 版)，中国人民大学出版社 2021 年版，第 3 页。

⑦ 参见刘春田主编：《知识产权法》(第 2 版)，高等教育出版社、北京大学出版社 2003 年版，第 5 页。

⑧ [日]中山信弘：《多媒体与著作权》，张玉瑞译，专利文献出版社 1997 年版，第 1 页。

⑨ 吴汉东：《知识产权法》，法律出版社 2021 年版，第 6 页。

配性无体财产权"[①]。这些学说逐渐扩大了知识产权的内涵与外延。

三是完全列举的方法。主要是一些重要的国际公约，例如，1967 年在瑞典斯德哥尔摩签订的《成立世界知识产权组织公约》第 2 条第 8 款规定，知识产权包括下列权利：(1)文学艺术和科学作品权利(著作权)；(2)表演艺术家的演出、录音和广播权利(邻接权)；(3)在人类一切活动领域内的发明权(专利法和科技法意义上的发明权)；(4)科学发现权(发现权)；(5)工业品外观设计权(外观设计专利权或工业版权)；(6)商标、服务标记、商号名称和标记权(商标权、商号权、地理标记权)；(7)禁止不正当竞争(反不正当竞争)；(8)在工业、科学、文学或艺术领域内其他一切来自知识的权利。

以列举内容的方法和完全列举的方法来解释"知识产权"，有利于精准地把握知识产权外延，划清知识产权和其他财产权利的边界，但不能厘清知识产权与其他财产权的本质区别。定义知识产权的方法，有利于精准理解知识产权与其他财产权的本质区别，但不能清晰地划定知识产权与其他财产权的边界。因此，将定义方法和列举方法相结合，联系学术界对知识产权的界定以及国际上对知识产权的对象范围所达成的共识，将知识产权界定为人们对自己的智力创造成果和工商业标记依法产生的专有权利，主要包括专利权、商标权、著作权、商业秘密权等。这里并没有运用完全列举的方法是因为随着社会经济发展，知识产权的范围可能会进一步扩大，人们的智力创造成果在特定时期体现为专利权、著作权、秘密权，但在发展过程中，会产生新的表现形式，所以《成立世界知识产权组织公约》第 2 条第 8 款第 8 项做了兜底性的开放条款，即"在工业、科学、文学或艺术领域内其他一切来自知识的权利"，从而为今后扩大知

① 宁立志主编：《知识产权法》(第 2 版)，武汉大学出版社 2011 年版，第 12 页。

识产权范围提供了法律依据。《民法典》第 123 条第 2 款在明确列举知识产权客体后,在第 8 项规定“法律规定的其他客体”,从而为其他法律增加新的知识产权客体提供了依据。如果我国今后制定《知识产权法典》,可以在知识产权范围中增加类似《成立世界知识产权组织公约》第 2 条第 8 款第 8 项的兜底性、开放性条款。

(二)知识产权的特征

知识产权相对于物等财产权来说,具有下列基本特征。

首先,无形性。知识产权是一种无形产权。与有形财产权相比较,知识产权一般表现为对某项权利的占有,是无形的。这种“无形性”的属性意味着对知识产品的使用不发生有形损耗,知识产品一旦公开,就可以同时为许多人所利用,知识产权具有法律的排他性,但不具有物理的排他性。因此,知识产权比有形财产权更容易被他人侵害。

其次,专有性,又称为独占性、排他性、垄断性。知识产权的专有性即排他性,其有两层含义:一是知识产权一经确认或授予,权利人即享有对知识产权的独占、垄断和排他权,不经权利人许可任何人不得使用权利人的知识产权;二是相同的客体,只能存在一项知识产权,不能同时存在二个以上的同一知识产权。

再次,法定性。知识产权是由国家法律按一定条件和程序予以确认并加以保护而产生的知识权利。并不是所有的知识产品都享有知识产权,也不是因知识的产生而自然直接地产生专有权。知识产权必须经国家法律直接确认,或者核准授予。

复次,时间性。知识产权在法定的期限内受法律保护,一旦超过法律规定的有效期限,权利将自行消灭,相关知识产品即进入“公共领域”,成为社会共同财富,为社会公众无偿使用。但一些知识产权的时间性不是绝对的,如商标专用权期满后可以续展,著作权的人身权(除发表权)没有时间限制。

最后,地域性。作为一种专有权,知识产权在空间上的效力不是无限的,与有形财产权不同,它受地域限制,即具有严格的领土性,根据一国(地区)法律取得的知识产权,原则上只在该国(地区)发生法律效力。

(三)知识产权的类别

知识产权类别,或称知识产权的范围,是指知识产权根据其性质所进行的分类,这些类别共同构成或统称知识产权。因此,类别构成了知识产权的范围。我国目前没有统一的《知识产权法典》对知识产权的类别予以明确的界定。《民法典》第 123 条第 2 款规定,"知识产权是权利人依法就下列客体享有的专有的权利:(一)作品;(二)发明、实用新型、外观设计;(三)商标;(四)地理标志;(五)商业秘密;(六)集成电路布图设计;(七)植物新品种;(八)法律规定的其他客体"。一些国际公约对知识产权类别做了明确规定,比如,1883 年《保护工业产权的巴黎公约》中有关工业产权的范围包括专利、实用新型、外观设计、商标、服务标记、厂商名称、货源标记、原产地名称(地理标记)、反不正当竞争。1994 年通过的世界贸易组织(WTO)《与贸易有关的知识产权协定》(TRIPs 协定)中所称的知识产权是:(1)著作权与邻接权;(2)商标权;(3)地理标记权;(4)工业品外观设计权;(5)专利权;(6)集成电路布图设计权;(7)对未公开信息的保护权;(8)对许可合同中限制竞争行为的控制。《WIPO 公约》的规定比 TRIPs 协定更广泛。结合国际公约的规定和我国学理、法律实践中形成的共识,知识产权主要包括下列类别。

1. 著作权

著作权是权利主体依法对文学、艺术和科学领域的作品享有的专有权利。而作品是指文学、艺术和科学领域内具有独创性并能以一定形式表现的智力成果。作品的构成要件是智力创作成果、思想或情感的完整表达、独创性、客观的表达形式、可以再现等。依据《著作权法》第 3 条的规定,作品包括文字作品,口述作品,音乐、戏剧、曲艺、舞蹈、杂技艺术作品,美术、建筑作品,摄影作品,视听作品,工程设计图、产品设计图、地图、示意图等图形作品和模型作品,计算机软件,符合作品特征的其他智力成果。其中"符合作品特征的其他智力成果"的规定作为法律的兜底性条款,实质是建立了开放性的作品范围,即除现有法律明确列举的作品外,其他没有明确列举但符合作品构成要件的著作,也可以构成作品,享有著作权。《著作权法》第 6 条"民间文学艺术作品的著作权保护办法由国务院另行规定"的规定,表明除明确列举的作品外,民间文学艺术作品也可以享有著作权。

著作权的内容主要包括人身权利和财产权利。著作人身权主要包括署名权、发表权、修改权、保护作品完整权,除发表权外,保护期限为永久。著作财产权包括使用权和获得报酬权。使用权是指作者通过对作品的各种使用方式从而传播其作品的权利,是著作财产权的基本表现。作品的使用权为作者专有,非经作者许可或法律规定,其他人不得使用作品。获得报酬权是指作者或其他著作权人在与使用者订立了著作权许可使用合同,将作品使用权授予使用者后,有要求使用者支付一定报酬的权利。获得报酬权是著作权人实现其著作财产权的重要表现。使用权与获得报酬权常常融合在一起,具体有复制权、发行权、出租权、展览权、表演权、放映权、广播权、信息网络传播权、摄制权、改编权、翻译权、汇编权。《著作权法》第 10 条第 2 款规定,"著作权人可以许可他人行使前款第五项至第十七项规定的权利,并依照约定或者本法有关规定获得报酬";《著作权法》第 10 条第 3 款规定,"著作权人可以全部或者部分转让本条第一款第五项至第十七项规定的权利,并依照约定或者本法有关规定获得报酬”。著作财产权保护期限为50年。

2. 专利权

“专利”一词在我国最早见于《国语》。西周大夫芮良提出:“匹夫专利,犹谓之盗,王而行之,其归鲜矣。”这里所言“专利”是指通过垄断而牟取暴利的一种行为。英语中的专利称为“patent”,是从“letter patent”演变而来的,原意是公开证书。现实生活中人们常说的“专利”有下列几种意义:一是指为某人独占所有的财产,如有人说“这是我的专利”;二是指获得专利权保护的发明创造本身,通常称为专利技术;三是指技术情报,如记载技术内容的专利文献;四是指专利权,即专利权人依法获得的一种垄断性权利。法律上的专利权是指国家专利主管机关依法授予专利权人在一定期间内实施其发明创造的独占权。

根据《专利法》的规定,“发明创造是指发明、实用新型和外观设计”。发明创造是智力创造成果,获得专利权的要件是发明创造具有新颖性、创造性和实用性,合称“专利权三性”。

专利权包括权利人实施专利的权利、排除他人实施专利的权利、处分权、产品或包装上注明专利标记的权利等,属于智力成果权。发明专利权的保护期限为20年,实用新型专利权的保护期限为10年,外观设计专利权的保护期限为15年。期限届满后即为公有技术。

3. 商标权

根据《商标法》第8条规定,“任何能够将自然人、法人或者其他组织的商品与他人的商品区别开的标志,包括文字、图形、字母、数字、三维标志、颜色组合和声音等,以及上述要素的组合,均可以作为商标申请注册”。因此,商标是商品生产者或经营者为了使自己生产和销售的商品在市场上与其他生产者或经营者的商品相区别而使用的由文字、图形、字母、数字、三维标志、颜色组合和声音,或上述要素组合的一种可视听性标记。根据商标的结构,可以分为文字商标、图形商标、记号商标、立体商标、组合商标、声音商标等;根据商标的用途,可以分为营业商标、等级商标、保证商标、服务商标;根据商标的功能,可以分为防御性商标、联合商标等。《商标法》还明确规定了集体商标、证明商标等。

商标权即商标专用权,是指商标所有人对其经注册的商标所享有的专有权利。因此,获得商标权的程序是依法向国家商标局申请商标注册并获得批准。商标权是一个集合性权利,其包括商标所有权和与此相关的商标专用权、商标续展权、商标转让权、商标许可权、法律诉讼权等。专利权、著作权、商业秘密权的价值源于发明创造、作品、商业秘密本身的价值,而商标权的价值源于商标标识的商品或服务的质量或价值,因此,商标权不是智力创造成果权,而是工商业标记权。

4. 商业秘密权

商业秘密,是指不为公众所知悉、具有商业价值并经权利人采取相应保密措施的技术信息、经营信息等商业信息。构成商业秘密权具有三要件:秘密性、经济性、保密性。商业秘密权作为一种知识产权通过反不正当竞争法得以保护,更多体现为智力创造成果权,但某些商业秘密,如经营信息,其智力创造性明显低于专利权。

5. 集成电路布图设计权

学理上,集成电路布图设计是将电子线路中的各个元器及其相互连线转化为一层或多层的平面图形,将这些多层图形按一定的顺序逐次排列,构成三维图形结构,这种图形结构即为布图设计。而《集成电路布图设计保护条例》规定,集成电路布图设计"是指集成电路中至少有一个是有源元件的两个以上元件和部分或者全部互连线路的三维配置，或者为制造集成电路而准备的上述三维配置”。显然，学理上的定义更有利于在技术上理解集成电路布图设计。集成电路布图设计权是指依法对集成电路布图设计享有的专有权利。获得集成电路布图设计专有权的实质条件是布图设计必须具有原创性，因此布图设计权是智力创造成果权；获得集成电路布图设计专有权的程序要件即根据《集成电路布图设计保护条例》的规定，布图设计专有权经国务院知识产权行政部门登记产生。布图设计专有权的保护期为10年，自布图设计登记申请之日或者在世界任何地方首次投入商业利用之日起计算，以较前日期为准。但是，无论是否登记或者投入商业利用，布图设计自创作完成之日起15年后，不再受《集成电路布图设计保护条例》保护。集成电路布图设计权包括专有权、转让权、许可权等。

6. 植物新品种权

《植物新品种保护条例》规定，植物新品种是指经过人工培育的或者对发现的野生植物加以开发，具备新颖性、特异性、一致性和稳定性并有适当命名的植物品种。植物新品种权是指民事主体依法获得批准的对创造的植物新品种享受的专有权利，植物新品种权也是智力创造成果权。国务院农业、林业行政部门按照职责分工共同负责植物新品种权申请的受理和审查并对符合本条例规定的植物新品种授予植物新品种权。植物新品种权包括独占权、追偿权、转让权。植物新品种权的保护期限，自授权之日起，藤本植物、林木和观赏树木为20年，其他植物为15年。

7. 新型知识产权

随着社会经济发展和技术进步，知识产权的类型正在不断地扩大或增长。而近年来，我国正在产生的新型知识产权主要是商品化权和传统知识、人类遗传资源的保护。

在美国,商品化权被区分为虚构性角色的商品化权与真实人物的商品化权,日本学者将商品化的角色定位为三种:漫画和动画片中的出场人物等靠视觉表现出来的臆想角色(fanciful character),小说故事中依文字、语言表现出来的虚构角色(fictinal character)以及真实人物形象(personality)。我国有学者认为,角色商品化权,是作品中"真人的形象(如在世之人的肖像)、虚构人物的形象、创造出的人及动物形象、人体形象等被付诸商业性使用的权利"①。如果说初期的商品化权主要是角色、人物形象的商品化权,那么,今天的商品化权的客体已逐渐扩大。有的学者提出了文化资源商品化权,认为"我国文化资源丰富多彩、举世瞩目。从大大小小的历史文化遗址遗迹,到各类博物馆、图书馆馆藏数以百千万计的文化藏品,到各种各样的文化景观,再到不同民族的风情习俗、节日庆典中的文化符号、文化纪念物,中华文化以物质、非物质的文化遗产著称于世。随着现代科技、经济的发展,文化资源也向文化产品、文化产业转化",因此,应当对文化资源商品化权设权。②《最高人民法院关于审理商标授权确权行政案件若干问题的规定》(法释〔2017〕2 号)第 22 条规定,"当事人主张诉争商标损害角色形象著作权的,人民法院按照本规定第十九条进行审查。对于著作权保护期限内的作品,如果作品名称、作品中的角色名称等具有较高知名度,将其作为商标使用在相关商品上容易导致相关公众误认为其经过权利人的许可或者与权利人存在特定联系,当事人以此主张构成在先权益的,人民法院予以支持"。2020 年最高人民法院修正该司法解释时,仍然保留

---

① 何炼红、邓文武:《商品化权之反思与重解》,载《知识产权》2014 年第 8 期。

② 参见胡卫萍、王学军等:《文化资源商品化权设权的理论构想》,载《南昌大学学报(人文社会科学版)》2019 年第 3 期。

了本条。这一规定被理解为一定程度上正视或保护了商品化权，但仅限于角色权，而且是以著作权为保护的基本法。有关商品化权的性质、商品化权如何保护等仍然在争论之中。

现有关于传统知识、人类遗传资源保护的法律法规，主要有联合国教科文组织通过的 2003 年《保护非物质文化遗产公约》、2015 年《保护非物质文化遗产伦理原则》、2005 年《保护和促进文化表现形式多样性公约》、2001 年《世界文化多样性宣言》、1989 年《保护传统文化和民俗的建议》、1972 年《保护世界文化和自然遗产公约》等对人类传统知识、人类文化遗产、自然遗产等进行保护。《非物质文化遗产法》等法律法规和我国加入的相关国际公约，也对传统知识、人类文化遗产、自然遗产等进行了适当的保护。《著作权法》第 6 条规定，“民间文学艺术作品的著作权保护办法由国务院另行规定”。2014 年国家版权局起草的《民间文学艺术作品著作权保护条例（征求意见稿）》颁布，虽然至今没有正式施行，但这表明我国已意识到新型知识产权不仅是指具有时代特色的知识产权，还可能指赋予应当赋予但至今没有赋予知识产权的传统知识、人类遗传资源等相应的知识产权。

三、文化产业与知识产权的对接

（一）文化产业的“文化”与知识产权的“知识”的耦合

文化产业中的“文化”是狭义的文化，如果进一步扩大到中义的文化观，也属于精神层面的。实质上，通常言之“知识文化”“文化知识”，表明了知识与文化的同一性与不可分割性。《现代汉语词典》将“文化”解释为“人类在社会历史发展过程中创造的物质财富和精神财富的总和，特指精神财富，如文学、艺术、教育、科学等”“指运用文字的能力及一般知识”①,将“知识”解释为“人们在社会实践中所获得的认知和经验的总和”“指学术、文化或学问”②。在知识的解释中明确指出知识是指文化,显然,知识与文化具有同一性,一定意义上,知识即文化,文化即知识。因此,文化产业是文化的商品化和市场化,也是知识的商品化和市场化,是由知识的创作、生产、复制、传播而形成的产业,而且知识既包括新知识,也包括传统知识、文化遗产等,是一切能够满足人们文化生活、精神生活需要的知识。诚如有学者所言,“文化产业概念中所涉及的‘文化’含义,应当指的是知识文化。知识文化亦称观念文化,是指相对凝固化、系统化的精神文化,表现为一套外显的观念符号系统,包括语言、文学、艺术、哲学、科学、宗教、礼仪等。其中艺术包括语言艺术(诗歌、散文、小说、戏剧文学)、表演艺术(音乐、舞蹈、戏剧、曲艺)、造型艺术(书法、绘画、雕塑、工艺美术)和综合艺术(电影、电视剧、网络游戏)等形式”③。

那么,文化产业中的知识文化与知识产权中的知识是否相同?在社会语境,“知识”有三种方式来解答:第一种是定义式。如《辞海》认为知识是“人们在社会实践中积累起来的经验。从本质上说,知识属于认识的范畴”④。第二种是列举式。世界经济合作与发展组织(OECD)1996 年发布的《以知识为基础的经济》报告中对知识作出界定,报告称,知识包括:(1)知道是什么,即“Know-What”,表

---

① 中国社会科学院语言研究所词典编辑室编:《现代汉语词典》(第 6 版),商务印书馆 2012 年版,第 1363 页。

② 中国社会科学院语言研究所词典编辑室编:《现代汉语词典》(第 6 版),商务印书馆 2012 年版,第 1668 页。

③ 赵玉忠:《文化产业发展与知识产权保护》,载《科技与法律》2005 年第 3 期。

④ 辞海编辑委员会编:《辞海》,上海辞书出版社 1980 年版,第 1733 页。

明知识是一些明确的事实；（2）知道为什么，即“Know-Why”，表明知识是自然规律与社会进化的规则；（3）知道怎么做，即“Know-How”，表明知识是人们改造自然界与促进社会进步的技能、素质和技术；（4）知道谁，即“Know-Who”，表明获得改造自然界和促进社会进步技能的主体。[①] 第三种是从知识的各种关系来解释。如我国有学者认为，知识从来源看，源于知识主体的生产和社会实践行为与活动，源于主体对其所赖以生存的社会与自然环境的认知，也源于后人对前人积累的知识的理解、运用、转化与增加。[②] 而对知识产权语境中的“知识”的界定，主要有三种观点：第一种观点认为知识产权法语境中的知识以智力成果来命名。第二种观点认为知识产权法语境中的“知识”是指知识产品，产生于科学、技术、文化等精神领域，是人类知识的创造物，具有非物质性的特点；它是创造性劳动的产物，凝聚了人的精神劳动，在商品经济条件下具有商品的意义，从而体现了知识产权的财产权性质。[③] 第三种观点认为知识产权的对象是知识，而知识的本质是形式。“知识源于创造……但人类所谓的创造，无论是科学技术，还是文学艺术，都是改变特质世界的原有形式、设计或构造新的结构与形式活动。人类在认识世界和履行世界的过程中，会产生种种思想认识和情绪感受，他们要想把这些思想或情感传达给别人，无不需要设计构造出一定的形式……这些形式就是我们所说的知识。”[④]因此，知识产权法语境中的知识本质

---

① 参见吴季松：《知识经济——21世纪社会的新趋势》，北京科学技术出版社1998年版，第16页。

② 参见李颖怡主编：《知识产权法》（第2版），中山大学出版社2002年版，第1页。

③ 参见张翔飞等：《知识产权新论》，人民法院出版社2002年版，第23～26页。

④ 刘春田主编：《知识产权法》（第2版），高等教育出版社、北京大学出版社2003年版，第7页。

就是形式。

社会语境中的知识概念揭示了知识就是思想、信息、情感，而知识产权法语境中的知识，第一种观点和第二种观点仍然表明知识就是思想、信息、情感，但不同于社会语境中的知识在于强调思想、信息、情感的创造性。这些观点不能解释著作权的保护对象。第三种观点认为知识产权法语境中的知识不是思想、信息、情感本身，而是其表现形式，所以知识的本质就是形式。这种观点很好地解释了著作权的保护对象，而专利权保护的技术方案其实也是形式。[①] 因此，知识产权法语境中的知识应当是指人的创造性智力劳动所取得的创造性智慧成果形式。其基本特点：一是创造性。知识产权法语境中的知识是智慧成果，智慧成果有创造性和非创造性之分。只有创造性的智慧成果才是知识产权法语境中的知识。所谓创造即人首次产生崭新的精神或物质成果的思维与行为。而作为知识产权法语境中的知识的创造性是指人首次产生的智慧成果，但不是对全人类而言的，而是在特定区域、特定时间、特定领域首次产生，如文学艺术作品要受《著作权法》保护，则必须不同于特定区域已经有的作品，否则，不仅不受保护，甚至可能认定为抄袭等而构成侵权。发明创造要被授予专利也必须具有创造性。二是形式性。知识产权法语境中的知识是形式，也就是说不是单纯的思想、情感，而是这些思想、情感的表达形式，是人类心智结晶的外在的客观表现。三是先进价值性，即知识产权法语境中的知识能够满足人的精神或物质生活需要，但人的需要有先进、卑劣的需要，受知识产权法保护的知识只能是能够满足人的先进需要的知识，即先进价值。那些庸俗、淫秽作品不能如一般著

① 张翔飞等：《知识产权新论》，人民法院出版社 2002 年版，第 59 页。

作权那样自由传播,有损社会公共利益和有违公共道德的发明创造不能被授予专利。这些都体现了知识产权法语境中的知识应当具有先进的价值性。

从表象来看,与文化产业中的知识相比较,知识产权中的“知识”范围较小,而且强调创造性、形式性、先进价值性。实质上,文化产业中的“知识”与知识产权中的“知识”没有根本区别:一是虽然理论上文化产业中的“文化或知识”既包括传统知识、公有知识、遗传知识,也包括创造性的新知识,但在实践中真正能成为文化产业的知识主要是指创造性的新知识,即使是传统知识、公有知识,也需要有新的创作、生产、复制等方法,甚至演绎产生新的知识,如运用现代元宇宙技术将传统知识、人类遗传资源再现等。因此,实践中文化产业的“文化”与知识产权的“知识”殊途同归。二是文化产业中的“知识”实质也是形式,施利克说,“一切知识只是凭借其形式而成为知识;知识通过它的形式来陈述所知的实况,但形式本身是不能被描述出来的。形式的本质只在于知识”①。比如,文化产业中的文学、艺术等创作、生产、销售等,均是对一定形式表达出来的文学艺术作品的创作、生产和销售等。这与知识产权的知识强调形式是相同的。三是文化产业的知识的先进价值性是指满足人们精神生活或文化生活需要也具有先进价值性。这与知识产权的知识所强调的先进价值性相同。

整体而言,实践中的文化产业的“文化”与知识产权的“知识”的核心内容相同,文化产业与知识产权具有内在的、本质的联系,甚至可以说文化产业的本质是知识产权的产业化。诚如有学者所言,文化产业“是指以产权保护为前提,文化所能提供的各种产品

① 洪谦主编:《逻辑经验主义》(上卷),商务印书馆1982年版,第7~8页。

与服务，包括报纸、图书、媒体内容，可见文化产业的发展与知识产权保护密切相关，文化产业是知识输出与流通的行业”①。

(二)文化产业的核心——文化创意产业的知识产权属性

从文化产业的分类来说，我国有的学者将文化产业分为传统类文化产业和创意类文化产业，“传统类文化产业主要指传承传统文化为主的文化产业，如传统戏剧表演、传统民间活动、传统手工工艺和饮食文化等。而创意类文化产业是指需要通过个人创意、创造、创作来体现成果的文化产业，如新闻出版、电影和音乐、广播和电视、歌舞表演等”。因此，创意产业与文化产业结合产生文化创意产业，是文化产业的核心组成部分，它们之间的关系如图 2－5 所示。②

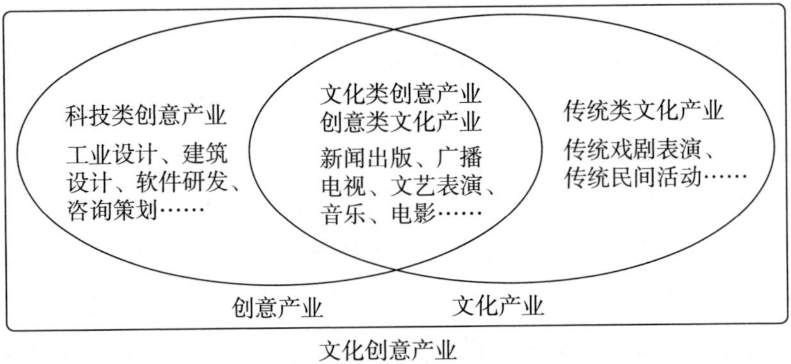

图 2－5　创意产业与文化产业的关系

而文化创意产业与知识产权不可分割。1998 年，《英国创意产业路径文件》将“创意产业”定义为：“源自个人创意、技巧及才华，通

① 周荣军：《知识产权保护对文化产业出口竞争力的影响》，载《湖北社会科学》2020 年第 3 期。

② 兰建平、傅正：《创意产业、文化产业和文化创意产业》，载《浙江经济》2008 年第 4 期。

过知识产权的开发和运用形成具有创造财富和就业潜力的行业。”这其中有三个关键词：个人创意、知识产权、财富与就业。“个人创意”是核心，是投入；“知识产权”是表达形式，是产出；“财富与就业”是效应，是最终的目的。霍金斯在《创意经济》一书中，从知识产权角度把“创意产业”界定为：其产品均在知识产权法的保护范围之内的经济部门①。联合国贸易和发展会议对文化创意产业的定义是：“创意的循环，将创意和智力资本作为初始投入，通过贸易和知识产权获利。”②这一定义与英国的定义的相似之处在于将“知识产权”作为创意产业的直接产品。而文化创意产业当然也具有创意产业具有的知识产权属性。

对于文化创意产业，我国台湾地区有关部门提出：“文化创意产业是源于创意或文化累积，透过智慧财产的形式与运用，具有创造财富与就业机会潜力，并促进整体生活提升之行业。”这个概论强调“知识产权”。有学者认为，“文化创意产业是指依靠创意人的智慧、技能和天赋，借助于高科技对文化资源进行创造与提升，通过知识产权的开发和运用，产出高附加值产品，具有创造财富和就业潜力的行业”③。强调“知识产权”与文化资源。有的学者认为，“文化创意产业是以创作、创造、创新为根本手段，以文化内容和创意成果为核心价值，以知识产权实现和消费为交易特征，为社会公众提供文化体验的具有内在联系的行业集群”④。显然，学者们对于

① 参见徐丹丹、孟潇、卫倩倩：《文化创意产业发展的文献综述》，载《云南财经大学学报》2011年第2期。

② 徐丹丹、孟潇、卫倩倩：《文化创意产业发展的文献综述》，载《云南财经大学学报》2011年第2期。

③ 兰建平、傅正：《创意产业、文化产业和文化创意产业》，载《浙江经济》2008年第4期。

④ 兰建平、傅正：《创意产业、文化产业和文化创意产业》，载《浙江经济》2008年第4期。

文化创意产业的理解都强调了创意、知识产权、文化。因此，文化创意产业应当是通过创意，产生知识产权，并通过知识产权的运用取得财产、创造就业机会的行业。其与创意产业、文化产业的比较见表2-3。而文化创意产业是文化产业最核心的部分，其与知识产权的不可分割性，充分证明了文化产业与知识产权的不可分割性，“文化产业的核心价值和根本经济增长点就是知识产权利益的实现”①。

表2-3　创意产业、文化产业、文化创意产业的内涵的比较

产业	核心(投入)	形式(产出)	效应
创意产业	创意	知识产权	财富与就业
文化产业	创意、复制	知识产权	满足精神生活
文化创意产业	创意	知识产权	文化生活

(三)文化产业主要对接著作权

有的学者认为，“美国则给文化产业以更加直白的定义，提出了版权产业的概念”②。也有的学者认为，“在国际上，美国作为世界公认的文化产业强国，一般认为版权产业是其对文化产业的一种称谓”，美国“核心版权产业、部分版权产业和发行类版权产业三部分构成我们所理解的‘文化产业’”③。版权即著作权，因此，美国文化产业对接的知识产权是著作权。还有的学者认为，文化产业领域的知识产权，可以分为“创作性成果权”和“识别性标记权”两大类，

① 丛立先:《我国文化产业的知识产权战略选择》，载《政法论丛》2011年第3期。

② 郑洋洋:《文化产业知识产权价值链管理问题初探》，载《产权导刊》2018年第10期。

③ 陈霞:《论知识产权与文化产业的发展》，载《首都师范大学学报(社会科学版)》2012年第6期。

"就我国文化产业现状而言,文化企业和个体经营者应当重点做好版权、商业秘密和地理标志方面的自我保护工作"①,即认为文化产业对接的主要知识产权是著作权、商业秘密和地理标志。显然,学者们共同的观点是文化产业与著作权关系紧密。实质上,从法理来说,诚如前文已指出,"文化产业"应当特指以独立形态存在的精神、思想与产业相结合,形成的规模化的将思想、文学、艺术等生产为文化(精神)产品,提供给人们消费,从而获得利润的活动。因此,文化产业的核心内容即思想、文学、艺术等文化产品主要的表现形态是作品。司法部2019年发布的《文化产业促进法(草案送审稿)》第12条规定,"国家尊重和保障公民、法人和非法人组织的创作自由,激发全民族文化创新创造活力,鼓励创作生产和提供健康向上、品质优良、种类丰富、业态多样的文化产品和服务"。第13条规定,"国家重点鼓励和支持创作以下优秀作品:……"这些内容都明确了文化产业的核心内容是作品。而《著作权法》第3条明确规定,享有著作权的作品是指文学、艺术和科学领域内具有独创性并能以一定形式表现的智力成果,包括文字作品,口述作品,音乐、戏剧、曲艺、舞蹈、杂技艺术作品,美术、建筑作品,摄影作品,视听作品,计算机软件,符合作品特征的其他智力成果等。其中"文字作品,是指小说、诗词、散文、论文等以文字形式表现的作品"。《著作权法》第2条第1款规定,"中国公民、法人或者非法人组织的作品,不论是否发表,依照本法享有著作权"。因此,文化产业主要对接著作权。

另外,从文化产业分类与知识产权的对应关系来看,将2018年国家统计局制定的《文化及相关产业分类(2018)》的类别涉及的知识产权进行对应见表2-4。

---

① 赵玉忠:《文化产业发展与知识产权保护》,载《科技与法律》2005年第3期。

表2-4　文化产业类别与知识产权对应

文化产业分类		对应的知识产权类别				说明
		第一	第二	第三	0顺位	
以文化为核心内容	新闻信息服务	著作权	—	—	商标权	—
	内容创作生产	著作权	商品化权	商业秘密	商标权	—
	创意设计服务	著作权	商品化权	—	—	—
	文化传播渠道	著作权	商业秘密	商品化权	—	—
	文化投资运营	著作权	商品化权	—	商标权	主要是著作权的交易
	文化娱乐休闲服务	著作权	商品化权	—	—	主要涉及文化遗产、作品的运用等
文化辅助	文化辅助生产和中介服务	专利权	商业秘密	—	商标权	—
	文化装备生产	专利权	商业秘密	—	商标权	—
	文化消费终端生产	专利权	商业秘密	—	商标权	—

从表2-4中可以得出结论:一是文化产业核心内容的六大类别对应的最重要的知识产权是著作权、商品化权,而商品化权也是著作权衍生的新型知识产权。文化产业辅助内容的三大类别主要是专利权、商业秘密权。因此,从著作权对应的类别来说,著作权对应了六大类别,而专利权只对应三大类别。二是著作权对应的六大类别是文化产业的核心内容,直接体现了文化商品的内在质量,而专利权对应的三大类别是文化产业的辅助内容,直接体现了文化商品的外在形式的质量是为核心内容服务的,“专利制度保护知识产品

的生产技术和传播技术的创新”[①]。因此,著作权是文化产业最重要的知识产权,“在与文化产业有关的知识产权中,著作权(版权)制度居于整个制度的中心”[②]。即使没有专利权为文化商品的形式生产提供保障,也不影响文化商品的内容质量;而没有著作权的文化商品即使有专利权提供文化商品的形式保障,文化产业也很难健康发展,如运用高超拍摄技术拍摄的各种玄幻影视剧难以营利和获得良好的收视率。

第二节 知识产权保护理论

一、知识产权保护的思想流变、内涵与特征

(一)知识产权保护观念的流变

“保护”是指“尽力照顾,使不受损害”[③]。但在知识产权法律语境中,传统的“保护”是指知识产权受到侵害或者被侵权时获得救济的行为,是救济性保护。比如,有的学者在“著作权的保护”一节中主要讲述了侵犯著作权的民事责任和对侵犯著作权行为的司法措施、侵犯著作权的行政责任、侵犯著作权的刑事责任[④];在“专利权的

---

① 陈霞:《论知识产权与文化产业的发展》,载《首都师范大学学报(社会科学版)》2012 年第 6 期。

② 陈霞:《论知识产权与文化产业的发展》,载《首都师范大学学报(社会科学版)》2012 年第 6 期。

③ 中国社会科学院语言研究所词典编辑室编:《现代汉语词典》(第 6 版),商务印书馆 2012 年版,第 45 页。

④ 参见刘春田主编:《知识产权法》(第 2 版),高等教育出版社、北京大学出版社 2003 年版,第124~132页。

保护”一节中主要讲述专利侵权、专利纠纷的解决。[①] 有的学者在“著作权保护”一章中讲述了侵权行为的基本范畴、基本类型、典型间接侵权、特殊保护制度、侵权行为认定规则、侵权责任归责原则、侵权行为的法律责任等[②],并且特别指明“权利保护是著作权法赖以构建的核心制度。无救济则无权利。救济是对被侵害的权利进行法律的修复和维护,著作权人的权利实现,有赖于法律对其权利的保护”[③]。其在“专利权的保护”一章中也讲了类似的几个问题。[④]有的学者也明确指出“著作权法对著作权的保护,主要体现为对侵害著作权的行为规定法律责任和救济方法”[⑤];“专利法对专利权的保护,主要体现为针对侵害专利权的行为规定法律责任和救济方法”[⑥]。显然,通常理解的保护是指救济性保护。

2008 年《国家知识产权战略纲要》强调了知识产权运行的四大环节即“创造、运用、保护、管理”,其中的保护仍然是救济性保护。但 2015 年国务院颁布《关于新形势下加快知识产权强国建设的若干意见》将“优化知识产权公共服务”纳入四大环节,形成“创造、运用、保护、管理、服务”五大运行关键环节,并形成 6 项指导性意见。2016 年 12 月,习近平总书记在中央全面深化改革领导小组(现为中央全面深化改革委员会)第三十次会议上指出要“打通知识产权创造、运用、保护、管理、服务全链条”。但“全链条”概念在该语境下仅

---

① 参见刘春田主编:《知识产权法》(第 2 版),高等教育出版社、北京大学出版社 2003 年版,第227 ~ 236页。

② 参见吴汉东:《知识产权法》,法律出版社 2021 年版,第 275 ~ 306 页。

③ 吴汉东:《知识产权法》,法律出版社 2021 年版,第 275 页。

④ 参见吴汉东:《知识产权法》,法律出版社 2021 年版,第 443 ~ 478 页。

⑤ 王迁:《知识产权法教程》(第 7 版),中国人民大学出版社 2021 年版,第 319 页。

⑥ 王迁:《知识产权法教程》(第 7 版),中国人民大学出版社 2021 年版,第 460 页。

统称知识产权运行各环节。2020 年 11 月 30 日，中共中央政治局就加强我国知识产权保护工作举行第二十五次集体学习，习近平总书记提到新时代全面加强知识产权保护工作应当从战略高度把握五大关系，从七个维度进行谋划，其中便着重强调了“强化知识产权全链条保护”，首次在国家知识产权保护规划中嵌入“全链条保护”这一概念。从“全链条”到“全链条保护”的变化，意味着将原本各自为营的“知识产权运行”与“知识产权保护”联系起来，对知识产权保护战略提出了更加深层和广泛的要求。2021 年 9 月 22 日《知识产权强国建设纲要(2021—2035 年)》将保护体系建设从原有的司法、行政中扩充开来，打造协同保护格局，具体而言是指“实现政府履职尽责、执法部门严格监管、司法机关公正司法、市场主体规范管理、行业组织自律自治、社会公众诚信守法的知识产权协同保护”。2021 年 10 月 9 日国务院发布的《“十四五”国家知识产权保护和运用规划》与全链条保护相匹配，提出了大保护的概念，同时与“严保护、快保护、同保护”共同形成了当前的四大保护理念。其中“大保护”最直接地体现了与传统的救济性保护不同，包括救济性保护在内的更广泛的主体和范围的保护。因此，今天的知识产权保护是大保护的观念，一些法律法规也开始体现了大保护理念。比如，在 2020 年修正的《著作权法》第五章“著作权和与著作权有关的权利的保护”中，第 49 条规定了著作权保护的技术措施、第 51 条规定了权利管理信息措施，突破了传统法律责任的规定，扩大了“保护”的内涵。

(二)知识产权保护的内涵

“知识产权保护”是指通过对知识产权给予照顾，促进知识产权权利的实现，避免对知识产权产生伤害的行为。这一定义与传统的知识产权保护相比体现了以下几点不同：一是功能发挥机制不同。传统的知识产权救济性保护是通过侵权可能受到惩罚或承担法律责任的预期,逆推侵权人停止侵权行为或者防止侵权行为的发生。对权利人来说,没有强力措施予以防止侵权的发生。但大保护观念的知识产权保护除包括传统的救济性保护的功能外,权利人还可以采取制度化的预防措施,预防知识产权被侵害,强化预防性保护。二是保护的性质不同。传统的知识产权保护强调避免对知识产权产生伤害,是一种较为消极的保护;而大保护观念的知识产权保护重点在促进知识产权的实现,是在知识产权创造、运用、管理中保护,是较为积极的保护。简言之,积极保护是核心,划定知识产权保护的范围与边界;消极保护是重要的保护路径,避免对划定的知识产权保护范围和边界造成侵害;管理保护渗透到二者之中,是二者提升与实现的保障。三是保护的过程不同。传统的知识产权保护强调受到侵害后的法律责任和救济,是事后保护;而大保护观念的知识产权保护强调对知识产权创造、运用、救济性保护及管理运行全过程的照顾、维护,包括知识产权确权保护、知识产权运用保护、知识产权救济保护、知识产权管理保护,是全过程保护。四是保护主体不同。传统的知识产权保护强调行政、司法救济,而大保护观念的知识产权保护强调立法、行政执法(不仅仅指行政救济)、司法、行业、社会等全主体的保护。

(三)知识产权保护的特征

大保护理念的知识产权保护具有下列特征:第一,全过程保护。知识产权运行过程是从创造、运用、保护到管理的全过程。知识产权创造在法律上是指智力创造成果、工商业标记依法定条件和程序获得权利,是确权的过程。而如何确权、何时确权、一项权利与另一项权利之间的关系和构建等都直接关系知识产权能否得到保护、得到什么样的保护。因此,知识产权创造的过程就是知识产权确权保护的过程。知识产权运用是指知识产权确权后,知识产权以自行实施、许可实施、转让或者质押融资、作价出资等方式，实现知识产权的经济价值或社会效益的活动及其过程。而是否运用、何时运用、如何运用、运用中产生新知识产权的权利归属等，也直接关系知识产权能否得到保护和保护的程度。因此，知识产权运用的过程也是知识产权保护的过程，是知识产权运用保护。而知识产权救济性保护是以法律责任和救济方法阻止侵权人对知识产权的侵害，修复受到侵害的知识产权。知识产权管理贯穿于知识产权创造、运用、救济性保护等环节，如果说知识产权确权保护、运用保护和救济性保护是制度的功能，那么知识产权管理则将这些功能发挥出来，推动功能的实现。知识产权管理保护对知识产权确权保护、运用保护和救济性保护有催化作用。因此，知识产权保护是融通于知识产权运行全过程的保护。

第二，全链条保护。"链条"是指"机械上传动用的链子"或"链子"[①]；"链子"是指"用金属的小环连起来制成的像绳子的东西"[②]。可以引申为一环节与另一环节紧密相扣，环环相扣，形容前后环节无间隔相互配合，协同无间。知识产权保护的全链条是指从法律运行环节来说，立法保护、行政执法保护、司法保护，以及社会、公众的守法保护环环相扣，互相协同、紧密配合，实现立法、行政、司法的政府保护和行业、社会服务、公众的社会保护的无间隔保护。

第三，积极保护与消极保护的结合。知识产权的消极保护是指规定侵犯知识产权的法律责任和救济方法，以此预期激励相对人不采取积极行为侵害他人知识产权；权利人对他人是否侵害自己的知

---

① 中国社会科学院语言研究所词典编辑室编：《现代汉语词典》（第 6 版），商务印书馆 2012 年版，第 809 页。

② 中国社会科学院语言研究所词典编辑室编：《现代汉语词典》（第 6 版），商务印书馆 2012 年版，第 809 页。

识产权采取一种消极行为，只有在他人侵犯了自己的知识产权时，才会采取救济行为，是一种事后的救济性保护，修复性维权保护。而积极保护是指权利人根据知识产权法律制度采取积极行为，以预防他人侵犯自己的知识产权，是一种事前、事中的预防性保护。“知识产权保护分为事前预防和侵权救济”①，知识产权保护是积极保护与消极保护的结合，从而实现事前、事中、事后的一体化保护，实现预防性与救济性或修复性保护的一体化保护。

第四，严保护、快保护、同保护。严保护通常理解为保护更加严格，如对知识产权侵害规定了惩罚性赔偿制度，这是更加严格保护的体现之一。严保护还应当包括全过程保护、全链条保护、积极保护与消极保护相结合，是一种保护内容的质量要求。而快保护是指知识产权保护的便捷性，主要是指保护质量的时间维度，全链条保护是实现快保护的重要路径。“同等保护是财产法的基本原则之一”，基本要求是不同类型的财产同等保护，同一类型知识财产中不同种类的财产同等保护②，即“在知识产权法领域，也应该对所有知识财产采取同等保护，对专利、作品、商标、商业秘密和非物质文化遗产进行同等保护”③，而且同保护还指对不同主体保护的程度相同，是知识产权保护质量在主体方面的要求。大保护理念的知识产权保护不能仅仅理解为范围大，而且指质量高，即内容、时间、主体、类别等方面的质量要求。因此，大保护理念的知识产权保护在质量上是严保护、快保护、同保护。

---

① 郑洋洋：《文化产业知识产权价值链管理问题初探》，载《产权导刊》2018 年第 10 期。

② 参见齐爱民：《知识产权法总则》，武汉大学出版社 2011 年版，第 41 页。

③ 齐爱民：《知识产权法总则》，武汉大学出版社 2011 年版，第 42 页。

二、知识产权保护的结构体系

一些学者认为,“知识产权保护是一个集立法、执法、司法于一体的制度体系”[①],可以分为立法保护、司法保护、行政保护[②]。这样的观点相对于传统的救济性保护已大为扩展,但将知识产权保护仅赋予公权力,不太符合大保护的理念。因此,知识产权保护从其保护方式来说,不仅包括立法、行政、司法保护,还应当包括行业保护、社会保护等,由此构成知识产权保护体系。

(一)知识产权的立法保护

知识产权立法保护“通过规定权利的内容和行使来保障创造者的权利”[③],“是创制文化产业知识产权保护的具体法律制度”[④]。知识产权立法保护主要从立法的及时性、立法的科学性和民主性、法律制度的完备性和完善性、保护制度的公开性等来评价。立法的及时性是指能够及时回应知识产权保护的需要,及时制定法律法规,包括立法机关能否主动及时制定、修订或更新立法内容以适应各领域知识产权保护的新变化;及时制定法律规范知识产权保护的新事物、新行为,及时修改、废止不合时宜的法律法规;国内法及时与国际规则衔接等。

立法的科学性、民主性即立法能够达到知识产权保护之目的而采取的各种行为,包括立法机关进行知识产权保护立法前,结合实

---

① 张祥志、宋婷:《知识产权制度体系保障文化产业发展的理论证成》,载《出版发行研究》2017年第6期。

② 参见丛立先:《我国文化产业的知识产权战略选择》,载《政法论丛》2011年第3期。

③ 张祥志、宋婷:《知识产权制度体系保障文化产业发展的理论证成》,载《出版发行研究》2017年第6期。

④ 丛立先:《我国文化产业的知识产权战略选择》,载《政法论丛》2011年第3期。

地调研、专家评估等活动对立法相关内容的必要性进行考察、论证，并适时作出调整；广泛征求企业、社会，以及各阶层对企业知识产权保护的意见或建议，制定科学的知识产权保护法律法规，立法能够回应主体对知识产权保护的关切等。

立法完备性即“应该有的法律制度全都有了”。因此，知识产权保护法律制度的完备性，是指知识产权保护应当有的立法和具体制度都已具备。知识产权保护法律体系的完备性要求形成一体化的知识产权保护制度体系。

立法的完善性即“完备良好”①。如果说完备性强调“有”，是制度的“量”的分布、覆盖面的分布，那么，完善性强调“好”，则是“质”的要求。而质量好坏重要的判断标准就是在实践中能否实现有效的知识产权保护。主要包括：知识产权保护制度回应了现实需要，同时具有创新性，以适应知识产权保护的新动态，制度内容科学；制度具有可操作性；制度公平，能够公平地保护国内外企业的知识产权，能够公平地保护不同企业的知识产权，足以适应各领域知识产权保护的差异性，具有充分的合理性；知识产权保护立法的所有相关信息及时、全面公布，即形式公开，确保企业和社会能够及时获得相关制度；知识产权保护制度实质公开，即在立法过程中通过征求公众意见等方式进行知识产权保护制度的宣传、教育，立法公布后广泛宣传教育，以及立法后评估，促进企业、社会公众对知识产权保护制度的真正知晓、真实知晓，才可能真正发挥立法保护知识产权的效果。

（二）知识产权的行政保护

有的学者认为，“知识产权执法通过举报投诉制度、知识产权行

---

① 中国社会科学院语言研究所词典编辑室编：《现代汉语词典》（第6版），商务印书馆2012年版，第1339页。

政保护救济渠道、打击违法犯罪行为的专项行动等措施来保护权利人的权利"[①]。这种观点实质是将知识产权行政保护理解为救济性保护。有的学者认为,"行政保护就是行政机关在遵循法定程序和运用法定行政手段的条件下,依法处理知识产权事务,维护知识产权秩序,实现知识产权保护的一种保护方式"[②]。这种观点体现了大保护理念的知识产权保护。实质上,知识产权的行政保护是知识产权保护的行政方式,是指根据知识产权保护法律制度,通过行政规章、行政命令、行政处罚等方式行为保护知识产权,可以从知识产权保护制度的完善性、知识产权保护机制、行政审批、行政执法、知识产权保护的国际合作,以及知识产权政府公共服务等方面进行判断。

行政保护制度的完善性主要反映知识产权保护相关的行政规章制度的建设及修订、完善情况。[③]

行政机关知识产权保护机制,主要包括行政保护组织机构的完备性,即与知识产权保护相关的行政机关组织机构设立是否完备;相关保护措施都有相应组织机构承担;人才队伍数量合理,质量优良。[④]

高质量的知识产权行政审批、登记制度与行政行为主要包括能够及时完备地组织审批登记、工作,以确保智力创造成果依法及时获得知识产权保护。加强行政审批、登记规范;确保审批或登记的各类知识产权有较高的质量;在行政审批、登记法定的时限内及时

① 张祥志、宋婷:《知识产权制度体系保障文化产业发展的理论证成》,载《出版发行研究》2017 年第 6 期。

② 丛立先:《我国文化产业的知识产权战略选择》,载《政法论丛》2011 年第 3 期。

③ 张楚等编著:《知识产权行政保护与司法保护绩效研究》,中国政法大学出版社 2013 年版,第 96 页。

④ 张楚等编著:《知识产权行政保护与司法保护绩效研究》,中国政法大学出版社 2013 年版,第 96 页。

完成审批或登记工作,并尽量提高效率。[①] 行政审批、登记流程公开,及时对异议、复议作出决定等。

知识产权行政执法,即考量各个行政机关通过日常执法和专项执法活动查处知识产权违法行为的效果。“我国知识产权行政执法方面有一个很突出的特点,就是行政机关可以主动出击,对侵犯知识产权违法行为进行调查、查处。”[②]

加强知识产权行政保护国际合作,旨在考量我国行政机关是否能够有效参与知识产权保护过程中的国际合作,提升我国在知识产权领域的国际影响力。行政保护国际合作空间是指行政机关举办或参与知识产权保护相关的国际会议或国际活动以及履行知识产权保护国际合作条约方面的情况如何。行政保护国际影响力是指行政机关在知识产权保护的国际合作中能否有效提高我国的国际影响力。[③]

知识产权行政保护宣传与服务旨在考量行政机关为公众、知识产权权利人提高知识产权宣传教育和公务服务的情况。知识产权宣传教育指行政机关是否面向公众开展足够的知识产权宣传教育,提升社会整体知识产权意识。知识产权维权援助是指行政机关是否为知识产权权利人提供了必要的维权指导或直接的维权援助。知识产权保护业务指导是指行政机关是否为最重要的创新主体即企业提供了必要的知识产权管理或经营方面的指导。

(三)知识产权的司法保护

有的学者从法律后果的角度,认为知识产权司法保护就是“通

---

① 张楚等编著:《知识产权行政保护与司法保护绩效研究》,中国政法大学出版社 2013 年版,第 96 ~ 97 页。

② 从立先:《我国文化产业的知识产权战略选择》,载《政法论丛》2011 年第 3 期。

③ 张楚等编著:《知识产权行政保护与司法保护绩效研究》,中国政法大学出版社 2013 年版,第 97 页。

过规定各种侵权行为以及侵权法律责任来保障权利人的权利”[①]；有的学者从途径或手段的角度，认为“司法保护就是通过民事诉讼、行政诉讼或刑事诉讼等司法活动来保护文化产业的知识产权成果”[②]。知识产权的司法保护主要是指救济性保护，应当从司法保护制度完善、司法保护机制、案件审理质量、判断执行效率，以及与其他保护的衔接、国际合作等方面进行评价。

知识产权司法保护制度的完善应当是司法机关据以进行司法审判活动的法律依据。司法裁判法律依据的完备性是指各级法院据以进行裁判的法律依据是否充分、完备。[③]

知识产权司法保护机制是主体开展司法保护活动的运行机制。主要包括：一是专业机关。司法保护组织机构的完备性即建立了足够的专门机构开展知识产权司法审判活动。有学者提出“设立知识产权法庭是充分发挥知识产权司法保护促进创新发展的必要路径”，经过实证研究得出的结论是“知识产权法庭设立带来的知识产权司法保护有效激励了企业创新”[④]。司法管辖布局的合理性即司法审判组织的分布足以适应知识产权案件发生的新动态，具有充分的合理性。审判制度的创新性是指法院能够主动针对知识产权案件的特点，开展诸如“三审合一”等审判制度创新。二是高质量的司法队伍，即评判法官的业务素质和思想政治素质情况。司法审判队

① 张祥志、宋婷：《知识产权制度体系保障文化产业发展的理论证成》，载《出版发行研究》2017 年第 6 期。

② 从立先：《我国文化产业的知识产权战略选择》，载《政法论丛》2011 年第 3 期。

③ 张楚等编著：《知识产权行政保护与司法保护绩效研究》，中国政法大学出版社 2013 年版，第 96 页。

④ 王营、朱文艺：《通向创新型国家的司法保护之路：来自知识产权法庭设立的证据》，载《现代财经（天津财经大学学报）》2022 年第 5 期。

伍素质即司法机关的人员构成情况及其素质能达到知识产权保护的相关要求。审判业务素质培养是指法院能积极有效地组织足够的培训以提高法官的专业知识和审判技巧。思想政治建设是指法院是够坚持开展对法官的思想政治教育,法官能够坚持忠诚、为民、公正、廉洁的价值观。三是高质量的司法资源,即国家在知识产权司法保护方面投入的资源丰裕、资源配置合理,能够确保各地区知识产权案件的及时处理。四是司法公开,即知识产权司法保护的透明度,法院能够保持知识产权审判行为的透明、公开,让社会有效监督司法机关的审判活动;裁判文书能够及时、主动、全面地公开。[①]

知识产权保护审判质量,即司法机关以审判、调解等方式处理知识产权民事纠结案件的情况,包括维持较高的一审结案率,逐渐降低上诉率、再审率,确保案件的审理质量;在审限内及时审理完结知识产权纠纷案件,使权利人的利益及时得到维护;法院规范调解行为,恰当运用调解解决知识产权纠纷、化解矛盾,实现案结事了;[②]裁判有充分的证据,有明确的法律依据,说理充分,表达简洁、明了;裁判内容合法、合理。“知识产权损害赔偿的确定被认为是能够最为直观地体现出知识产权司法保护水平高低的方面,任何权利的确切价值都必须按照实现该权利后获得的救济进行度量。”[③]因此,科学、合理的损害赔偿被认为是判断审判质量好坏的重要标准。

知识产权保护审判质量还包括司法审判对行政机关行为的审

① 张楚等编著:《知识产权行政保护与司法保护绩效研究》,中国政法大学出版社 2013 年版,第 98 ~ 99 页。

② 张楚等编著:《知识产权行政保护与司法保护绩效研究》,中国政法大学出版社 2013 年版,第 98 页。

③ 施小雪:《公共政策理论视角下我国知识产权司法保护的实践逻辑》,载《知识产权》2022 年第 2 期。

判监督,支持行政执法以及通过刑事审判达到惩治、威慑知识产权犯罪的效果。一是法院能够通过高质、高效的知识产权行政审判实现对行政行为的恰当监督,并有效支撑行政执法活动。二是检察机关提前介入,及时查处知识产权刑事案件;法院及时、公开审判知识产权刑事案件;加强对裁判的说明。三是法院对知识产权刑事案件的审判能够起到有效惩治、震慑犯罪行为的效果。[①]

知识产权裁判得到完全执行。知识产权裁判是知识产权保护的结果,裁判得到执行表明了知识产权保护得到实现。

与其他保护的衔接,即司法机关在开展司法保护的活动过程中建立起与其他相关部门的合作机制,整体提升我国知识产权保护水平。国际合作与交流是指法院主动开展或参与知识产权司法保护的国际或区际交流,提升中国知识产权司法保护负责任的大国形象。

(四)知识产权的守法保护

知识产权的全民守法是指全体社会公众、机关、社会团体等遵守知识产权法律法规,积极形成知识产权保护的社会机制,包括权利人的自我保护和社会保护。社会保护是指社会性组织和公众对知识产权的保护。社会性组织主要是指行业协会、知识产权中介服务机构等。行业协会的保护,即行业协会通过参与制定行业标准、发布与反馈知识产权信息、制定知识产权策略、适时组织集体维权等方式强化行业内企业知识产权意识,督促企业建立风险防范机制抵御知识产权危机,赋予企业应对知识产权纠纷的动力与集体优势。知识产权中介服务机构提供知识产权保护的专业服务和建议,

① 张楚等编著:《知识产权行政保护与司法保护绩效研究》,中国政法大学出版社2013年版,第98页。

如提供知识产权保护的商业保险等。权利人的自我保护是权利人通过自身的制度、机制,采取措施保护自己的知识产权。

(五)知识产权的协同保护

知识产权协同保护并不是一种独立的保护方式,而是旨在厘清前述四种知识产权保护方式的关系后,明确上述知识产权保护方式不是彼此分离,而是相互联系的,形成知识产权的协同保护。具体包括:

首先,跨区域协同保护。一是建立跨区域公权力协同保护的制度与机制,即建立跨区域的公权力之间相互协同的知识产权保护制度和机制,实现跨区域同保护。二是实现跨区域行业内部协同保护。组成跨地区的行业联盟,通过建立合作联盟、联谊会或联系网络等形式,定期召开联席会议、论坛或研讨会,构建完善的跨区域协同治理的沟通与协商机制,确保沟通协商过程及时、通畅,结果有效,共同推进行业知识产权跨区域协同保护。三是建立跨区域信息网络共享机制,即通过专门建立权责明确的协调组织等,及时进行跨区域的、与知识产权保护相关信息的交流与反馈,实现跨区域知识产权保护信息整合共享。四是建立跨区域公共服务协同保护机制,即建立跨区域公共服务的协调机制,实现跨区域公共服务一体化。

其次,公权力之间的协同保护,主要是指行政机关、审判机关、检察机关等公权力机关之间协同保护。一是建立知识产权集中保护机制。建立区域知识产权集中保护中心,其他机关协同,统筹本地区以及省内外知识产权案件。二是司法机关之间的协同配合。检察机关积极加强与法院的沟通,就《刑法》规定不明确的,特别是与定罪量刑有关的数额标准、法律适用等关键问题达成一致认识,成立专家咨询委员会或者成立专业化办案组织等。三是完善知识产权领域“两法衔接”。加强部门沟通，通过共享行政执法数据、法院数据、举报线索数据等，提供知识检索、咨询、风险预警等辅助办案功能。健全联席会议、信息共享、案情通报，链接制度及人员交流学习制度等。四是构建“司法＋行政＋X”协同保护模式。成立以法院为主导的知识产权司法协同中心，搭建知识产权保护联合工作平台，构建知识产权社会共治的同保护模式。与版权、市场监管、文化等部门建立信息共享机制，联合开展知识产权执法保护行动。

再次，政府、行业协会、企业联动保护机制。一是加强知识产权综合运用和保护第三方平台。政府应考虑设立第三方运用和保护平台，建立包括知识产权的运用和转化机制、快速维权与联动机制以及学术宣传交流与人才培养机制等，以加强对企业知识产权的协同保护。二是加强行业协会与企业的联动保护。行业协会应与企业共同制定行业标准、相互交流知识产权信息、共同组织集体维权，增强企业应对知识产权纠纷的动力与集体优势。政府应引导中介服务机构建立知识产权保护机制。三是构建社会监督保护机制。如使非企业单位、专业服务机构、其他社会力量，基金会等非营利性法人，高校、科研机构等企事业单位以及专家、学者和志愿者等自然人参与构建市场监督保护平台，协调督促依法行政，营造全社会关心、支持知识产权市场监督工作的良好氛围。

最后，多元纠纷解决机制。一是完善相应法律法规。引入第三方或者行业协会居中调解处理，进一步健全侵权信息收集、证据保全、当事人申请执行的担保前置程序等方面相应的法律法规。二是完善司法审判过程。吸纳专家辅助人、技术鉴定人等司法辅助人员参与诉讼，在司法鉴定中探索适用知识产权侵权快速识别与鉴定机制，提升知识产权案件审理的效率。三是完善调解机制。成立纠纷调解中心，构建完善的诉前调解前置程序和诉调对接机制，并选任专业人士作为知识产权纠纷调解员。四是完善仲裁制度。融合国际商事仲裁的先进制度,合理构建自贸区仲裁制度。如建立仲裁员开放名册制度,建立和完善紧急仲裁厅制度和小额争议程序、合并仲裁制度、申请仲裁的临时措施等。五是建立诉讼、调解、仲裁等解决机制的一体化协同机制。六是建立知识产权维权援助机制等。

三、知识产权保护的意义

(一)促进知识产权从法定权利变成现实权利

知识产权作为一种权利,可以分为应有权利、法定权利和现实权利。“应有权利”是人们基于特定的社会物质生活条件和文化传统而认为或被承认应当享有的权利。[①] 其中的“应当享有”表征“应有权利”应当是“正当的权利”。比如,当前学者在探讨是否应当赋予职务科技成果发明人对职务发明创造的专利权,实质就是探讨发明人是否应当享有职务发明创造的专利申请权和专利权。而所谓法定权利“是通过实在法律明确规定或通过立法纲领、立法原则加以宣布的、以规范与观念形态存在的权利”[②]。比如,《专利法》并没有明确赋予发明人对职务发明创造的专利申请权和专利权,而只是规定“单位有权处置专利申请权和专利权”,即发明人可以通过单位的处置权获得全部或部分专利申请权和专利权,是继受取得的权利。而现实权利是指法律规定的权利得到实现,权利人能够实际享有相应的权利。

如果没有知识产权保护,那么,权利人的知识产权就是“裸权利”,可能被肆意侵害,而且反向激励他人侵害知识产权,因为侵害

① 参见张文显:《法哲学范畴研究》(修订版),中国政法大学出版社 2001 年版,第 311 页。

② 张文显:《法哲学范畴研究》(修订版),中国政法大学出版社 2001 年版,第 315 页。

他人知识产权不仅可以获得高额利益回报,且不受任何惩罚。权利人的知识产权就只能是法定权利,而不能成为现实权利。而知识产权保护是对法定权利的保护,通过确权、运用、救济、管理等全过程的保护,并且依赖行政、司法等公权力的强制和社会的自治,使法定的知识产权能够为权利人实际享有,并在权利受到侵害时可以修复受到损害的知识产权,法定的知识产权成为现实的知识产权。

(二)预防知识产权被侵害,修复被侵害的权利

知识产权保护可以预防知识产权被侵害。因为作为保护知识产权制度的重要组成部分,知识产权保护规定了侵犯知识产权的法律责任和救济方法。法律责任是法律关系主体违反法律规定或约定义务而应当承担的否定性法律后果,具有一种否定、制裁的道德意义。在古罗马法中法律责任被称为"锁链",因为有了法律责任才使法律具有约束力。当公众违反法律时,国家运用强制力强迫其承担法律责任,以迫使其遵守法律,修复初步侵害的权利。因此,法律的国家强制性很大程度上正是取决于要求侵权人承担法律责任的压力。由此给予任何人一种预期:如果侵犯他人知识产权,就会被强制要求承担法律责任,受到道德上的否定和法律的制裁。这种预期具有确定性,而且知识产权侵权惩罚性赔偿责任等日益加重的知识产权侵权责任,更促进公众作为理性经济人计算利益得失,从而预防或减少对他人知识产权的侵犯。同时,侵犯知识产权的法律责任和救济方法使权利人受到侵害的权利可以得到修复,填平权利的损害。

(三)激励创新竞争,提高知识产权质量

如果说前两项对知识产权保护起着较为微观、直接的作用,那么,促进知识产权创新、提高知识产权质量则对知识产权保护起着

较为中观的、直接的作用。有学者认为,专利权制度赋予发明人一定期限内对专利技术的专有权利,发明人运用专利技术而获得收益,既可以弥补因研究、开发该专利技术而付出的财力、智力,也可以激励发明人进行新的发明创造。① 所有类型的知识产权的底层逻辑均是如此。但知识产权激励创新依赖于知识产权保护使法定权利成为现实权利,而且预防权利被侵害或修复权利。因此,知识产权保护促进创新竞争,提高知识产权质量,表现在两个方面:一方面,知识产权保护确认智力成果的创造者享有包括人身权和财产权在内的基本权利,明确自己的行使权利可以激励权利人不断创新、创造出更好的知识产权;另一方面,他人不可能免费或低价合法地获得知识产权运用,而支付高价又让自身利益受到损害,非法使用他人知识产权又可能面临严厉的法律责任,因此,知识产权保护禁止任何人侵犯他人知识产权的行为,对侵犯知识产权的行为给予严厉制裁,激励他人自己创新更好的知识产权。权利人与他人相互竞争,可以极大地推动知识产权创新、创造不仅在数量上增加,而且不断提高知识产权质量。

(四)推进知识产权运用,提高知识产权转化效率

孤立地看,知识产权保护与知识产权运用是冲突的,因为知识产权保护使知识产权的运用受到权利的限制,比如,权利人不同意许可他人使用,或者不转让知识产权,或者自行实施知识产权,但受制于自身的小生产规模。而不保护知识产权,不但可以由权利人自行使用,而且他人也可以不经权利人同意而自由使用知识产权,知识产权的使用人增加,生产规模也大大增加。

但联系知识产权创造来看,知识产权保护推进知识产权运用,

① 陈家宏:《专利制度企业内化理论与实证研究》,西南交通大学出版社2010年版。

提高知识产权转化效率。体现在以下几个方面：一是激励知识产权充分运用和提高转化效率。虽然关于知识产权的性质有人身权说、财产权说、人身权和财产权统一说，但都不否认知识产权的财产属性。诚然，确实有一些人创造知识产权并不是期望以此获得良好的经济回报，而可能是为了展示自己的才能、为推动社会做贡献、改变人们的生活方式等，可以称为自我价值的实现。但对大多数人来说，通过知识产权的运用获取收益，可以回报权利人的创造性贡献，改善其生活，并且为权利人继续进行发明创造、作品创作提供资金支持。如果不保护知识产权，人们可以自由使用，那么，权利人就不能获得回报，不仅不能弥补因知识产权创造而付出的财力、智慧，也会使继续知识产权创造无资金支持和保障，创新减少，最终导致知识产权质量不能提高，转化效率降低。此外，权利人为保护自己的利益，可能不将知识产权公开而采取家传秘方、商业秘密等方式，仅限于自己使用，由于知识产权使用的规模变小，知识产权使用不充分，转化效率便会降低。而知识产权保护则可以让权利人公开知识产权，除了可以自行使用，还可以通过有偿许可使用、转让知识产权，知识产权作价出资、质押融资等方式充分运用知识产权，而且可以扩大生产规模，提高知识产权的转化效率。

二是知识产权保护为知识产权运用确立了主体与交易方式。马克思曾指出："商品不能自己到市场去，不能自己去交换。因此，我们必须找寻它的监护人——商品所有者"，"为了使这些物作为商品彼此发生关系，商品监护人必须作为有自己的意志体现在这些物中的人彼此发生关系，因此，一方只有符合另一方的意志，就是说每一方只有通过双方共同一致的意志行为，才能让渡自己的商品，占有别人的商品”[①]。知识产权保护确立了权利人的主体地位，权利人可以通过自己的自由意志，依法自行使用，或者与其他主体形成共同的一致意志，通过许可、转让、质押融资、作价出资等方式使用知识产权。在这个过程中，权利人可以自由选择更有价值的交易主体，也可以禁止其他交易主体使用知识产权。

三是知识产权保护可以扩大对知识产权的占有、使用。有体物有法律界限和物理界限，有体物被某人占有、使用，在物理上就排除了他人的占有、使用。而知识产权的无体性决定了知识产权只有法律界限，知识产权被某人占有、使用不能在物理上排除他人的占有、使用，而只能在法律上排除他人的占有、使用。因此，知识产权保护在法律上排除了未经许可的非法使用知识产权，而在法律和物理上许可更多的主体可以同时使用知识产权，扩大知识产权的使用。

第三节　文化产业与知识产权保护的关系

一、文化产业知识产权保护的内涵与特征

（一）文化产业知识产权保护的内涵

“文化产业属于知识密集型产业”[②]，应当在解构文化产业和知识产权保护的基础上，将二者结合起来，建构文化产业知识产权保护的内涵。因此，文化产业知识产权保护是指对文化产业中的知识

① 《马克思恩格斯选集》（第23卷），人民出版社1995年版，第102页。

② 周荣军：《知识产权保护对文化产业出口竞争力的影响》，载《湖北社会科学》2020年第3期。

产权给予照顾,促进文化产业中知识产权权利的实现,避免对文化产业中知识产权产生伤害的行为。这一定义是基于大保护的理念,保护对象是文化产业相关产品或服务中产生、运用的知识产权,是体现文化产业品质的知识产权,保护的内容是文化产业中知识产权的创造、运用、救济等。

(二)文化产业知识产权保护的特征

结合文化产业中知识产权的主要类型和知识产权保护的相关理论,文化产业知识产权保护除具有与一般意义的知识产权保护相同的积极保护与消极保护相结合,体现为"严保护""快保护""同保护"特征外,还呈现以下不同的具体特征。

首先,文化产业知识产权保护主要是著作权保护。"文化产业"是指人们思想、精神活动的产物的产品化,核心层表现为文学、艺术、新闻信息服务等,其直接关联的是著作权。"美国作为世界公认的文化产业强国,一般认为版权产业是其对文化产业的一种称谓。根据美国国际知识产权联盟(International Intellectual Property Alliance,IIPA)的定义,美国的版权产业系指所有以版权为基础的产业部分。"①因此,从知识产权保护的类别来说,文化产业知识产权保护主要是著作权保护。商品化权作为与著作权密切关联的新型知识产权,也将成为文化产业知识产权保护的重点。次之的是商业秘密、专利权、商标权等。

其次,文化产业知识产权保护主要是著作权全链条保护。知识产权保护是立法、行政、司法、守法的全链条保护,而文化产业知识产权保护主要是著作权保护,因此,文化产业知识产权保护主要是

① 陈霞:《论知识产权与文化产业的发展》,载《首都师范大学学报(社会科学版)》2012年第6期。

著作权立法、行政、司法、守法的全链条保护，也包括商品化权的全链条保护。而商业秘密、专利权、商标权的全链条保护是作为著作权全链条保护的补充。有的学者认为，“我国目前的文化产业知识产权保护体系是以立法保护为核心的保护体系……在立法保护的前提下，根据法律的授权，我国文化产业知识产权的保护体系还应该包括司法保护、行政保护以及权利人的自我保护”[①]，这增加了权利人的自我保护，但没有社会保护。实质上，所言的守法保护既包括权利人的自我保护，也包括社会保护。

再次，文化产业知识产权保护主要是著作权的全过程保护。基于文化产业的知识产权主要是著作权，全过程保护主要是著作权的全过程保护，包括著作权确权保护，如版权登记保护；著作权运用保护，如在原作品上演绎作品、汇编作品等，尤其是作品形象的商品化权、著作权运用的集体管理制度、互联网海量作品如何海量许可等；著作权救济保护，包括保护范围的确定，法律责任尤其是惩罚性赔偿制度的适用，集体管理制度中的救济保护等；著作权管理的保护，如管理机构、管理人员、宣传教育培训，以及对演绎作品的权利归属、委托创作作品的权利归属约定、商品化权的授权保护等，从而形成著作权确权—运用—救济—管理的全过程保护。但这并不意味着文化产业知识产权保护仅限于著作权的全过程保护，还应当有商标权、专利权等的全过程保护，如文化产业日益重视品牌——商标的价值，因此，也需要商标权的全过程保护，但这些类别的知识产权全过程保护是相对次要的。

最后，泛作品的同保护。知识产权同保护在文化产业中除指不同主体的知识产权同等保护外，还特别指不同作品的同等保护。如

① 从立先、卢洋：《论我国文化产业的知识产权保护》，载《社会科学辑刊》2008 年第 1 期。

现代作品与传统作品、不断产生的新型作品同等保护。传统作品如民间文化艺术作品、非物质文化遗产应当与现代书籍、文学艺术作品同等保护；游戏画面、游戏直播画面等如果构成了新型的作品，也应当受到同等保护。

二、文化产业知识产权保护的法律关系

文化产业知识产权保护的法律关系是指法律在调整文化产业知识产权保护活动中形成的权利与义务关系，其要素一般包括主体、内容和客体。

（一）文化产业知识产权保护法律关系的主体

文化产业知识产权保护法律关系的主体是在文化产业知识产权保护法律关系中享有权利或承担义务的人，分为权利人和义务人。权利人是享受知识产权、有权获得保护的人，而义务人即谁保护，是承担知识产权保护义务的人。文化产业知识产权保护法律关系主体，主要有公共权力机构、知识产权权利人、社会及公众等。

知识产权被认为是“私权”，在 TRIPs 协定序言中明确“知识产权为私权”，“权利本体的私权性指知识产权归类于民事权利范畴的基本依据”，“指的是私人（自然人、法人和其他组织）享有的各种民事权利”①。按照通常的法理逻辑，民事权利保护一般由私人依法自主保护，在不能自主保护的情况下，可以依法寻求社会或公共权力的保护。因此，文化产业知识产权保护法律关系的权利人是指享有知识产权的人，主要包括文化产业企业、自然人、其他组织，统称知识产权权利人。知识产权是对世权、绝对权，因此，知识产权保护的义务人主要包括除权利人以外的其他人，可以分为立法机关、行政

---

① 吴汉东：《知识产权法》，法律出版社 2021 年版，第 12 页。

机关、司法机关等公权力机关，行业组织、知识产权专业服务机构、权利人以外的企业等社会组织，以及社会公众。

文化产业知识产权权利人是集合性概念，常常由众多的具体的权利人组合而成。以电影为例，电影的最终上映至少需要经过编剧、导演与演绎、剪辑、审核、宣传、排期、上映等阶段，其中涉及文学艺术创作、音像制品出版、广播、电视、电影和影视节目制作、电影和影视节目发行、电影放映、文化娱乐经纪人等行业。确保电影的顺利制作和电影业的健康发展，需要这些行业的共同努力，才能确保各个环节"电影人"的合法权益。因此，只有切实有效地保护电影文化产业发展环节中各方的各种知识产权，特别是著作权，才能使电影投资人、电影创作和制作人通过对其电影产品知识产权，特别是著作权的使用、许可和管理来实现其电影知识产权的价值，保障其投资收益、创作和制作收益，从而可以源源不断地投入更多的资金进行文化创作，促进文化产业的快速、高效和健康发展。

这里将公共权力机关尤其是行政机关也作为文化产业知识产权保护的义务人，似乎与知识产权作为私权的性质不相匹配。实质上，有知识产权"私权公权化"的学说。该学说认为知识产权已蜕变为"私权公权化的权利"或"兼具私权属性和公权属性"①。有的学者认为"私权公权化"实质上应为私法的公法化，"'内化'为对私法自治原则的限制"②。其实，文化产业知识产权保护将行政机关作为义务人，基于三方面的原因：其一，知识产权具有法定的特征，由国家法律按一定条件和程序予以确认并加以保护而产生知识产权。没有经国家法律直接确认、核准授予则不能产生知识产权。而核

① 吴汉东：《知识产权法》，法律出版社 2021 年版，第 14 页。

② 吴汉东：《知识产权法》，法律出版社 2021 年版，第 15 页。

准、确认、授予知识产权是国家行政机关的职权,如专利权由国家专利局审查、授权;商标权由国家商标局审查并授权。我国《著作权法》虽然规定著作权自动取得,但这是法律规定了条件和程序的,满足条件和程序的作品才自动取得著作权,是法定取得著作权的一种方式,"作者等著作权人可以向国家著作权主管部门认定的登记机构办理作品登记",因此,版权登记是行政行为或者准行政行为,可以对抗第三人,产生著作权保护的作用。其二,文化产业具有意识形态属性,而且是文化的商品化和市场化,使文化产业具有公共物品或准公共物品性。"文化商品的无体性,使其不同于有体的物质。有体物具有物理的排他性,即当它被某人实际占有、使用时,其他人就不可能再实际占有、使用。而文化商品是思想、情感的符号表达,其可以复制在多样化的载体上;如同样一部小说,既可以出版成书籍,也可以在报纸、期刊上连载,还可以在网络上传播,或通过广播、电视传播,而且可以复制在大量的同种载体上。在整个文化商品的价值中,复制费成本微不足道。因此,当某人实际占有、使用某种文化商品时,并不排除其他人同时占有、使用该文化商品,文化商品体现出公共物品或准公共物品性,'搭便车'是常态。"①所以,文化产业的特性必然要求政府的监管,政府监管不仅在于确保文化产业健康,不损害社会公共利益,而且在于防止文化产业出现"搭便车"、侵权等不正当竞争行为。其三,在不断加强知识产权保护和服务型政府建设的今天,行政机关不断转变政府职能,为知识产权保护提供公共服务。因此,行政机关应当是文化产业知识产权保护的重要义务人。

将行业组织、社会知识产权专业服务机构、公众作为文化产业

---

① 饶世权、刘咏梅:《论文化产业的市场失灵与政府监管》,载《出版发行研究》2015年第1期。

知识产权保护的义务人，在法律上是基于权利人对知识产权享有的权利是一种绝对权、对世权，其他私人主体均是义务人，负有不得侵犯他人知识产权的义务。这是一种消极义务。但在加强文化产业知识产权保护的今天，行业组织、社会知识产权专业服务机构还可以通过自治规章或约定承担起积极义务，公众可以承担起社会责任。

（二）文化产业知识产权保护法律关系的内容

文化产业知识产权保护法律关系的内容是指文化产业知识产权保护的权利与义务。虽然关于权利有资格说、主张说、自由说、利益说、法力说、可能说、规范说、选择说、尺度说、意志说、利益手段说等观点①，但较为权威的观点是资格说，是法律关系主体为了维护或实现自己的利益而享有的为或不为，或要求他人为或不为某种行为的资格。有了这种资格，主体就可以自由地进行选择，并且选择具有法律效力。因此，文化产业知识产权保护法律关系的权利是知识产权的重要内容之一。知识产权包括自行实施权、许可或转让权、禁止他人使用权、获得救济权等，其中的获得救济权是保护权，而许可或转让权、禁止他人使用权也有保护的功能。因此，知识产权保护权是一种法理上的权利，是基于法律规定的各项权利而推演出的权利，是权利人保护自己的知识产权权利和获得保护的权利。《著作权法》第 8 条第 1 款规定，“著作权人和与著作权有关的权利人可以授权著作权集体管理组织行使著作权或者与著作权有关的权利。依法设立的著作权集体管理组织是非营利法人，被授权后可以以自己的名义为著作权人和与著作权有关的权利人主张权利，并可以作

① 参见张文显：《法哲学范畴研究》（修订版），中国政法大学出版社 2001 年版，第 300 ~ 309 页。

为当事人进行涉及著作权或者与著作权有关的权利的诉讼、仲裁、调解活动”。即著作权集体管理组织可以获得著作权保护权利，这一权利源于著作权人的授权。著作权人不能授予自己没有的权利。既然《著作权法》规定著作权人可以将保护权委托给著作权集体管理组织，那就表明著作权人有著作权保护权。

文化产业知识产权保护的义务是法律关系主体依法应当或必须为或不为某种行为的责任。虽然统称为保护义务，但义务主体由于其性质、职能、地位不同，其具体的义务也有所不同：立法机关的主要职责是完善文化产业知识产权保护法律制度；行政机关承担严格执法并提供文化产业知识产权保护的公共服务的职责；司法机关的主要职责是公正司法，及时化解争议、修复受到侵害的知识产权，提供文化产业知识产权救济性保护；行业组织、专业服务机构、公众承担不得侵犯他人知识产权的义务，行业组织、专业服务机构还可以依照行业自治章程或合同约定承担文化产业知识产权保护的积极义务。

（三）文化产业知识产权保护法律关系的客体

法律关系的客体是指权利、义务指向的对象，可以分为物、行为、知识产权、人身权、有价证券、货币等。在特定的法律关系中，客体有主次之分，如旅客运输合同关系中，主客体是行为，即运输行为；而次客体是旅客的身体、行李等。显然，主客体是最直接决定法律关系性质的权利、义务对象。因此，文化产业知识产权保护法律关系的主客体是“保护行为”。这个“保护行为”在于保护“知识产权”，而不是保护文化产业的有体财产权，所以，文化产业知识产权保护法律关系的次客体是“知识产权”。

文化产业知识产权的“保护行为”可以体现为诸多行为。比如，立法机关的知识产权保护立法行为，行政机关的知识产权保护行政确权、行政执法和公共服务行为,司法机关的知识产权争议裁判行为,这是公权力的保护行为。权利人的知识产权确权申请、知识产权运用保护、管理保护等行为,这是私力保护行为。行业组织、中介服务机构、公众的不侵害行为和提供专业服务的积极行为等,这是社会保护行为。

(四)文化产业知识产权保护法律关系的多重性

根据法律调整社会关系的不同领域和不同方法,法律部门可分为宪法部门、行政法律部门、民商事法律部门、经济法律部门、社会法律部门、程序法律部门。不同部门法律调整社会关系形成了不同性质的法律关系。根据这一原理,文化产业知识产权保护法律关系呈现多重性:一是私力保护和社会保护,主要体现出民商事法律关系;二是权利人向行政机关申请确权、行政机关严格执法及提供知识产权保护的公共服务,主要体现为行政法律关系;三是权利人向法院起诉、检察机关提起公诉等保护知识产权的行为主要体现为程序法律关系;四是积极推动或参与文化产业知识产权保护立法的行为,主要体现为宪法法律关系。因此,大保护理念的文化产业知识产权保护法律关系包括了民商事法律关系、行政法律关系、程序法律关系、宪法法律关系等多重属性。

三、文化产业知识产权保护的作用

国家知识产权局印发的《知识产权重点支持产业目录(2018 年本)》中的重点支持产业包括文化产业。而文化产业的直接产品是知识产权的商业化、市场化和产业化,其产业价值是通过知识产权的运用或贸易来实现的。“对知识产权的保护,实质上就是对创新成果的保护。文化产业知识产权保护这个全新的领域,迫切需要进行深入研究,以保障和促进文化产业产品生产和传播能够在一个良好的产业氛围和发展环境中成长。"[①]因此,文化产业知识产权保护相对于一般层面的知识产权保护具有更加特别的实践意义,"文化的产业化离不开知识产权制度的保障和推动,甚至在某种程度上可以说知识产权催生了文化产业这一新的产业类型"[②]。

(一)确认核心财富,为文化产业化提供可能

首先,文化产业以人的智力和文化资源为主,以这些智力成果形成的财富体现在知识产权这种无形财产上。"文化产业分传统文化产品、数字文化内容产品、数字文化技术服务、高端文化装备制造、文化创意和设计服务 5 大项,27 小项。文化产业领域除以技术、装备制造等专利为主外,在传统手工艺、文化内容产品、创意设计等领域的创新成果,大多是实用新型设计、外观设计、著作权等。"[③]文化产业领域内的经济利益取得主要依靠以版权为主的知识产权开发、获取和市场应用。文化产业的收益和利润创造,大部分都来自知识产权这种无形的财产。如果把文化产业看作一个动态的过程,那么这个过程就是知识产权生成和转化为资本与利润的过程。其次,文化产品的价值需要知识产权来衡量和体现。"文化产业创造力的结果表现为各式各样的智力创造成果"[④],文化产品的产生是一个从创意到成品、从精神到物质的过程,第一步就是创意。一个创意产生、付诸实践,并配以一定的市场运作,便是一个文化产品的出现。因此,文化产品的价值实际上可以分为创意价值和载体价值,

① 范建华:《文化与文化产业发展新论》,人民出版社 2011 年版。

② 陈霞:《论知识产权与文化产业的发展》,载《首都师范大学学报(社会科学版)》2012 年第 6 期。

③ 《文化产业获知识产权重点支持》,载《董事会》2018 年第 3 期。

④ 张祥志、宋婷:《知识产权制度体系保障文化产业发展的理论证成》,载《出版发行研究》2017 年第 6 期。

其中,创意价值体现在人的智力创造成果,即知识产权的价值上,"文化产业的核心价值和根本经济增长点就是知识产权利益的实现"[①]。

"知识产权保护以保障创造成果为制度功能,保护文化产业创造成果"[②],其以正式的法律制度方式确认文化产业的核心财富及其产权归属,让其具备了与其他产权同等的专有排他性权利。"知识产权制度确认和保护文化产权,这是文化产品市场化的前提"[③],文化创新成果一旦经知识产权归属的确认,就具备了可交易、可转让的基本条件,从而让文化产品市场化成为可能。

(二)规范交易秩序,实现文化产业的公平竞争

所谓"市场失灵",就是指市场在运行过程中,走向自由竞争的反面,如形成垄断、不正当竞争等,导致市场无效率、无效益,或者市场力量无法满足公共利益的状况。自由竞争的市场本应是通过竞争机制、价格机制、供求机制等实现资源的优化配置,从而提高资源的效率、效益,但自由竞争在运行过程中会产生马太效应,资本不断集中、集聚,形成垄断或市场优势,从而妨碍了自由竞争。原有的市场机制失灵,不能实现资源的优化配置,从而导致无效率,或者无效益,也可能因为市场机制导致经营行为违背公共利益。这是市场自身存在缺陷。文化产业的市场机制同物质产业一样,也会遭遇市场失灵,而且文化产业因其自然垄断、信息不对称、外部性、公共物品或准公共物品性在程度上与物质产业不一样,市场失灵具有必然性

---

① 丛立先:《我国文化产业的知识产权战略选择》,载《政法论丛》2011 年第 3 期。

② 张祥志、宋婷:《知识产权制度体系保障文化产业发展的理论证成》,载《出版发行研究》2017 年第 6 期。

③ 陈霞:《论知识产权与文化产业的发展》,载《首都师范大学学报(社会科学版)》2012 年第 6 期。

与常态性,具体表现是为经济效益而损害社会效益,同质化、同类化,以及盗版现象的产生①,也因此引发不正当竞争。而文化产业知识产权保护制度在明晰产权的基础上,为知识与技术的利用、文化产品或服务的交易提供了最基本的法律秩序保障,有利于克服市场失灵,建立自由公平竞争的市场环境。首先,知识产权保护制度通过确立知识产权保护对象和范围,创建清晰的产权归属关系和权利界限,减少权利归属争议和纠纷,构建权属明晰的市场交易秩序。其次,知识产权保护制度通过普通许可、法定许可、强制许可、合理使用以及权利转让等多种交易规范的运用,在保障权利人知识产权价值实现的同时②,实现了其与社会公众利益的协调平衡,并由此构建了知识产权专有领域与公共领域市场基本秩序。这种秩序的建立,可以让拥有产权的文化创造成果能大胆地进入市场,实现在产业市场中的有效利用、传播和流通,形成文化产业集聚,“知识产权保护力度的加大有利于地区文化产业集聚程度的提高”③。可以说,知识产权保护制度的建立,为文化产业市场化提供了基本的市场交易和发展的制度保障,并因此奠定了基本的市场交易格局。最后,知识产权保护通过民事、行政和刑事等多种法律手段打击盗版、假冒等侵权行为和不正当竞争行为④,既是对文化产品创造者利益的有效保护,也是创建公平、有序的文化市场竞争秩序的必要

---

① 饶世权、刘咏梅:《论文化产业的市场失灵与政府监管》,载《出版发行研究》2015 年第 1 期。

② 陈霞:《论知识产权与文化产业的发展》,载《首都师范大学学报(社会科学版)》2012 年第 6 期。

③ 高长春、江瑶:《知识产权保护能否促进文化产业集聚?——基于安徽省的实证分析》,载《科技管理研究》2016 年第 24 期。

④ 陈霞:《论知识产权与文化产业的发展》,载《首都师范大学学报(社会科学版)》2012 年第 6 期。

手段。

（三）激励创新创造，为文化产业持续健康发展提供源泉

知识产权制度的建立和产生，本身就是以保护创新、鼓励创新和创造为基本特征，知识产权保护的实质就是保护创新、创造，如对著作权要求作品具有独创性；授予专利权的条件是新颖性、创造性、实用性。实证研究表明，“知识产权保护对文化和自然遗产等文化产品出口技术复杂度影响不显著，但是对表演和庆祝活动、艺术和手工艺、书籍和报刊、音像和交互媒介、设计和创意服务五类文化产品的出口技术复杂度均有显著的影响，知识产权保护力度的加大能够促进文化产业创新水平”的提高①。这体现在两个方面：一方面，知识产权制度通过确认具有创新性作品的著作权，授予具有创造性的技术方案的专利权，确认了权利人的智力劳动成果，对其产权利益予以了法律上的承认和肯定，构建良好的利益回报机制，激励权利人不断创新、创造；另一方面，激励更多的人努力创新和创造，不断推陈出新，以涌现更多的优秀作品、发明创造，推动文化产业的不断繁荣和发展。诚如有的学者所言，保护文化产业知识产权可以使创意者、权利人的合法权益得到全方位的保护，为创意灵感的产生、创意成果的转换、创意经济价值的实现营造出一个稳定、和谐的外部产业环境②。

（四）促进文化繁荣，增强文化软实力

知识产权保护以成果公开性为前提，一方面保护文化产品权利人的专有权利；另一方面通过设定保护期限、合理使用、许可制

---

① 周荣军：《知识产权保护对文化产业出口竞争力的影响》，载《湖北社会科学》2020年第3期。

② 刘亚军：《文化创意产业的知识产权保护》，载《社会科学辑刊》2015年第3期。

度等权利限制与利益平衡机制，实现了创作者、传播者和使用者之间、个体与公众之间的利益平衡，为公众与社会分享文化成果创造了条件。同时，知识产权保护制度这一特点，还可以加快创新成果的传播，避免重复劳动，降低文化产品的交易成本，又能满足其他社会公众分享文化科技成果的诉求，能让人们“踩在前人的肩膀上”不断创造新的成果，极大地促进科研、教育、文化的传承与可持续发展。

知识产权保护促进文化繁荣，增强文化软实力，促进文化安全。未来学家约瑟夫·奈认为，一个国家的综合国力既包括由经济、科技、军事实力等表现出来的“硬实力”，也包括以文化和意识形态吸引力体现出来的“软实力”；硬实力依然重要，但是在信息时代，软实力正变得比以往更为突出。文化软实力是指文化的吸引力、感染力、影响力、传播力。而文化产业承载一个国家、民族的最本质的精神内核和价值观，是文化软实力的象征，也是文化软实力展示力量的载体。因此，保护文化产业知识产权，通过赋予具有先进价值的作品以著作权保护，促进持续创新更好的作品，增强文化的吸引力、感染力、影响力；充分保护传播者的权利，促进文化产品的广泛传播，扩大文化的传播力，从而提升文化软实力，构建文化安全保障。

第三章　我国文化产业知识产权保护现状

知识产权立法是文化产业知识产权法律保护的基础;通过知识产权法律规范,确定了文化产业知识产权保护的法定模式,对文化产品知识产权相关主体的权利、义务和责任进行分配。行政机关对专利权和商标权进行行政确权,并通过各种行政手段激励和扶持文化产业创新,及时回应文化产业发展过程中出现的知识产权新问题,通过行政执法为文化产业发展提供公平竞争环境。司法保护对文化产业知识产权纠纷进行裁判,对严重的知识产权侵权行为予以刑事制裁,对文化产业行政保护过程中存在的问题进行纠偏;作为终端解决机制,裁判结果具有稳定性,并通过司法裁判结果推动知识产权法律和政策的完善。社会层面,全社会各界需要增强知识产权保护意识,企业积极开展科技创新并通过法律途径处理知识产权侵权纠纷,行业协会、商会建立知识产权保护信息沟通机制,构建企业自律自治、社会公众诚信守法和知识产权服务多样化的社会保护氛围。立法、行政、司法与社会保护等机制共同承担保护知识产权和激励创新的任务。

第一节　文化产业知识产权的立法保护现状

一、文化产业知识产权保护的法律基础

我国知识产权领域的主要立法包括《商标法》《专利法》《著作权法》这三部专门性的基础立法，还包括《计算机软件保护条例》《集成电路布图设计保护条例》《信息网络传播权保护条例》《著作权集体管理条例》《植物新品种保护条例》《地理标志产品保护规定》等知识产权相关法律规范。上述知识产权专门法律法规对于我国文化产业知识产权的法律保护起着不可或缺的作用。

其他一些部门法中也有关于知识产权方面的规定，这些相关的部门法主要有《民法典》《反不正当竞争法》《反垄断法》《劳动法》《刑法》《科学技术进步法》等。其中《民法典》对知识产权保护提供了体系性的制度规范，知识产权作为同物权、债权、继承权同位阶的私权受到法律保护。《民法典》中的主体制度、民事行为制度、民事权利制度、责任制度的一般性规定、合同制度、物权出质制度、人格权中的姓名权制度、侵权制度、诉讼时效制度等都可以一般性地适用于知识产权保护。[①]

除此之外，知识产权局等行政机关颁布的多种知识产权方面的管理条例和规章、最高人民法院颁布的一系列知识产权司法解释均可归入文化产业知识产权保护的法规体系。因此，我国文化产业知识产权保护的立法已经形成一个基本体系框架。

---

① 参见吴汉东：《〈民法典〉知识产权制度的学理阐释与规范适用》，载《法律科学（西北政法大学学报）》2022 年第 1 期。

综上所述,我国文化产业发展涉及的知识产权立法保护的主体范围越来越宽,保护力度越来越大,保护范围越来越清晰,已经形成了较为完备的以法律、法规、部门规章和司法解释为一体的法律保障体系,表明我国知识产权立法是我国民事法律规范的重要组成部分。由于知识产权作为获取市场竞争的垄断性权利,与市场竞争密切相关,在知识产权强国战略背景下,知识产权法已经成为实施知识产权国家战略的基本法律保障。

二、文化产业知识产权保护的法律模式

知识产权制度促进文化产业发展:一方面,通过文化产品的知识产权保护,避免使文化领域的创新沦为人人免费使用的“公地”;另一方面,通过鼓励文化产品知识产权的有偿许可和转让,产品的创作能够收回成本,并且获得盈利回报,进一步激励文化产品的创造和应用。但是,知识产权作为一种私权,其保护模式是法定的,主要有以下特点:第一,知识产权强调专有性、地域性和时间性。知识产权的专有性又被称为排他性,知识产权法通过法律强制性规定将无形的、非物质的智力成果归为创作者所专有;未经知识产权人许可或法律特别规定,任何人不得实施他人知识产权的行为。知识产权的地域性是指知识产权的效力仅限于本国境内,除非国际条约或双方条约有特别规定。知识产权的地域性,一方面源于知识产权作为法定权利,必须由一国法律强制性规定才存在;另一方面是因为各个国家知识产权的获得和保护规定各不相同,在一国取得的知识产权很难在他国自动获得保护。知识产权的时间性是指知识产权超过法律规定的期限便不再受法律保护。除商标权到期后可以续展外,著作权和专利权超过保护期限后便进入公有领域。我国《著作权法》规定,普通作品的保护期限是作者有生之年加死后 50 年,

超过该保护期限作品将进入公共领域。根据我国《专利法》的规定，发明专利超过20年保护期限、实用新型专利超过10年保护期限、外观设计专利超过15年保护期限后，公众可以自由地使用。由于知识产权强调专有性、地域性和时间性，强调现代创新，保护最新成果，在目前的知识产权制度框架下，权利主体不明确、保护期限无法起算、已经进入公有领域的传统文化不在知识产权的保护范畴内。[①]第二，知识产权强调类型化。法律对我国知识产权做了类型化划分，大体分为创造性成果权和经营性标记权。创造性成果权是基于保护文学和科学创作产生的权利，如著作权、专利权、商业秘密权、集成电路布图设计权等；经营性标记权是保护经营中的标记，包括商标权、地理标记权、域名权等标识性权利。第三，知识产权的基本权能是使用权能和禁止权能。使用权能是授权权利人在一定时期内对知识产权的独占使用；禁止权能则表现为排他性，禁止他人在未经许可的情形下实施知识产权。

（一）利用著作权保护文化产业中的创意性表达

著作权又被称为版权。从1709年英国《安娜女王法》开始，著作权的目的就是刺激和鼓励文学艺术创作，通过赋予作者对其作品的印刷和重印权（复制和发行权），确立了以作者为权利主体，以复制发行权为核心，辅以法定保护期的现代版权制度的雏形。文学艺术作品的复制和传播技术的进步催生了著作权制度的产生，更要求著作权制度不断回应文化产业的发展。1926年德国学者瓦尔特·本雅明撰写的《机械复制时代的艺术作品》提出了文化产业的概念，认为文化产品已经不再是精英文化或贵族文化，其最终产品是迎合大众消费需求的各类文化产品，先进的科学技术被广泛运用于文化

① 参见冯晓青：《非物质文化遗产与知识产权保护》，载《知识产权》2010年第3期。

文艺作品的创作，文艺创作便成了一种机械化和自动化作业，文化产品通过科技化、标准化手段被大量生产。从印刷术、电子技术到网络技术，每一次巨大的技术进步都会催生出新的著作权客体和专有权利，制图工艺照片，摄影技术、电影摄影技术和计算机摄影技术出现后，图形作品、电影作品和计算机软件被纳入了著作权的保护范围，而录音技术，无线、有线广播技术，卫星传播技术和网络技术的出现又使机械表演权、广播权和网络传播权等成为著作权保护的客体。可以预测，文化产业技术的发展、新的文化创意的涌现将会催生出新的著作权保护客体和权利。

我国《著作权法》第1条开宗明义地指出，该法是为了保护文学、艺术和科学作品作者的著作权和与著作权有关的权益。正如《世界人权宣言》第27条第2款的规定，“人人对由他所创作的任何科学、文学或美术作品而产生的精神的和物质的利益，有享受保护的权利”。由于文化产业对版权产业的依赖性①，《著作权法》是保护文化产业的最主要的法律依据。著作权对文学艺术作品的保护特性是：未经许可，不得以特定方式利用作品，包括复制、翻译、表演、发行等。

1.《著作权法》保护作品的要求

根据《著作权法》的规定，作品作为一种智力成果应当具有一定的独创性，并能以一定的形式表现出来。《著作权法实施条例》进一步将以“一定形式”表现的智力成果明确为“以某种有形形式复制”的智力成果。作品以“一定形式”表现出来就是要求作品必须是“外在表达”，一定要以语言、艺术或科学符号的形式表达出来，能够被阅读、欣赏或感知。作品中的思想并不受著作权法的保护，对思想

---

① 参见李顺德：《文化产业与知识产权》，载《北京观察》2003年第5期。

的具体表达才受著作权法的保护。作品的另一个要求是具有“独创性”的外在表达。独创性并不能简单等同于独一无二的首创,而是强调劳动成果是作者独立完成的,源于作者本人。首先,独创性要求作品是源于作者本人的劳动成果。其次,作者的劳动成果既可以体现为从无到有的创造,也可以是在他人作品的基础上进行的、可以识别的再创造。从无到有的创造中,虽然创作题材相同,但是不同作者都是自己独立完成的,有各自的创造性,那么不同作品的作者均独立享有著作权。如果是以他人作品为基础进行的再创作作品,要获得著作权的保护,则再创作的作品与原作品之间需存在一定的差异,且这种差异是能够被客观识别的差异、非细微的差异。例如,高精度的精确临摹画,虽然临摹者也付出了劳动、技巧,但如果视觉上差异很小,就成了画作的复制件,而不是具有独创性的艺术作品。

《著作权法》对作品的保护要求表明,在文学艺术作品创作中,要将创意以一定形式表达出来,抽象的思想、理论、构思、创意、概念、工艺、操作方法等无法受《著作权法》的保护,思想创意需要以文字、音乐、美术等有形方式具体表达出来。我国著作权法对作品的要求和国际条约对作品的要求是一致的。TRIPs 协定第 9 条第 2 款规定,版权的保护延伸至表达方式而不延伸至思想、工艺、操作方法或数学概念,美国版权法规定,“在任何情况下对于作者原创性作品的版权保护,都不延及思想、观念、程序、工艺、系统、操作方法、概念、原则和发现,不论它们在该作品中是以何种形式被描述、解释、说明或体现的”。世界知识产权组织的《世界版权条约》第 2 条规定:“版权保护应延及表达,而不延及创意、过程、操作方法或数学概念本身。”

《著作权法》“只保护表达,不保护思想”的原则不能被简单理解为只保护“形式”,而不保护“内容”。就部分作品而言,表达不仅包括表达形式，还包括内容。在小说和戏剧当中，创作主题可以视为表达，但有争议的是无数的细节是表达还是思想，如故事人物性格、关系设定，故事主要情节，事件发展顺序等。学者王迁认为，从作品细节到作品主题，是一个不断抽象概括的过程，作品内容越抽象越可能被视作思想，作品内容越具体越可能被视作内容。表达不仅仅局限于文字；当人物角色、具体事件发展等具体到一定程度，均可能成为内容。[①] 在司法实践中，法院也认为作品的表达元素包括足够具体的人物设置、人物关系、情节事件、情节发展串联、人物与情节的交互关系、矛盾冲突等，这些元素是作品的独创性表达，应当受《著作权法》保护。[②]

思想在《著作权法》中不受保护，只有思想的表达才受《著作权法》的保护，这一《著作权法》的保护原则被称为“思想与表达两分法”原则。这表明《著作权法》对文化产品的保护具有一定的局限性。《著作权法》不保护思想的深层次原因是对思想自由的追求。著作权是一种垄断权，未经许可不得使用，如果赋予作者对作品思想的垄断，意味着思想自由将受到限制。所有的作品都是建立在前人思想的基础上的，处于公共领域的思想素材是文化产品创作的源泉。如果允许《著作权法》保护的范围扩展到思想，将会缩小文化创作的思想源泉和创作空间，不利于公共文化的繁荣。

2.《著作权法》保护作品的类型

文化产品常常以不同类型的作品形式呈现，不同类型作品的著作权人享有的专有权不完全相同。按照作品的表现形式不同，《著

① 参见王迁：《著作权法》，中国人民大学出版社 2015 年版，第 49 ~ 50 页。

② 北京市第三人民法院民事判决书，(2014) 三中民初字第 07916 号。

作权法》对以下作品类型[1]给予保护：

（1）文字作品。文字作品是指小说、诗词、散文、论文等以文字形式表现的作品。其文字的含义既包括汉字、英文，也包括数字、符号等；文字作品并不要求作品的“文学”水准高，“说明书”这类文学性较弱的作品也可以称为文字作品。由于计算机软件以源代码语言作为表达工具，因此，计算机软件也属于文字作品。

（2）口述作品。口述作品是指即兴的演说、授课、法庭辩论等以口头语言形式表现的作品。即使是即兴，世界多数国家也要求这类作品受保护的前提条件是以有形媒介固定下来，形成作品的复制件，否则其著作权不受保护。例如，文学艺术作品中节目解说员的激情解说不仅说明了节目的客观事实情况，还有与众不同的语言表达，应当属于解说者的智力创造的成果，符合口述作品的独创性要求。

（3）音乐、戏剧、曲艺、舞蹈、杂技艺术作品。这一类作品创作的目的是表演，《伯尔尼公约》中这类戏剧作品主要是“戏剧或音乐戏剧作品；舞蹈作品和哑剧；配词或未配词的乐曲”。为了保护有中国特色的民间表演艺术，我国规定曲艺和杂技艺术作品也受保护。音乐作品是由旋律、节奏、音调等要素组成的歌曲或交响乐等。如果是带词的音乐作品，歌词既可以受音乐作品保护，也可以受到文字作品的保护。

戏剧作品是话剧、歌剧、地方戏等供舞台演出的作品。但是对戏剧作品的认识有一定争议。文艺界认为戏剧是综合艺术，包括以舞台演出形式呈现的诸多元素、诸多环节和人物的综合创造性劳动，如演员、舞美、化妆、灯光等。而法律界将戏剧作品界定为剧本，

---

① 参见《著作权法实施条例》第 4 条。

包括对话、旁白等,从这一角度来看,戏剧作品就是特殊的文字作品;如果是哑剧,戏剧作品则是表演活动。并非围绕舞蹈演出的所有劳动都会受《著作权法》保护;即使受《著作权法》保护,也不一定表现为作品权,如演员的表演就是一种表演者权,而不是戏剧作品权。

曲艺作品主要是以我国民间传统的相声、快书、大鼓、评书等以说唱为主要表演形式的作品。曲艺作品具有较强的民族风格,包含中国地方特色,主要以说、学、逗、唱的形式表达作品。曲艺作品的构成包括剧本和说唱,它是按照剧本通过说唱形式表达的作品。其中,曲艺作品的剧本是文字作品;如果曲艺作品创作中包含艺人即兴创作的部分,那么该部分可以构成口述作品;曲艺作品通俗易懂、极具感染性,不同艺人虽然表演的脚本相同,但是艺人表演的风格、语言和人物个性各不相同,艺人(演员)对曲艺作品的表演属于表演者权。我国《著作权法》将曲艺作品的上述元素合并为独立的一类作品凸显了对传统非物质文化艺术作品的保护。

舞蹈作品是指通过连续的动作、姿势、表情等表现思想情感的作品。舞蹈作品对表演的舞蹈动作设计和编排进行保护,其独创性也是指舞蹈动作设计和编排的独创性。如果是常规的舞步、动作、姿势、造型,将无法受到著作权法的保护。例如,第九套广播体操的动作不是科学领域内的智力成果,本质上是一种健身方法、步骤或程序,不属于《著作权法》意义上的作品。

杂技艺术作品是指杂技、魔术、马戏等通过形体动作和技巧表现的作品。具体而言,杂技艺术作品包括了蹬技、手技、顶技、踩技、口技、车技、武术、爬杆、走索等各种民间杂耍,戏法魔术、驯兽也包括在内。[①]

① 参见刘春田主编:《知识产权法》(第2版),中国人民大学出版社2002年版,第53页。

(4)建筑、美术作品。根据《著作权法实施条例》的规定,建筑作品,是指以建筑物或者构筑物形式表现的有审美意义的作品。建筑作品不仅具有实用功能,还能给人以艺术美感,反映建筑师的艺术审美和创造力,东方明珠电视塔、北京鸟巢、水立方、悉尼歌剧院等建筑物都给人以视觉美感和美的享受。

美术作品,是指绘画、书法、雕塑等以线条、色彩或者其他方式构成的有审美意义的平面或者立体的造型艺术作品。商业标志,如商标,要构成美术作品需要具有独创性,其形式不能过于简单,应当给公众带来一定艺术享受。例如,七匹狼公司申请"七匹狼"的著作权,但是被认为不构成文字作品也不构成美术作品而无法受到《著作权法》的保护。

(5)摄影作品。摄影作品是指借助器械在感光材料或者其他介质上记录客观物体形象的艺术作品。摄影作品受到保护,是因为不同的摄影师因为拍摄角度、光线、距离等因素,即使对同一个景物或者人物进行拍摄,摄影效果也会不同;同时,摄影师还会根据自己的判断,敏感捕捉摄影瞬间和摄影场景,加之各种摄影后期处理,能够产生不同的摄影效果,反映出摄影师的创造性。如果摄影师安排特殊场景或者人物姿势、造型、神态、服饰创作摄影场景,其拍摄的作品内容也受到保护。

(6)视听作品。视听作品通常是指电影作品和以类似摄制电影的方法创作的作品。这类作品是摄制在一定介质上,由一系列有伴音或者无伴音的画面组成,并且借助适当装置放映或者以其他方式传播的作品。随着电脑技术的发展,许多动画制作虽然不需要摄制,仅靠电脑制作就能完成,但是也可以视为以类似摄制电影的方法创作的作品。《著作权法》对"创作"和"记录"的保护进行了区分。以电影摄制的方式创作的作品通常是指"在编剧的基础上,经过导演、演员、摄影、剪辑、服装、灯光特技、合成等独创性活动产生”的作品[①]。因此,摄制作品应当是在画面声音衔接等方面能够反映摄制者的构思、表达精神内容、具有独创性的作品。而单纯记录的,仅是选择记录的场景、对镜头进行切换,创造性比较低,以机械方式录制戏剧节目、健康节目,只能称为音像制品。例如,抖音上有些短视频由于独创性低,被纳入音像制品,而非视听作品,二者所受的法律保护并不相同。

(7)图形作品和模型作品。图形作品是指为施工、生产绘制的工程设计图、产品设计图,以及反映地理现象、说明事物原理或者结构的地图、示意图等作品。这类作品与之前提到的美术作品不同:美术作品主要给人以艺术上的美的享受;图形作品属于科学领域,主要服务于实用功能。例如,为了建造工程需要工程设计图,为了制作产品需要产品设计图,为了标示地理信息需要地图,为了说明事物原理或结构需要示意图。

《著作权法》保护的图形作品是一种技术方案,虽然具有实用性,但是将其列入《著作权法》保护,并未违背《著作权法》不保护技术方案和实用性能的原则。工程设计图、产品设计图和地图、示意图除了具有实用性,也具有一定的美感,如工程设计图的设计要素中线条粗细、虚实选择、尺寸标注的位置、构图设计等个性选择和安排展现了一定的独创性,包含了设计者眼中的科学之美。

《著作权法实施条例》将模型作品定义为“为展示、试验或者观测等用途,根据物体的形状和结构,按照一定比例制成的立体作品”。主要包括动植物模型、产品模型、地理沙盘模型等。尽管法律对模型作品作了定义,但是对什么是模型作品仍然争议较大,主要

---

① 北京市高级人民法院民事判决书,(2004)高民终字第153号。

集中在反映物体形状和结构并按照一定比例制作的模型与工业产品的外观设计如何区分,以及反映物体外部特征的模型作品如何体现作者的独创性和作者的独立贡献,而不是重复前人的智力成果。

(8)计算机软件。根据我国《计算机软件保护条例》的规定,计算机软件是指计算机程序及其有关文档。计算机程序是指代码指令序列,有源程序和目标程序两种。源程序是用高级计算机语言编写的,能够为程序员所理解的程序;而目标程序是由高级语言程序转换而来,只能够为计算机所读取的、无法为人所理解的程序。文档是用来描述程序的程序设计说明书、流程图、用户手册等,与文字作品的保护有一定的重合。

3. 作品集合构成的汇编作品

根据《著作权法》第 15 条的规定,汇编作品是指汇编若干作品、作品的片段或者不构成作品的数据或者其他材料,对其内容的选择或者编排体现独创性的作品。因此,汇编作品是一系列作品数据的体系化的集合。这种汇集既包括将已有作品进行汇编,也包括对事实材料继续汇编。汇编作品也须满足独创性要求,需要汇编者对所获取的数据信息进行独创性的选择编排。例如,文章《某地最受消费者欢迎的 50 家餐馆》,需要汇编者对当地美食餐馆进行选择、排序并附上地址和电话等,其中对餐馆进行选择排序需要汇编者的智力创作,因而该数据汇合能构成汇编作品。

4. 著作权人享有的权利

著作权人的权利包含了著作人身权和著作财产权。作品反映了作者的人格和思想,体现了作者个人的情感、精神和思维,赋予作者著作人身权就是保护蕴藏在作品中的独特人格利益。正如著作权法专家迪茨所称,作品是作者的有智的孩子,因此著作权必须首先宣示对作者精神权利的保护。作为精神性权利,人身权依附于作者,不能转让或继承。著作财产权作为经济性权利,是作者和其他著作权人享有的、通过利用作品获得经济利益的专有权利。通过著作财产权,著作权人能获得合理的经济回报;不仅有利于刺激更多的人投身于文学艺术创作中,同时有利于文学艺术作品版权产业的发展与壮大。与著作人身权不同,著作财产权是可以转让、许可、继承的权利。

(1)著作人身权

发表权,是指作者享有的决定作品是否公开、由谁公开、何时公开、以何种方式公开的权利。除传统的出版发行、口述、表演、广播等,目前流行的将作品上传于网络博客等也是发表作品。为了促进优秀文化作品的传播,《著作权法》赋予作者的继承人或者受遗赠人在不违背作者生前遗愿的基础上发表作品的权利。例如,钱钟书去世后,其书信被某拍卖公司拍卖,钱钟书夫人表示反对,认为侵害了钱钟书的著作权,法院判决认为钱钟书夫人有权决定是否将作品公开。

署名权,是指作者有权决定是否在作品上署名,以及以真名、假名或者匿名方式署名的权利。在人身权中,署名权是作者的核心权利,反映了作者与作品之间的真实关系。司法实践中有人假冒他人姓名发表"自己"的作品,由于假冒的目的往往是"搭便车",可能会损害被假冒作者的声誉,也会被视为侵犯了被假冒作者的著作权。文创产品中,如果使用了他人作品,应当依法为作者署名,指明作者姓名和作品名称。署名权的行使一方面应当真实地反映当事人对作品的贡献;另一方面由于合同约定或者法律规定受到一定限制。例如,合作作品署名应当按照合作者之间的约定署名,不按约定仅署一人名字构成侵权。同时,依据《著作权法》的规定,作品被合理使用时,可以不经著作权人许可,不向其支付报酬,但应当指明作者姓名或者名称、作品名称。例如，对公共场所的艺术作品进行临摹、绘画、摄影、录像，在媒体的报道新闻中再现或者引用已经发表的作品等。[①] 在著作权被法定许可的情形下，例如，义务教育规划教科书中汇编已经发表的文字、音乐、美术、摄影和图形作品的，除应向著作权人支付报酬外，还应指明作者姓名或者名称、作品名称。

修改权是指为了更好地在作品中表达作者的思想，作者有修改作品或者授权他人修改作品的权利。[②] 从某种意义上来说，修改权是作者控制他人修改自己作品的权利，控制他人对作品进行局部的改变，或者文字、用语的修正，同时保留原作品的基本表达，未形成新的作品，禁止他人在未经许可的情形下对自己的作品进行歪曲和篡改。期刊能对投稿作品进行修改是因为获得了作者授权的修改权。

由于作品违背创作者本意被歪曲、篡改，或者实质性地改变了作者在作品中表达的思想和感情，可能对作者声誉造成损害，因此作者对自己的作品享有保护作品不受歪曲、篡改的权利。作品完整权的实质是保护作者通过作品传达的真实意思。在文艺创作过程中，即使获得了作品的改编权，也必须尊重作者的保护作品完整权。例如，电影拍摄必然对小说或剧本进行修改，但是这种修改必须保留作者原来的思想和感情，否则就会侵犯作者的保护作品完整权。电影《九层妖塔》是在小说《鬼吹灯之精绝古城》的基础上进行改编的，《鬼吹灯》系列小说的作者认为原著《鬼吹灯》的盗墓元素、玄幻元素等在改编后没有体现在电影中，强调改编后已经不是“鬼吹灯”，二审法院也认定电影改编侵犯了小说原作者的保护作品完整

① 参见《著作权法》第 24 条第 1 款。

② 参见《著作权法》第 10 条第 1 款第 3 项。

权。当然,对作者保护作品完整权的保护需要取得作者、改编者和社会公众之间的利益平衡。为了鼓励作者的文学艺术创作,需要尊重作者的保护作品完整权;适当限制作者的保护作品完整权,则有利于文学艺术作品的传播,最终都是为了社会大众能够获更多优质的文学艺术作品。

(2)著作财产权

目前,我国《著作权法》明确列明的著作财产权包括复制权、发行权、出租权、展览权、表演权、放映权、广播权、信息网络传播权、摄制权、改编权、翻译权、汇编权以及其他应当由著作权人享有的权利。[①]

复制权,是著作财产权中的核心权利,是将作品以特定形式再现,形成一份或者多份的再现作品。依据《著作权法》的规定,这种特定的再现形式不仅包括印刷、复印、拓印,也包括以录音、录像、翻录、翻拍、数字化的方式对作品进行一份或者多份的制作。[②] 大量对著作财产权的侵权案件都是侵犯著作权人的复制权。在实践中,无论是精确复制抑或稍作修改的复制,无论是平面的复制抑或改变复制品固定的载体、从平面到立体的复制,如果未经著作权人许可,均属于侵犯著作权人的复制权,如未经著作权人许可将动画片人物“喜羊羊”的形象制作为毛绒玩具。

发行权,是一种向社会公众提供作品原件或复制件的权利。发行通常是以出售或者赠予方式转让原件和复制件所有权。发行强调将作品以有形载体形式向社会公众进行公开发行,典型的如报纸发行、音像出售等。由于发行权采用了“一次用尽原则”或者“权利

---

① 参见《著作权法》第10条第1款。

② 参见《著作权法》第10条第1款第5项。

穷竭原则”,因此,在购买了著作权人公开发行的作品原件或复制件以后,购买者有权将该原件或复制件再次出售或赠予。

发行权要求向社会公众转移作品原件和复制件时需要经过著作权人的许可,出租权则是要求向公众有偿出租视听作品、计算机软件的原件或者复制件时需要经过著作权人的许可。对视听作品和计算机软件这两类作品单独规定出租权,是通过限制视听作品和计算机软件作品的有偿出租来保障这两类作品的发行商可以获得足够的回报。目前,由于网络下载视听作品和软件方便快捷,出租权适用的实践意义已不大。

在我国,根据《著作权法》的规定,展览权是指“公开陈列美术作品、摄影作品的原件或者复制件的权利”。[①] 由于美术和摄影作品往往通过展览原件展示该作品的艺术收藏价值,并达到出售的目的,因此,原件所有人享有美术、摄影作品原件的展览权。

表演权,即公开表演作品,以及用各种手段公开播送作品的表演的权利。[②] 表演包括针对舞蹈作品、音乐作品、戏剧作品、曲艺作品、杂技作品和文字作品的表演,可以采用舞台演出、演唱、音乐、朗诵等多种公开表演形式,以及将作品表演以各种方式公开播放。常见侵犯表演权的方式是未经词曲作者许可,在演唱会上表演作者的音乐作品。表演除前述现场表演外,也包括机械表演权,即以机械设备作为公开传播的方式,在卡拉 OK 厅播放音乐作品是一种机械表演,需要经过著作权人的许可。

放映权,即通过放映机、幻灯机等技术设备公开再现美术、摄

---

① 参见《著作权法》第 10 条第 1 款第 8 项。

② 参见《著作权法》第 10 条第 1 款第 9 项。

影、视听作品等的权利。[①] 放映权和表演权保护的作品种类不同，放映作品并非表演作品，也不是播送作品的表演，只适用于放映美术、摄影和视听作品。

广播权，即以有线或者无线方式公开传播或者转播作品，以及通过扩音器或者其他传送符号、声音、图像的类似工具向公众传播广播的作品的权利。[②] 广播权直接来自《伯尔尼公约》的有关规定，控制了三种对作品的广播行为：一是电台、电视台的无线广播；二是对广播的转播；三是通过扩音器等媒介的传播。

信息网络传播权是以有线或者无线方式向公众提供作品，使公众可以在其选定的时间和地点获得作品的权利。与广播不同，信息网络传播作为现代作品传播方式，受到公众的普遍喜爱，公众可以在网络上收听音乐，观看电影、电视剧和阅读小说等，是一种公众与网络交互式的、自主选择作品的方式。信息网络传播权禁止他人在未经作品作者许可的情形下，以网络方式传播作品。

摄制权，又被称为制片权，是指将文字、音乐、舞蹈、曲艺等各类作品摄制成视听作品的权利。作者同意将自己的作品制作成视听作品，对于完成后的视听作品，其著作权通常由制片人享有，作者仅享有作品的署名权和依据与制片人之间签订的合同获取报酬的权利。

改编权，即作者有禁止他人改变自己作品并且创作出新作品的权利。常见的文学艺术作品改编形式有将小说改编为电影或电视剧本。改编作品需要获得原作者的许可，并且不改变原作品的基本内容。

---

① 参见《著作权法》第10条第1款第10项。

② 参见《著作权法》第10条第1款第11项。

翻译权,即作者享有禁止他人将自己作品从一种语言文字转换成另一种语言文字的权利。翻译权能够使作品的作者在其他国家因为翻译作品而获取经济方面的收益。翻译他人作品必须经过原作者的许可。翻译是在原作的基础上进行的,但同时反映了翻译者在翻译过程中取舍文字的独创性劳动;因此翻译作品中凝结了原作者和翻译者的双重利益。外国人的作品如果符合我国法律规定,也同样受到法律保护,翻译外国人作品须获得作者许可。

汇编权,即作者享有的禁止他人在未经许可下,将自己作品或作品片段进行汇编集结成新作品的权利。要构成汇编作品就必须在作品选择与编排方面体现出汇编者的独创性。

5. 邻接权

与著作权保护作品创作者权利不同,邻接权保护的是作品传播者的权利。这些传播者包括艺术表演者、录音制品的制作者和广播电视的传播者。在作品传播的过程中,表演者的艺术发挥必须忠于作品本身并表达作者的感情和思想。虽然表演能将作品直观地展现给公众,本身具有艺术价值,但在多数国家被认为独创性比较低;因此,需要在作品外以其他权利形式保护表演者的劳动,通过限制他人对表演的直播、录制和传播,保障现场表演者的收入。同时,随着录音技术、电影摄制技术和传播技术的发展进步,对影像制品或唱片进行复制成为简单容易的事情。虽然录制作品具有技术性,不符合独创性保护要求,但是如果不对录音制品的制作者和广播电视的传播者的投资和劳动予以保护,将极大地影响作品的传播。邻接权正是在传统著作权之外,专门保护独创性不高但与作品有一定联系的劳动成果的权利。

(1)表演者权

表演者包括以表演、歌唱、演奏、朗诵等方式表演文学艺术作品或者民间文学艺术以及杂技、马戏的自然人和演出单位。表演者权包括人身权利和财产权利。表演者人身权利主要包括表明表演者身份的权利以及保护表演形象不受歪曲的权利，表演者人身权利的保护期限不受限制；而表演者的财产权利则包括未经表演者许可，禁止他人从现场直播和公开传送其现场表演，禁止他人录音录像，禁止他人复制、发行、出租录有其表演的录音录像制品，以及禁止他人通过信息网络向公众传播其表演，表演者有权要求被许可者支付报酬。[①] 表演者的财产权利保护期限为 50 年，自表演发生后开始起算。

（2）录音录像制作权

录音制作者和录像制作者对其作为首次制作人制作的录音制品和录像制品享有复制权、发行权、出租权、通过信息网络向公众传播权和广播权。[②]

（3）广播组织权

广播组织对其首次播放的声音、图像的信号享有权利。该权利禁止他人在未经广播组织许可的情形下进行转播，或者擅自将其播放的节目进行录制、复制。

（4）版式设计权

图书、期刊出版者对于图书、期刊的版式设计享有禁止或许可他人使用该版式设计的专有权。版式设计是由版面格式中的文字排版顺序、字体、行间距以及版面布局等因素构成的，版式设计权是为了保护出版者编辑、加工作品的劳动成果。

---

① 参见《著作权法》第 39 条。

② 参见《著作权法》第 44 条第 1 款。

6. 著作权的取得

作品创作完成后,著作权是自动产生抑或需要经过一定的条件和程序才能取得,各国有不同的规定。有的国家需要到著作权管理部门登记注册才能取得著作权;有的国家要求作品出版时加注著作权标记才能取得著作权;还有的国家采用自动取得原则,作品完成即享有著作权。总体而言,简化著作权取得程序是目前各国的普遍做法。我国采取的是自动取得原则,作品完成后无须任何手续即可以取得著作权。由于著作权究竟归谁所有的纠纷比较多,为保护作者权益,我国国家版权局推行了作品自愿登记原则。作者通过著作权自愿登记,能够起到初步证明作者身份的作用。

作品的作者是创作作品的自然人。只有实际进行创作的人才能成为作者,仅提供物质条件、组织他人进行创作、提供创作作品的方法、帮助收集资料的人都不具有作者的资格。即使是未成年人,只要做出具有独创性的作品,就能成为《著作权法》意义上的作者。法人在满足下列三个条件的情形下,也可以成为作者:作品由法人主持创作,反映法人的意志,并且由法人承担责任。将法人作为作者进行保护是为了鼓励法人对创作投入人力、物力和财力,法人作为作品作者的情形下,自然人将不享有署名权在内的著作权。

通常情形下,作品的著作权归于作者,法律对职务作品和委托作品的著作权归属有特殊规定。职务作品,是自然人为了完成所在单位工作任务所创作的作品。通常情形下,职务作品的著作权属于完成作品的自然人所有,但是单位在业务范围内享有优先使用权。自然人创作工程设计图、产品设计图、地图和计算机软件等职务作品时,如果主要是利用单位的物质技术条件创作,并由单位承担责任,这类作品属于特殊职务作品,著作权归单位所有,创作的作者仅享有署名权。[1] 例如,大型游戏软件的编写,很难依靠自然人个人力量完成,需要借助单位的资金、设备和资料,甚至需要单位聘请专家指导游戏软件的开发,为了保护单位对作品的投资,法律规定了特殊职务作品。委托作品是受托人依据委托人的委托而创作的作品。委托作品的著作权通常由委托合同约定;合同没有约定的,著作权属于受托人。[2] 虽然合同未约定作品著作权属于委托人,由于委托的目的是在一定的目的范围内使用该作品,因此委托人在目的范围内享有使用权。例如,委托人委托受托人设计一个产品广告,即使双方没有约定委托作品的著作权归属,委托人仍有权为了宣传公司和产品形象,免费使用该广告设计。

7. 著作权的利用

著作权许可使用是指著作权人以独占许可、排他许可或者普通许可的方式授权他人在一定时期、一定地域范围内、以一定方式使用其作品。例如,许可他人翻译、复制和发行小说,许可他人对其表演进行直播等,并获得相应报酬。著作权转让是指著作权人可以将其一部分或全部财产权转移给他人所有。受让人获得著作权人的财产权后,可以按照自己的意志使用著作权或者将著作权进行再转让。通过上述著作权的利用行使,著作权人因创作作品所付出的劳动获得了回报,也促进了文化艺术产品的流通和传播,有利于文化事业的繁荣。

(二)利用专利权保护文化产业中的技术创新

著作权制度鼓励作品的创作和传播;专利制度则鼓励人民投身发明创造、推动社会技术进步,并将发明创造进行推广和应用。专

---

① 参见《著作权法》第 18 条。

② 参见《著作权法》第 19 条。

利权是一种独占权,需要经过审查以后经法定程序授予,并以向社会公开作为获取专利权的条件。专利权具有很强的排他性:一旦被授予后,未经专利权人许可,任何人都不得实施其专利。

文化艺术产业的发展是专利创造、专利保护、专利运用的过程。首先,专利制度为文化产业的发展保驾护航。高附加值的文化艺术产业往往以高科技手段为助推动力,通过技术不断创造出震撼的视觉效果和听力冲击。例如,国产动画《哪吒之魔童降世》就是通过运用高水准的动画技术打造出制作胜人一筹的动画效果。数字创意产业技术包含一系列的音频技术、视频技术、内容技术、传输技术等,满足数字创意产品需要不断产生新的具有原创性的专利技术。其次,随着数字创意产业技术的发展,未来也可能产生新的需要知识产权法给予保护的专利技术。最后,文化创意产业通过专利许可、专利转让和专利转化等运营方式,实现专利的经济价值。

1. 不同种类的专利为文化艺术提供不同程度的保护

我国《专利法》保护发明专利、实用新型专利和外观设计专利。我国的专利既包括属于技术方案的发明与实用新型,也包括与技术方案无关的外观设计:

(1)发明专利保护文化艺术产业中的核心技术。发明,是对产品、方法或者其改进所提出的新的技术方案。[①] 与现有技术相比,发明是利用自然规律的一种创新,是前所未有的技术上的进步。以"吃、住、行、游、娱、购"为要素的文化旅游艺术市场,要不断开发文化旅游硬件设施和软件服务。发明专利或者实用新型专利向产品转化有利于开发新颖的游览娱乐设施设备和旅游购物等。数字化旅游中信息技术和虚拟技术的应用,需要不断开发文化旅游方面的

① 参见《专利法》第2条第2款。

专利技术,改善和提升数字化旅游体验,而在非物质文化遗产和文物保护方面如文物的检测、防护和修复也需要不断地进行专利技术创新。

(2)实用新型专利保护产品的形状和构造。实用新型专利往往是简单的技术方案,主要是针对产品的形状、产品的构造或者二者的结合所做的新方案,具有一定的实用价值。这类方案较发明专利的创造性要求低,在审查是否授予专利时也仅需做初步审查,不做实质性审查。

(3)外观设计专利保护产品图案。外观设计专利是一种富有美感的设计,但不是纯粹的美术作品,而是以工业产品为依托,对产品的色彩、形状、图案的结合进行的新设计。例如,单纯的熊猫图案只能作为美术作品,但是如果对这种图案进行应用,设计出奥运会吉祥物玩偶"冰墩墩",则该设计图案就是一种外观设计。由于外观设计专利主要是保护与产品的外观、图案、色彩、形状等相结合的适于工业应用的设计,因此,文化产品中的民族服饰、民族工艺、民族建筑、民族食品、旅游纪念品等均可以通过外观设计专利进行保护。

2. 专利权取得的条件

发明和实用新型专利均为技术方案,这两类专利取得的条件也大致相同,要求技术方案具有实用性、新颖性和创造性。外观设计专利则以新颖性、创造性和尊重既有权利为专利取得原则:

(1)实用性。实用性是专利审查的首要条件,是指发明或者实用新型能够在产业上制造或者使用,并且能够产生积极效果。[①] 因此,发明专利或实用新型专利缺乏技术实现手段,不能产生预期的有益效果,就被认为不具备实用性。

---

① 参见《专利法》第22条第4款。

(2)新颖性。新颖性是指申请专利的技术方案与现有技术相比,不属于现有技术。新颖性判断的实质就是一项技术是否与申请日前已经公开的技术内容相同。[①] 根据专利申请程序,一个专利通常要在申请日后一定期限内,才能在专利公报上公开发表;为防止专利被重复授予,申请专利的新颖性衡量标准包括抵触申请。抵触申请要求申请的专利如果在申请之前已经有人就同样的专利进行了申请,那么将依据先申请原则办理,驳回后申请人的申请。

(3)创造性。创造性是在新颖性审查的基础上提出的进一步要求,它是指与现有技术相比,该发明具有突出的实质性特点和显著的进步[②],是专利授予中最重要的条件。实用新型专利的创造性要求比发明专利创造性要求低,仅需要具有实质性特点和进步。

3. 专利权取得的程序

专利权的取得要经历专利申请、专利审查与批准等程序。专利申请要求申请人必须以提交专利书面申请文件的形式提出申请。递交申请的日期即为申请日,确定专利申请日非常重要。由于我国专利权取得采用“先申请原则”,当同样的发明创造有两个或者多个申请人申请时,专利权只能授予最先申请的人。专利保护具有地域性;如果专利权人希望自己的专利受到国际保护,必须到其他国家申请专利权。为了对专利的国际申请提供方便,《保护工业产权巴黎公约》(以下简称《巴黎公约》)中规定了专利申请的国际优先权。该公约规定,专利申请人在第一个成员处第一次提出专利申请以后的一定期限内,在其他成员处就该专利提出同样申请的,可以其第一次提出专利申请的日期作为申请日。中国也是《巴黎公约》的成

---

① 参见《专利法》第 22 条第 2 款。

② 参见《专利法》第 22 条第 3 款。

员。在先申请原则下，专利优先权的规定有利于专利权人的跨国申请。

发明专利、实用新型专利和外观设计专利的审查标准并不相同。我国发明专利采用了实质审查与公开审查制度[①]；实用新型专利与外观设计专利则实行形式审查制度[②]。发明专利审查程序要经过：(1)初步审查。国家知识产权局受理发明专利申请后，会对申请文件进行初步审查。初步审查是形式审查，主要审查申请手续是否完备、专利申请文件撰写是否符合要求、申请主题是否属于保护对象、申请人是否有申请资格等。(2)早期公开。对发明专利申请经过初步审查认为符合要求的，知识产权局自申请日起满18个月进行公布，也可以根据申请人的请求早日公布其申请。[③] (3)实质审查。发明专利申请自申请日起3年内，国家知识产权局可以根据发明专利的申请人提出的请求，对发明专利进行实质审查。实质审查主要是对申请是否符合专利实质申请条件进行审查，以确保专利质量。如果申请人逾期不请求实质审查，视为撤回该申请。[④] (4)授权。国务院专利行政主管部门经过实质审查没有发现驳回理由的，将做出授予发明专利权的决定，发给专利证书，并予以登记和公告。[⑤] 经过审查被驳回的专利申请，申请人还具有救济的机会，可以向国家知识产权局请求复审。

4. 专利权的内容

专利权作为专有权，未经专利权人许可，任何人不得为生产经

---

① 参见《专利法》第34条、第35条。

② 参见《专利法》第40条。

③ 参见《专利法》第34条。

④ 参见《专利法》第35条第1款。

⑤ 参见《专利法》第40条。

营目的,通过制造、使用、销售、许诺销售和进口的方式实施专利。[①]根据《专利法》的规定,制造权是指专利权人享有制造专利产品的权利;未经专利权人许可,为生产经营目的制造专利产品,将构成侵权。使用权是指专利权人享有专利产品和专利方法的使用权;未经专利权人许可,他人以生产经营为目的使用即构成专利侵权。专利权人通过销售或者授权他人销售专利产品被视为许可购买者使用专利产品。销售权是指专利权人有权以生产经营为目的销售专利产品。产品售出后,购买者具有将购买的专利产品进行转售的权利。许诺销售权是指表示愿意销售专利产品的意思表示;未经专利权人许可,即使没有销售行为,但是为了销售专利产品而进行的展示宣传活动同样构成专利侵权。进口权是指为了生产经营目的进口专利产品的权利;未经专利权人许可,禁止为了生产经营目的需要而进口专利产品的行为,否则,该行为将构成专利侵权。

5. 专利权的利用

专利权的利用有多种形式。专利权人自己实施专利,将专利申请权、专利权转让他人,或者授权许可他人使用专利,甚至将专利权进行质押获取融资,上述形式都是专利权人合理利用专利实现收益的常见方式。专利申请权的转让是指技术方案或者产品外观设计在专利申请之前,转让人将其转让给受让人。受让人有权决定是否申请专利;如果申请专利,受让人可以作为专利申请人。专利实施许可是指专利权人可以通过专利许可合同,与被许可人就实施专利的地域、期限、范围以及是否排除专利权人和第三人在许可期限内实施该专利技术进行约定,并收取许可费。专利实施许可合同是一种利益交换:专利权人将实施专利的权利授予被许可人以获取专利

---

① 参见《专利法》第 11 条。

使用费的同时,将部分地放弃专利独占权;被许可人通过支付专利使用费的经济代价获取实施专利的权利。专利实施许可合同应当是双方在平等自愿基础上签订的合同;专利实施许可合同不能违反《反垄断法》的规定,专利权人不得通过专利许可行为限制竞争。除专利许可外,专利权人还可以通过签订转让合同将自己所有的专利所有权全部转让给受让人。转让专利权应当向国务院专利行政部门登记,并由国务院专利行政部门予以公告。未经登记,专利申请权或专利权的转让不发生法律效力。①

6. 专利权的保护期限

在专利权保护期限内,专利权人可以充分地实施专利或者许可他人使用专利并获得许可费用;专利的保护期限保证了专利权人有足够的时间获得专利回报,有利于鼓励创新。而技术的进步也需要建立在前人成果的基础上,对专利予以过长的保护期限反而会妨碍创新。我国《专利法》规定,自申请日起,发明专利的保护期限是20年,实用新型专利的保护期限为10年,外观设计专利的保护期限为15年。② 保护期限届满,相关专利便进入了公有领域,不再受《专利法》的保护,任何人都可以在未经许可的情形下实施专利。

(三)利用商标保护识别文化产品和服务来源

知识产权为文化产业的发展提供了庞大的制度体系。著作权为文化创作、文化创新提供制度保护;专利技术的应用以及专利权的保护与文化领域科技创新紧密相关。商标权在工商市场上为文化产品的销售和市场竞争提供保护。实现文化领域创新发展和文化产业繁荣强大,需要打造文化领域的核心专利技术、版权精品和

① 参见《专利法》第10条第3款。

② 参见《专利法》第42条第1款。

知名品牌。[①] 打造国际知名文化商标，不仅能在国内树立中国文化品牌，使企业的文化产品获得丰富的利润回报，更有利于在国际上彰显中国文化软实力。

商标俗称牌子，是商品或服务的提供者为了将自己与他人的商品或服务相区别而使用的识别标志。因此，商标首先具有区分文化产品或服务来源的识别功能。在商标许可使用、商品生产者和商标所有者相分离的情形下，商标成为消费者识别商品最终提供者的标识。商标所有者也会努力控制商品或服务的品质，以便保持商标的价值；这就使商标具有了品质保证的功能。驰名商标由于被消费者所认同，因此常常具有宣传功能。例如，美国米高梅电影公司的电影片头的“狮子吼”可视为商标，能让观影者立即联想到米高梅公司。

1. 商标的种类

商标是由文字、图形、数字、字母、三维标志、颜色组合和声音等一个或多个要素组合而成的标志。[②] 商标不仅可以根据识别对象的不同分为商品商标和服务商标，还可以根据商标注册人的身份和商标所起的作用，分为普通商标、集体商标和证明商标。普通商标是自然人、法人或其他组织自己注册申请供自己生产经营需要使用的商标。集体商标是以团体、协会或者其他组织名义注册的商标，供成员在商事活动中使用，表明使用者为该组织成员[③]，如沙县小吃同业公会注册的集体商标、重庆市火锅协会注册的集体商标。证明商标是证明使用该商标的商品或服务的原产地、原料、制造方法、质量

① 参见吴汉东：《保护知识产权就是保护创新》，载《人民日报》2020 年 12 月 14 日，第 9 版。

② 参见《商标法》第 8 条。

③ 参见《商标法》第 3 条第 2 款。

或其他特定品质的商标。[1] 与集体商标不同的是,证明商标由对某种商品或者服务具有监督能力的组织注册,商标注册人自己并不使用商标,而由该组织以外的单位或者个人使用于商品或者服务,如“库尔勒香梨”“安溪铁观音”等均是证明商标。

我国《商标法》规定,地理标志可以作为集体商标或证明商标申请注册。地理标志是指示商品源于某地区,商品的特定质量、声誉是由该地区的自然因素和人文因素所决定的一种标志。[2] 地理标志不仅对提升地方土特产品、茶叶、中药材和农产品的附加值意义重大,还是一种文化传承方式。地理标志产品往往要求种植者坚持传统的种植方法、饲养方法,生产者坚持传统的加工方式;因此地理标志是传统文化的载体,地理标志产品的产生也由当地人文历史因素所决定,因此具有区域性文化特色。

2. 商标权的取得

(1)商标取得在先注册原则。在我国,除驰名商标之外,商标通过注册取得商标专用权。禁止他人未经许可,在相同或者类似的商品或服务上使用与他人已经注册的商标相同或近似的商标。商标代表着商品的品牌价值。由于商标权采取注册取得的原则,实践中恶意的“商标抢注”现象时有发生。为了规范这种行为,我国《商标法》规定,不能够以不正当的手段抢先注册他人已经使用并有一定影响的商标。

商标注册实行自愿注册和强制注册相结合的原则。除药品、烟草等特殊商品须依据法律规定强制注册外,商标主要通过自愿注册的方式完成,但是未经注册的商标不受法律保护。我国商标注册采

---

① 参见《商标法》第3条第3款。

② 参见《商标法》第16条第2款。

取在先申请原则,两个或两个以上商标注册申请人在同一种或类似商品上以相同或近似商标申请注册的,初步审定公告申请在先的商标。

(2)商标注册的条件。商标注册首先要满足合法性:除满足商标设计要素的要求外,商标的文字、图形等内容不能违反法律的禁止性规定。作为商业标志使用的商标不能使用国家机关、外国国家、国际组织、公益机构的名称以及官方标志、县级以上地名或公众知晓的外国地名等,也不能使用带有民族歧视、欺诈和有害社会道德风尚的标志。

注册商标时为了便于识别商品或服务的来源,要求商标注册要满足显著性的要求。如果商标注册时仅标示商品通用名称、图形、型号,或者仅描述商品质量、主要原料、功能、用途、重量、数量等特点,那么这样的标识不能作为商标注册。显著性作为商标注册的基本要求,除便于消费者区分商品、服务的提供者外,也是市场公平竞争的需要。如果允许商标注册人将通用标志或描述性标志注册为商标,如"手工刺绣",那么将使其他相同(手工刺绣)商品的提供者处于不利地位。

(3)商标注册的程序。商标注册需要经过申请、审查和核准等注册程序。自然人、法人和其他组织在生产经营活动中需要取得商品或服务商标的,应当向商标局申请商标注册。①

第一,商标申请。商标注册有两种途径:一是直接由申请人到商标局办理,二是申请人委托国家认可的商标代理机构代理注册商标。商标申请是按照商品和服务的种类填报商标使用的商品或服务的类别。根据《商标注册用商品和服务国际分类尼斯协定》的规

① 参见《商标法》第4条第1款。

定,商品和服务一共分为45类。商标申请人在商标分类的基础上填报商标申请书。我国实行一件商标一份申请的原则,但是允许申请人通过一份申请就多个类别的商品申请注册同一商标。[①]

第二,商标申请审查。有的国家对商标申请采取不审查原则,即只进行形式审查和商标不得注册的绝对事项审查,不审查商标是否与在先注册的权利相冲突。由于不审查原则会带来商标注册数量激增、助长恶意注册和增加注册人维权成本等问题,因此我国目前对商标申请仍然采取全面审查原则。全面审查既包括形式审查,即审查商标申请文件和手续是否齐备、是否符合法定要求、确定申请日等,也包括实质审查。商标申请实质审查即审查商标申请是否存在不予注册的绝对理由和部分相对理由。不予注册的绝对理由是指商标的注册会破坏公共秩序,损害公共利益,在此情形下绝对不予注册。商标局受理该商标申请以后会主动审查是否存在绝对不予注册的情形,即使商标被初步审定并公布后,任何人发现此类情形都可以向商标局提出异议;甚至商标被注册后,任何人发现存在此类情形都可以向商标评审委员会(现为国家知识产权局商标局)请求宣告该注册商标无效。

绝对不予注册的情形,包括商业标志不具有显著性、商业标志违反法律禁止注册的强行性规定或者采取欺骗及其他不正当手段进行注册。不予注册的相对理由包括:(1)误导性使用地理标志。例如,非阳澄湖地区产的大闸蟹注册"阳澄湖"商标。(2)以不正当手段抢注他人已经使用并有一定影响的未注册商标。[②] 例如,某公司在网络服务上抢注"阿里巴巴"商标,后被不予核准注册。(3)在

① 参见《商标法》第22条第1款、第2款。

② 参见《商标法》第32条。

相同或类似的商品上与他人已经注册的商标相同或近似。例如,拟注册商标“五娘液”与已注册商标“五粮液”读音和字形均近似。(4)与他人驰名商标相同或近似。(5)商标申请注册损害他人在先权利。这些在先权利包括注册商标专用权、著作权、肖像权、姓名权、外观设计专利权等权利。

第三,商标核准注册。通过了商标局实证审查的商标,可以予以初步审定并公告。初步审定后3个月以内,任何人认为商标注册损害了公共利益的,可以向商标局提出异议。如果商标局做出了不予注册的决定,商标申请人不服,可以向商标评审委员会申请复审。对于初步审定的商标,在公告期内无人提出异议的,商标局会予以核准注册,发给商标注册证,并进行公告。

3. 商标权的利用

商标取得后,自核准注册之日起,有效期为10年,期满可以续展有效期。商标权人在核准使用的商品或服务上具有商标专有权。商标专有权是一种排他权,该权利禁止他人在相同和类似的商品或服务上,使用相同或近似的商标。与专利权相似,商标权的利用可以采取许可使用、转让、质押等方式。商标转让应当经核准登记才能发生法律效力。为避免消费者混淆,商标权人在同一商品上注册的近似商标应当一并转让。商标许可合同需要到商标局进行备案;未经备案登记虽然不影响许可合同的效力,但不能对抗善意第三人。注册商标许可他人使用的,商标权人具有监督的义务,确保被许可人提供的商品或服务质量;同时,商品或服务上应当标明被许可人名称和商品产地,便于消费者区分。

(四)利用商业秘密保护文化企业未公开重要信息

商业秘密是指不为公众所知悉的,能为权利人带来经济利益,具有实用性,并经权利人采取保密措施的技术信息和经营信息。[①]商业秘密从根本上来讲是一种未公开的、在实践中可以加以利用的信息,形式上表现为配方、设计、技术、方法和客户名单等。就商业秘密的构成要件而言,首先是秘密性,即未公开的,不为公众所知悉的信息。其次是价值性,表明了商业秘密的实用性。商业秘密是能够为权利人带来竞争优势的、在生产实践中能够被利用的、具有商业价值的信息。为了获取具有实用性和经济利益的信息,权利人付出了劳动和资金,应当维护权利人合法的经济利益。最后是保密性,即权利人采取了保密措施。采取保密措施是商业秘密受到保护的必要条件,主观上反映了权利人保密的意愿,客观上权利人也须采取保密措施防止秘密泄露,使第三人知道该信息属于秘密信息。非法获取,非法披露,非法使用或允许他人使用,教唆、引诱、帮助他人违反商业秘密保守义务,明知或应知他人的商业秘密未经授权仍然使用的,均属于侵犯商业秘密的行为。

在我国商业秘密保护的主要依据是《反不正当竞争法》。虽然商业秘密和著作权、专利权等知识产权不同,并不具有公开性,但是我国立法上将商业秘密作为知识产权保护,使商业秘密具有绝对的排他性和财产权属性。如此规定是源于理论上的如下认知:一是同其他知识产权一样,商业秘密也具有排他性,符合知识产权排他性和专有性的根本特性。二是保护商业秘密并非鼓励保密,而是鼓励技术创新和新知识的传播利用。信息并非只有公开才能传播,通过立法赋予商业秘密财产权属性,使之在权利人的控制下许可他人使用,或转让他人使用。由于不能从公开渠道获取新技术,同时反向工程和独立开发并不被视为侵犯商业秘密,企业需要独立创新获取

① 参见《国家工商行政管理局关于禁止侵犯商业秘密行为的若干规定》第2条第1款。

新技术,因此,保护商业秘密能够鼓励社会发明和创新。商业秘密一旦被泄露便处于公开状态,对商业秘密的保护便终止;对商业秘密的保护不会因为保护期限过长而损害公共利益。

商业秘密的知识产权特性使法律制度在保护商业秘密时像救济其他知识产权一样为侵犯商业秘密行为颁发禁令,对侵害商业秘密行为可以施以惩罚性赔偿。[①] 同时,商业秘密的秘密性,一旦公开便不能获得保护的脆弱性,以及不能阻止反向工程和自主研发的有限排他性,都表明商业秘密不同于传统知识产权;[②]商业秘密的上述特性也增大了保护的难度,需要有符合商业秘密特性的保护方法。

(五)文化产业知识产权的综合保护

文化产业知识产权的综合保护是指从文化领域知识产权的保护目的和保护手段出发,在现有知识产权制度的基础上,对现有知识产权制度进行综合利用,形成文化领域知识产权保护的特有制度或机制。

文化产业知识产权综合保护具有现实必要性。一是现行知识产权制度体系需要整合和更新。《专利法》《商标法》《著作权法》《反不正当竞争法》等法律之间就知识产权保护问题存在冲突、重复或遗漏,需要协调和衔接。二是新业态、新领域下大数据、人工智能出现的知识产权问题对传统知识产权制度形成了挑战,对新的客体的出现尽管可以在现有法律制度框架下完善知识产权制度,但是仍然存在路径的选择。例如,对大数据的保护就存在《著作权法》的邻接权制度和商业秘密的保护路径选择的问题。[③] 三是文化产业链条

---

① 参见黄武双:《商业秘密的理论基础及其属性演变》,载《知识产权》2021 年第 5 期。

② 参见林秀芹:《商业秘密知识产权化的理论基础》,载《甘肃社会科学》2020 年第 2 期。

③ 参见张浩然:《“十四五”知识产权法制建设的重点任务——解读〈“十四五”国家知识产权保护和运用规划〉》,载《中华商标》2021 年第 12 期。

的复杂性、产品的丰富性意味着产品需要著作权、专利权和商标权等多种知识产权的复合保护。以动漫产业为例,大体包括漫画、动画、舞台剧和网络动漫、玩具等周边产品开发。[①] 其中,在图书和报刊上发表的漫画作品属于著作权中的美术作品,以电影、电视、音像制品制作的动画片和舞台剧等受到《著作权法》中的邻接权制度的保护,网络动漫和玩具等周边产品则由外观设计专利和商标权进行保护,制作动漫产品的程序和软件则由《计算机软件保护条例》保护。此外,《反不正当竞争法》对“搭便车”等不正当竞争行为起着兜底保护的作用。[②]

传统的综合保护为文化产品提供分门别类的保护。有的文化产品涉及的知识产权虽然复杂,但是其产品可以被分门别类地纳入传统知识产权客体,对这类文化产品可以在目前知识产权框架下对应性地提供保护。例如,一部苹果手机,其苹果标志可以通过商标权保护,其软件、用户手册等可以通过著作权进行保护,数字接口技术、外观设计等可以通过专利权保护,其未公布的技术信息还可以通过商业秘密保护。而复杂的新技术需要创新保护路径,制定专门的法律。例如,3D 打印技术作为新型制造技术,涉及打印材料、打印程序设计、打印模型和打印技术本身。作为技术方案,3D 打印技术受《专利法》保护,但是 3D 打印程序不属于《专利法》的保护范围。如果 3D 打印机采取的技术侵犯他人专利权,非出于商业目的、家庭化地使用 3D 打印机是否侵权?家庭使用 3D 打印机将数字化虚拟模型打印成物品,是否侵犯模型著作权,是否需要付费?等等这些问题尚

---

① 参见丘志乔:《动漫知识产权保护不能慢》,载《中国发明与专利》2007 年第 6 期。

② 参见于向阳等:《文化创意产业的知识产权保护研究》,知识产权出版社 2015 年版,第 130 页。

需要系统思考,并从制度上对3D打印技术创新予以支持。

第二节　文化产业知识产权的行政保护现状

2016年5月,中共中央、国务院发布了《国家创新驱动发展战略纲要》,明确创新驱动发展是我国面向未来的重大战略,将科技创新作为国家全局工作的核心,提出要建设知识产权强国,强化知识产权制度对创新的基本保障作用。2021年9月,中共中央、国务院印发《知识产权强国建设纲要(2021—2035年)》,提出建设支撑国际一流营商环境的知识产权保护体系。2021年10月国务院印发《"十四五"国家知识产权保护和运用规划》,明确"保护知识产权就是保护创新"。习近平总书记在中央政治局第二十五次集体学习时强调知识产权保护工作"关系国家治理体系和治理能力现代化"。强化知识产权行政保护是落实知识产权强国战略的重要组成部分、全面加强知识产权保护的重要组成部分。

一、文化产业知识产权行政保护的特点与阶段

(一)知识产权行政保护的特点

在法律规定中,知识产权行政保护制度主要是由行政执法制度和知识产权行政管理制度组成。知识产权行政执法是指相关或者依法授权的组织及公职人员依据知识产权法律规范规定的法定权限和程序行使行政管理职权,保护知识产权人和社会公众合法权益,维护社会主义市场经济秩序,依法处理和调解知识产权纠纷,查处知识产权违法行为的行政行为。知识产权行政管理是指行政机关对知识产权的确认和授予。事实上,行政管理也必须依靠行政执

法才能实现;知识产权行政管理和知识产权行政执法是一体的,很难截然分开,甚至是同一个问题。

知识产权行政保护具有与司法保护不同的特点。第一,知识产权行政保护具有主动性,与知识产权司法保护“不告不理”司法制度相比,知识产权行政保护可以与知识产权司法保护同时或先于其展开知识产权保护。行政机关依申请受理知识产权确认、授权、变更等,在法定期限内依职权主动进行审查,并作出答复;对知识产权违法行为主动进行行政执法,打击违法行为。第二,行政执法手段多样,程序简单,成本低,保护效率高。行政执法机构有确认、许可、强制、处罚、调解、裁决等多种行政手段,对于侵犯知识产权行为及时制止有利于保护当事人知识产权人合法权益;行政调解有利于快速化解纠纷,降低当事人的维权成本。在行政执法过程中,由于行政行为效力先定,一旦行政机关做出查处违法行为的行政行为,法律上推定有效,立即执行,极大地提高了维权的效率。

(二)知识产权行政保护的三个阶段

行政机关从知识产权权利获取开始提供保护,行政保护对知识产权的保护贯穿事前、事中和事后。[①] 知识产权行政保护的事前阶段是行政机关根据当事人的申请,对知识产权的权利归属与确认或授予所做出的行政行为。例如,专利行政管理部门对专利进行形式审查和实质审查后,作出决定授予发明专利的决定,发给权利证书予以登记和公告。商标申请注册也需由商标局初步审定,予以公告;公告期满无异议的,予以核准注册并发给商标注册证。知识产权行政保护的事中阶段是指权利行使、变更和消灭过程中,知识产权行政部门进行备案或登记。例如,商标权转让合同签订后,需向

---

① 参见曲三强、张洪波:《知识产权行政保护研究》,载《政法论丛》2011 年第 3 期。

商标局申请核准,自公告之日起受让人享有商标专有权。知识产权行政保护的事后阶段是指知识产权遭受侵犯后,行政机关依法对侵权行为予以查处,并实施行政处罚,对民事侵权赔偿予以调解等。

知识产权行政保护的三个阶段是否与知识产权价值的生命周期吻合,即知识产权价值周期是否完整地受到知识产权行政保护,从某种角度而言,可以衡量知识产权行政保护的价值。从知识产权价值全生命周期角度来看,主要包括了“权利确认、权利分配和权利增值”三个阶段[①]。知识产权行政保护的事前阶段属于确权性保护,保障相关主体能够合法、公正地获得知识产权。知识产权行政保护的事中阶段和事后阶段能够对知识产权交易、维持、传播中权利分配的状况进行备案或者核准登记,对权利纠纷进行调解,对侵权行为实施行政处罚,保护权利人的合法权益;事中和事后过程从知识产权价值全生命周期而言,均是为了保护知识产权高效、公正交易,在维持知识产权的同时对知识产权进行传播。因此,传统知识产权行政保护的重点是权利确权和权利分配,并未关注知识产权成果的产业化转化。就知识产权价值全生命周期而言,行政机关应对企业进行帮助、扶持和激励,促进知识产权成果转化,为知识产权创新主体和企业提供促进性保护,以覆盖知识产权全生命周期,实现大保护格局。[②]

二、知识产权行政保护与司法保护的关系

我国知识产权保护制度与西方国家主要依靠司法保护的途径

---

① 参见申长雨主编:《迈向知识产权强国之路——知识产权强国建设实施问题研究》(第2辑),知识产权出版社2017年版,第306页。

② 参见戚建刚:《走中国特色知识产权行政保护之路》,载《中国高校社会科学》2020年第6期。

不同，我国知识产权保护自《著作权法》和《专利法》实施之日，一直采取知识产权行政保护和司法保护“两条途径、协调运作”的“双轨制”模式；由于与发达国家主要依靠司法保护知识产权的模式不同，知识产权行政保护曾备受质疑。事实上，世界其他国家也设置有知识产权行政管理机关。与我国不同的是，其知识产权行政管理机关仅负责知识产权的管理和服务，并不具有直接执法的职能；知识产权行政执法由专业的执法机构进行，如警察、海关等部门。我国赋予知识产权行政管理机关职权的同时，也赋予其执法权，并且认为“司法手段和行政手段犹如车之两轮、鸟之双翼，任何一个方面的削弱，都意味着惩治手段的缺失”①。我国除知识产权行政管理部门具有执法权外，专业的执法机构如海关、警察也在自身职责范围内对知识产权违法行为进行执法。我国《知识产权海关保护条例》规定，海关对与进出口货物有关并受我国法律、行政法规保护的著作权和与著作权有关的权利实施保护。著作权人发现侵权嫌疑货物即将进出口的，可以向货物进出境地海关提出扣留侵权嫌疑货物的申请。海关根据申请依法予以查扣侵权货物。因此，我国知识产权保护形成的是“知识产权行政管理机关直接执法、专业行政执法机关行政执法与法院等司法机关司法并存的双轨制”②。

行政保护对知识产权保护的作用日益扩张，与知识产权司法保护的谦抑性形成鲜明对比，充分体现了行政保护快速、专业、成本低的优势。加强知识产权行政保护也是打击盗版、假冒等社会危害性大，违法面广、量大的损害社会公共利益行为的现实需要。同时，知识产权诉讼较普通民事诉讼程序更加复杂，其民事纠纷的处理与行

---

① 易继明：《保护知识产权须司法与行政并用》，载《长江日报》2009年4月10日，第6版。

② 李顺德：《对加强著作权行政执法的思考》，载《知识产权》2015年第11期。

政纠纷相互交织;如果能通过行政执法解决知识产权纠纷,将极大地提升知识产权保护效率。例如,在专利侵权民事纠纷中,被控侵权方可以专利权无效提出抗辩,向专利复审委员会(现为国家知识产权局商标局)提出专利无效的请求,民事侵权诉讼程序将中止审理,等待专利复审委员会的复审结果。对专利复审委员会的复审结果不服的,还可以向法院提起行政诉讼,使专利民事纠纷的处理程序漫长,反复与专利行政纠纷的处理纠缠,更加凸显了专利民事纠纷行政裁决或者调解的意义。

三、知识产权行政保护主体依法履行保护职责

2018 年行政机构改革以后,国务院将专利、商标、集成电路布图设计、地理标志的管理职能赋予国家知识产权局统一行使。国家知识产权局主要对地方的专利、商标、地理标志等行政执法业务实施指导,全国专利、商标等行政执法职能主要是由各级知识产权局、市场监管局(知识产权局)行使。著作权行政保护则由地方新闻出版局(版权局)负责。

(一)国家知识产权局的主要职责

国家知识产权局统一行使专利的行政管理职责。依据《专利法》的规定,国家知识产权局作为国务院专利行政部门,除负责管理全国的专利工作外,其职责主要是统一受理和审查专利申请,依法授予专利权;对专利申请人的专利申请进行复审;审查宣告专利无效的请求;专利转让的审查和登记;专利权的质押、保全及其解除;专利权的终止与恢复;对在中国境内完成的发明和实用新型向外国申请专利进行保密审查;对发明和实用新型专利予以强制许可;应专利权人或者利害关系人的请求处理在全国有重大影响的专利侵权纠纷;专利信息公共服务。

国家知识产权局统一行使商标的行政管理职责。依据《商标法》的规定，国家知识产权局作为国务院商标主管部门，主管全国商标注册和管理的工作。其主要职责包括：对申请注册的商标进行审查和核准登记；规定集体商标、证明商标注册和管理的具体事项；对初步审定公告的商标提出异议的，进行核实并作出决定；设立商标评审委员会，对驳回申请、不予公告的商标注册申请人的重审申请进行复审，负责处理商标争议事宜，对已经注册的商标有异议的进行复审并作出决定，对驰名商标做出认定。

（二）国家版权局的主要职责

著作权行政管理机构是国家版权局，国家版权局原设于国家新闻出版广电总局内。2018 年，根据中共中央《深化党和国家机构改革方案》和《国务院机构改革方案》，新闻出版工作由中共中央宣传部统一管理，将国家新闻出版广电总局的新闻出版管理职责划入中共中央宣传部，中共中央宣传部对外加挂国家新闻出版署（国家版权局）牌子。国家新闻出版署（国家版权局）是国务院主管新闻出版、广播影视和著作权管理的直属机构。中共中央宣传部内具体执行版权局职能的是国家新闻出版署（国家版权局）的版权管理司。

著作权行政管理主要是行政保护的确权行为。从当事人权利保护角度来看，国家版权局的职责是对作品的著作权登记和法定许可使用进行管理；推进软件正版化工作。国家版权局的其他重要职责是拟定著作权的战略纲要和政策，对地方各级版权管理机关在业务上实施指导。

（三）地方市场监管局（知识产权局）的主要职责

地方政府根据当地实际，对商标和专利管理职能进行调整，通常是在地方政府包括省、自治区、直辖市，设区的市，以及县（市、区）等层面的市场监管局下设立独立的知识产权局，或者在市场监管局中加挂知识产权局牌子，管理专利、商标、地理标志等事务。在行政事务的管理层级上，专利与商标的行政管理和执法并不相同。根据我国《专利法》和《专利法实施细则》，专利行政执法主体是省级市场监管局（知识产权局）和设区的市级人民政府设立的市场监管局（知识产权局），这两级知识产权管理部门行使专利侵权行为、假冒专利行为和专利纠纷调解的行政保护职能。根据《商标法》和《商标法实施细则》的规定，省级、设区的市级和县（市、区）的市场监管局（知识产权局）均为市场中商标侵权和违法行为行政执法主体。商标行政执法的职权是查处商标侵权行为，处理商标侵权纠纷，调解商标侵权、赔偿费用纠纷，查处其他商标违法行为和商标代理违法行为。

（四）地方新闻出版局（版权局）的主要职责

地方层面的版权保护工作仍然由新闻出版局（版权局）负责，地方各级版权局一般设置于新闻出版广电管理机关或文化管理机关等行政管理机构内合署办公。全国 31 个省、自治区、直辖市全部设立了版权管理机构，部分市（地、州、盟）也设立了版权管理机构。例如，四川省新闻出版广电局（四川省版权局）主管版权保护工作，并内设版权管理处负责版权事务工作，还下设了事业单位版权公共服务机构。例如，四川省版权事务中心隶属于四川省新闻出版广电局（四川省版权局），该中心建立了版权公共服务和社会参与体系，维护著作权人权益，打击侵权盗版，从事版权公共服务登记服务等。设区的市，例如，成都市的版权保护工作目前由成都市文化广电新闻出版局（成都市版权局、成都市文物局）主管，版权管理处作为内设机构负责版权事务，其下属事业单位成都市对外文化交流中心（成都市版权事务中心）提供成都市版权公共服务。

地方著作权行政保护的行政执法工作有与著作权行政管理部门分离的趋势：有的著作权行政管理机构不再承担行政执法职能，

交由专门的文化市场综合执法机构负责;有的则是由著作权行政管理部门与文化市场综合执法机构联合执法。例如,四川省负责版权执法的机构为四川省新闻出版广电局(四川省版权局)版权管理处和四川省出版物市场稽查总队,执法机关开展定期、不定期执法检查行动,对文化市场版权相关违法行为实施打击,通过公布著作权保护典型案例等,向公众进行版权法律宣传教育,同时对版权违法行为形成震慑。版权管理处还会同法规处,通过举办全省执法培训会面向四川省全省版权执法人员进行执法规范化培训,提高依法行政水平。成都市负责版权执法的机构为成都市文化市场综合行政执法总队,对版权侵权违法行为进行打击。

四、知识产权行政执法为权利人提供多种方式的保护

知识产权行政执法方式主要有行政裁决、行政调解和行政处罚三种。著作权行政执法的主要形式是行政处罚,执法机关也可以对版权纠纷进行行政调解。商标专利行政执法的形式主要包括对商标专利侵权纠纷进行行政裁决、对商标专利侵权合同进行行政调解以及对商标专利违法行为进行行政处罚。行政执法具有双重性质:既包括行政机关主动的、具有自由裁量权的具体行政行为,也包括行政机关被动的、居中裁断的、解决民事纠纷的具体行政行为。其中,行政裁决和行政调解这两种行政执法方式均是由行政机关充当民事纠纷的仲裁者和调节者。行政权介入民事纠纷既是现代国家行政权扩展的结果,也是民众对公共行政由“管理型”向“服务型”转变的要求。具体到知识产权行政保护,由于知识产权具有一定的专业性,纠纷解决需要具有一定专业能力的人员。行政部门还能整合行政资源,运用行政调查权和自由裁量权对私人纠纷进行裁决或调解:既节约政府打击知识产权违法的社会治理成本,又因为程序便

捷、周期短、成本低廉,实现了各方主体利益的最大化。因此,由知识产权行政主管部门以非诉讼方式解决知识产权纠纷具有合理性。2021 年全国知识产权系统共受理专利侵权行政裁决案件 4.98 万件,同比增长 17.4%,全国知识产权系统会同司法行政机关受理调解案件 6.48 万件。[①] 面对快速增长的知识产权侵权纠纷案件,多形式的行政执法提升了知识产权的保护效率。

(一)行政裁决

行政裁决制度,是指国家行政机关根据法律法规的授权,依据当事人申请,在相应范围内,以居中裁判者的身份,对与行政机关职权密切相关的平等主体之间发生的民事纠纷依法做出处理的一项制度。[②] 行政裁决的范围包括裁决当事人权属纠纷、侵权纠纷和损害赔偿纠纷。行政裁决行为具有以下特点:第一,行政裁决机关必须是法律法规授权的行政机关或者组织。第二,行政裁决的民事纠纷与行政机关管理活动密切相关。第三,行政裁决的目的是解决当事人的民事纠纷。第四,行政裁决具有准司法性。行政机关依当事人申请裁判,行政机关与所裁纠纷无利害关系,以居中的身份裁决当事人民事纠纷,具有司法性;行政机关需要获得法律法规的授权,以行政机关的身份进行裁决,行政裁决行为具有行政性。因此,行政裁决行为是准司法行为。第五,行政裁决行为是一种具体行政行为。行政管理相对人对行政裁决不服的,还可以通过行政复议或行政诉讼予以救济。实践中,行政裁决的可诉性,导致行政裁决机关

---

① 参见吴阳:《去年全国知识产权系统共受理专利侵权行政裁决案件 4.98 万件,同比增长 17.4%》,载红星新闻 2022 年 4 月 26 日,https://baijiahao.baidu.com/s?id=1731158832662596802&wfr=spider&for=pc。

② 参见姜明安主编:《行政法与行政诉讼法》(第 5 版),北京大学出版社、高等教育出版社 2011 年版,第 254 页。

对于行政裁决有一定的抵触情绪。

知识产权行政裁决源于法律的授权。《专利法》第65条规定，未经专利权人许可，实施其专利，侵犯专利权，引起纠纷的，专利权人或者利害关系人可以请求管理专利工作的部门处理，行政机关的处理行为是行政裁决行为。根据《专利法实施细则》的规定，当事人请求处理专利侵权纠纷或者调解专利纠纷的，由被请求人所在地或者侵权行为地的管理专利工作的部门管辖。

商标执法的行政裁决权依据来自《商标法》第60条的规定，构成《商标法》第57条所列侵犯注册商标专用权行为，引起纠纷的，商标注册人或者利害关系人可以请求工商行政管理部门（现为市场监督管理部门）处理。对于商标执法行政裁决的地域管辖，法律并没有明确规定，实践中，与专利权侵权纠纷行政裁决相似，由被请求人所在地或者侵权行为地的管理商标工作的部门管辖。具体而言，可以是侵权行为实施地、侵权商品储藏地、侵权商品查封扣押地或者被请求人所在地市场监管局（知识产权局）。

（二）行政调解

行政调解是指在行政管理机关的主持下，根据国家法律法规的规定，以当事人自愿为基础，通过对争议当事人的说服、教育与劝导，促使当事人互让互谅，平等协商，达成协议，解决双方争议的行为。

行政调解由行政机关充当民事纠纷的调解人，处理平等主体之间的民事争议，承载司法的部分功能。这种行政执法方式具有以下特点：第一，行政调解程序的启动以当事人请求为前提。只有经当事人提出请求，行政机关才能启动调解程序。第二，行政调解具有自愿性。行政调解程序的启动需要当事人的一致同意，包括在纠纷产生前自愿达成行政调解协议，或者在纠纷发生后自愿将纠纷提交行政调解处理的共同意愿。第三,行政调解必须符合法律规定。行政调解机关应当以事实为依据、以法律为准绳,在查明事实、分清是非和明确责任的基础上,对当事人进行法律解释、劝解和说服,引导当事人互谅互让,最终达成协议。第四,行政调解协议不具有强制性。虽然行政调解协议对当事人具有法律效力,调解协议具有民事合同性质,当事人可以申请法院确认其效力,但是其不具有强制执行力,任何一方当事人不履行调解协议,另外一方当事人都可以向人民法院提起诉讼。

目前,我国没有统一的行政调解法律规范,知识产权纠纷的行政调解依据是《专利法》《商标法》《集中电路布图设计条例》等法律法规。依据我国《专利法》和《专利法实施细则》的有关规定,专利行政调解的适用范围包括:(1)专利申请权和专利权归属纠纷;(2)发明人、设计人资格纠纷;(3)职务发明创造的发明人、设计人的奖励和报酬纠纷;(4)在发明专利申请公布后专利权授予前使用发明而未支付适当费用的纠纷;(5)侵犯专利权赔偿数额纠纷。依据我国《商标法》和《商标法实施条例》的有关规定,商标行政调解的适用范围主要是侵犯商标专用权赔偿数额争议。根据《著作权法》第 60 条的规定,著作权纠纷也可以进行调解。

(三)行政处罚

行政处罚是指依法对违反行政管理秩序的公民、法人或者其他组织,以减损权益或者增加义务的方式予以惩戒的行为。行政处罚法定原则是行政合法性原则的集中体现,严格遵守处罚依据法定、处罚主体法定、处罚职权法定和处罚程序法定等行政法定的原则。同时行政处罚公开公正、一事不再罚、惩教结合、处罚时效等行政处罚的基本原则在知识产权行政保护的过程中也应当遵守。

依据《专利法》和《专利法实施细则》的规定,设区的市级及以上专利管理部门对假冒专利行为、专利代理违法行为实施行政处罚。依据《商标法》和《商标法实施条例》的规定，县级以上市场监管局（知识产权局）对商标侵权行为、商标违法使用行为和商标违法代理行为实施处罚。

版权作为无形财产权，受到国家保障私有财产不受非法侵害的保护；同时《著作权法》不仅保护著作权人的利益，更重要的是促进版权经济和社会文化事业的繁荣。促进版权文化产业发展繁荣、维护文化和意识形态安全应当是公共利益的核心意义。[①] 著作权的行政保护将“公共利益”作为启动行政处罚程序的前置要件。根据《著作权法》第53条的规定，未经许可使用著作权人作品（不属于合理使用和法定许可的情形），制作、出售假冒他人署名的作品等，侵权行为同时损害公共利益的，由主管著作权的部门处以下列行政处罚：责令停止侵权行为，予以警告，没收违法所得，没收、无害化销毁处理侵权复制品以及主要用于制作侵权复制品的材料、工具、设备等，违法经营额5万元以上的，可以并处违法经营额1倍以上5倍以下的罚款；没有违法经营额、违法经营额难以计算或者不足5万元的，可以并处25万元以下的罚款。

（四）行政执法管辖

1. 对商标专利违法行为的行政执法管辖

知识产权行政执法管辖是指知识产权行政主体就知识产权行政保护首次处置做出的权限划分。依据我国市场监管总局发布的《市场监督管理行政处罚程序规定》，行政处罚由违法行为发生地的县级以上市场监督管理部门管辖。具体到专利，违法行为由违法行

① 参见王骞：《多元维度下版权适当保护之思考——基于我国版权行政执法的考察》，载《电子知识产权》2020年第3期。

为发生地的省级或设区的市级市场监管局(知识产权局)管辖;至于商标,违法行为由违法行为发生地的县级以上市场监管局(知识产权局)管辖。

2. 处理民事纠纷事务的商标专利行政执法管辖

依据《专利法》的规定,专利行政管理部门具有应当事人请求处理专利侵权纠纷,就专利侵权赔偿数额进行调解的职责;依据《商标法》的规定,商标行政管理部门具有应当事人请求处理商标侵权纠纷、就商标侵权赔偿数额进行调解的职责。行政机关通过行政调解和行政裁决居中解决当事人之间的民事纠纷的行为虽然带有准司法的性质,但是实践中为了便于解决当事人之间的民事侵权纠纷,尤其是为了便于行政机关取证调查,通常由侵权行为发生地或者违法行为发生地的行政执法机关进行管辖。

综上,我国知识产权行政保护的目标已经从解决知识产权纠纷上升为实施国家知识产权强国战略:知识产权不仅是私权,从公共利益的角度来看,还是国家发展的战略资源,对知识产权的保护程度是由国家现实和未来发展需要决定的。行政执法机关对于滥用知识产权的垄断和妨碍竞争行为,坚决予以行政处罚,如国家发展改革委对高通公司利用标准必要专利实施滥用市场优势地位的垄断行为处以60.88亿元的行政处罚。知识产权行政保护未来的发展方向主要是提供知识产权社会服务:通过加强知识产权行政服务,开展知识产权运营服务体系建设,建设知识产权信息平台,实施专利导航工程等方式,培育专利运营业态,加快知识产权价值增值。

五、文化知识产权行政执法保护不断加强

为形成知识产权的"严保护、大保护、快保护、同保护"格局,营造良好的创新发展环境和营商环境,知识产权行政执法部门应不断

加强知识产权行政保护。

（一）持续加大文化领域重点违法行为打击力度

国内新建25家知识产权保护中心和快速维权中心，国外累计设立了22家海外知识产权纠纷应对中心；查办侵权盗版案件2957件，删除侵权盗版链接119.7万条，累计扣留进出口侵权嫌疑货物7.92万批。知识产权运用效益显著提高，版权产业增加值达到7.51万亿元，同比增长2.58%，占GDP的比重达到7.39%。①

（二）知识产权行政机关加大对创新成果的保护力度

知识产权行政机关在自己职权范围内就法律的完善提出专业性建议，不断提升行政管理和执法水平，出台了《药品专利纠纷早期解决机制行政裁决办法》《重大专利侵权纠纷行政裁决办法》，加大对创新成果的保护力度。②

（三）建立了知识产权行政执法区域协作机制

各经济发展区域在推动区域经济一体化的过程中，不断加强区域内知识产权保护的协同创新。长三角地区、泛珠三角区域、环渤海地区纷纷建立了知识产权执法协作机制，协同打击跨区域知识产权侵权违法行为，建立了区域协同机制。一是建立知识产权协作执法制度，包括知识产权发展规划纲要、知识产权行政案件线索移送、调查执行协助、联合执法、结果互认互享等；二是建立知识产权执法协作沟通机制，对重大工作任务加强协调，对知识产权公共服务资

---

① 参见吴阳：《去年全国知识产权系统共受理专利侵权行政裁决案件4.98万件，同比增长17.4%》，载红星新闻2022年4月26日，https://baijiahao.baidu.com/s?id=1731158832662596802&wfr=spider&for=pc。

② 参见吴阳：《去年全国知识产权系统共受理专利侵权行政裁决案件4.98万件，同比增长17.4%》，载红星新闻2022年4月26日，https://baijiahao.baidu.com/s?id=1731158832662596802&wfr=spider&for=pc。

源进行共享;三是统一知识产权执法标准和程序,共同打击商标、专利等知识产权违法行为。

(四)积极构建知识产权跨部门联合执法

各地知识产权保护部门积极建立信息共享、行刑衔接、联合执法办案的大保护格局,推进市场监管、公安、检察院三方构建行政执法与司法监督互联互通。

(五)不断加强知识产权行政机关的社会服务功能

探索行业自律、企业维权、行政执法"三位一体"的保护长效机制:不仅通过知识产权宣传周等各种知识产权执法宣传,及时报道打击知识产权违法行为的成果和典型案例,提升全社会知识产权保护意识;还通过保护关口前移,积极帮助企业提高运用知识产权的能力,实现企业发展与提高行政执法水平的良性互动。通过各种知识产权咨询、讲座、法律政策宣传、版权登记作品评选活动等社会服务和构建知识产权公共信息平台等方式引导企业提升知识产权创造、保护、运用能力。

第三节　文化产业知识产权的司法救济现状

司法一直都是保护知识产权最有效、最根本、最权威的手段。近年来,人民法院以民事审判为基础,行政审判和刑事审判并行发展,公正、高效地审理了大量知识产权案件,充分发挥了司法保护知识产权的主导作用。我国目前的知识产权司法保护案件数量呈现爆炸式增长,2021 年人民法院审理的新收一审、二审和申请再审的知识产权民事、行政、刑事案件数量为 642 968 件,较前一年上升了 22.33%；审结案件数量为 601 544 件，较前一年上升了 14.71%。[①] 司法通过对知识产权的个案保护，对知识产权赋权情况进行审查，保护创造者获得合理回报的权利，在尊重市场规律和法治的前提下，实现了对知识产权创新的推动作用。在文化产业知识产权的司法保护中，我国正积极推进司法改革，科学完善知识产权审判体系，推动知识产权审判模式和审判制度的革新。

一、知识产权专业审判体制基本建成

《中共中央关于全面深化改革若干重大问题的决定》提出“加强知识产权运用和保护，健全技术创新激励机制，探索建立知识产权法院”。由于知识产权案件数量增长迅速，短视频知识产权、植物新品种知识产权、大数据知识产权、基因专利知识产权和云平台知识产权等新型疑难案件增多，当事人之间的矛盾和利益纠纷化解难度加大；为保障统一的裁判尺度，形成专业的审判制度的必要性日益凸显。在过去的审判体制中，知识产权司法保护交叉审理知识产权民事保护、行政保护和刑事保护案件，导致同一问题不同类型案件裁判标准不协调，审判组织地域化和分散化，欠发达地区法官缺乏知识产权审判经验等。对知识产权审判体制进行改革，设立专门的知识产权法院，构建审判专门化、管辖集中化和程序集约化的审判体系以解决知识产权审判“三审合一”的问题。

为了更好地实施国家知识产权战略，优化知识产权保护体系，自 2014 年起，全国共设立了北京、上海、广州和海南自由贸易港知识

① 最高人民法院知识产权审判庭：《中国法院知识产权司法保护状况（2021 年）》，载中华人民共和国最高人民法院网 2022 年 4 月 21 日，https://www.court.gov.cn/zixun-xiangqing-355841.html。

产权法院4个知识产权中级法院。管辖范围包括以下几类：第一类是审理第一审知识产权民事和行政案件，包括专利、技术秘密、植物新品种、集成电路布图设计等专业技术性较强的第一审知识产权民事和行政案件。第二类是作为二审法院审理所在市的基层人民法院第一审著作权、商标等知识产权民事和行政判决及裁定的上诉案件。第三类是对国务院部门或者县级以上地方人民政府所做的涉及著作权、商标、不正当竞争等行政行为提起诉讼的行政案件。第四类是涉及驰名商标认定的民事案件。自2017年开始，最高人民法院在各地中级人民法院内部设立了多个跨地域管辖的知识产权专门法庭，包括武汉、成都、南京等地的27家专门知识产权法庭。地方知识产权审判法庭主要是作为跨区域集中管辖知识产权案件的专门审判机构，有利于统一裁判尺度和有效整合优化审判资源。例如，成都知识产权庭的管辖范围如下：一是受理成都市范围内诉讼标的在50万元以上的有关著作权、商标、不正当竞争、技术合同纠纷的一审知识产权民事、行政案件。二是不服成都市辖区内基层人民法院审理的一审知识产权民事、行政、刑事案件的上诉案件。三是跨区域受理四川省范围内有关专利、植物新品种、集成电路布图设计、商业秘密、计算机软件、驰名商标认定、垄断纠纷等专业技术性较强的知识产权民事和行政案件。2019年，最高人民法院设立了知识产权法庭；作为最高人民法院派出的常设机构，统一审理全国范围内专利等专业技术性较强的民事和行政上诉案件。最高人民法院通过发布指导性案例指导各级人民法院的审判工作，统一法律适用和裁判标准，有利于统一专利等知识产权案件的裁判尺度，并为最终转制为国家层面的知识产权高级法院奠定了基础。目前，我国基本建立了包含最高人民法院知识产权庭，北京、上海、广州、海南自由贸易港知识产权法院4个知识产权法院，武汉等27家地方法院知识产权法庭,以及地方法院知识产权审判部门等不同层级、专业化的知识产权审判体系,逐步从根本上解决知识产权裁判尺度不统一,以及诉讼程序复杂等限制科技创新的审判体制问题。

二、知识产权"三审合一"审判模式持续改革

在知识产权司法保护层面,面对侵权行为,我们可以采取民事制裁和刑事制裁两种方式予以应对。知识产权是一种私权。其中,知识产权人权利受到侵害可以提起民事诉讼,在诉前、诉中申请财产保全和证据保全,保护当事人权利;民事司法保护在知识产权司法保护中处于基础地位,知识产权司法保护以民事诉讼为主渠道。以成都知识产权案件为例,2017—2021 年,成都市两级法院共受理各类知识产权案件 45 745 件,其中民事案件 45 380 件、刑事案件 347 件、行政案件 18 件。① 当违法行为严重侵犯当事人合法权益或者公共利益时,当事人可通过刑事制裁救济权利和公共利益。知识产权的行政诉讼保护是对涉及知识产权的行政行为进行司法复审,主要包括两类:一是专利授权、商标授权、专利无效和商标撤销行政行为引发的行政确权诉讼;二是对知识产权行政机关对知识产权违法行为做出的行政执法行为不服提起的行政诉讼。

之前的知识产权案件管辖比较分散,涉及不同地方法院。"三审合一"改革前,民事纠纷案件通常由中级以上法院管辖,个别的基层人民法院要经过最高人民法院的批准后才可以审理普通知识产权纠纷案件,更为特殊的专利民事纠纷案件只能由高级人民法院和

① 参见章玲:《成都两级法院五年来共受理知识产权案件 45745 件,年均增幅达 48.63%》,载红星新闻 2022 年 4 月 26 日,https://baijiahao.baidu.com/s?id=173116946 4454403530&wfr=spider&for=pc。

少数的中级人民法院管辖。知识产权刑事和行政案件的一审的管辖权却归基层人民法院管辖，一旦涉及民事、刑事和行政案件交叉，尤其是“先刑后民”时，低审级的刑事管辖与高审级的民事管辖很有可能在现实中发生冲突。正在进行的知识产权“三审合一”改革可以通过设置统一受理知识产权民事、行政和刑事案件的专门知识产权审判庭，统一审理知识产权民事、刑事和行政案件避免此类冲突发生。

三、知识产权专业审判制度不断改进

针对知识产权诉讼中“举证难、赔偿低、成本高、周期长”等问题，人民法院通过以下改革，减轻当事人举证责任、降低维权成本、缩短审理周期。

（一）简化诉讼程序，采取小额诉讼程序、二审独任制审理等专利裁判方式

通过简化诉讼程序，减轻当事人诉累，如对于事实清楚、权利义务关系明确、争议不大、简单金钱给付的民事案件，在法定的诉讼标的额以内的，适用小额诉讼程序，当庭做出裁判、说明裁判理由，一审终审。而且小额诉讼程序可以根据当事人标的额的大小由人民法院主动适用或由当事人约定适用，对知识产权案件能适用小额诉讼程序的应用尽用。诉讼标的额在省、自治区、直辖市上年度就业人员年平均工资50%以下的由人民法院适用小额诉讼程序，诉讼标的额在省、自治区、直辖市上年度就业人员年平均工资50%以上但在2倍以下的，当事人可以约定适用小额诉讼程序。《民事诉讼法》修改后，简单知识产权案件，如图片类、音乐作品类著作权侵权案件等，符合标准的，可以适用小额诉讼程序；通过督促当事人履行判决，及时有效保护当事人权利。

对于一审以简易程序审结的事实认定清楚、法律适用明确的案件，可以进行民事诉讼程序繁简改革试点，适用独任制审理，积极探索书面审理方式。例如，上海知识产权法院法官以一人独任审理方式审结5起侵害作品信息网络传播权纠纷上诉案件，从立案到结案仅用了17天，及时保护了当事人权益。

（二）适用“先行判决+临时禁令”的专利裁判方式，防止专利侵权损害继续扩大

2020年，大疆公司诉飞米公司、九天纵横公司案首次适用“先行判决+临时禁令”制度。在该案中，大疆公司起诉飞米公司的“PALM Gimbal Camera 掌上云台相机”侵犯其外观设计专利权，提出500万元赔偿。被告飞米公司、九天纵横公司认为，没有实际赔偿证据证明大疆公司损失高达500万元。该案中被侵权的专利产品属于更新迭代性较强的产品，侵权行为对权利人影响较大，权利人却无法通过执行一审判决达到停止侵权的目的。在专利侵权事实清楚、侵权损害赔偿事实需要进一步审理查明的情形下，法院适用了“先行判决+临时禁令”的专利裁判方式，依职权主动做出停止侵权的先行判决，同时依当事人大疆公司的申请颁发临时禁令，要求被告立即停止侵权，对于原告损失部分的诉讼请求后续调查清楚后再行审理。先行判决部分查明了事实，明确了当事人之间的法律关系，临时禁令立即强制执行，可以防止专利侵权损害的继续扩大，能有效震慑侵权人，增强专利纠纷解决的有效性。

（三）在知识产权司法案件中积极实践证据妨碍排除制度

举证难一直是知识产权司法保护中的突出问题。依据我国《民事诉讼法》的有关规定，民事侵权通常适用“谁主张，谁举证”的证明规则，这一举证规则假设当事人之间具有平等的机会获取证据。事实上，知识产权案件中会出现权利人无法获取侵权人的后台信息而

掌握侵权信息的侵权人拒绝提供相关证据的情形，如腾讯公司诉微时空公司不正当竞争案。[①] 不负有证明责任的一方当事人通过自己的作为或不作为的行为阻碍负有证明责任的一方当事人的证明责任。为了避免机械适用“谁主张，谁举证”导致权利人败诉，在权利人对待证事实已尽必要举证责任的情形下，采用证据妨碍排除制度，根据公平原则和诚实信用原则，确定当事人双方举证义务，要求控制证据的一方当事人提交证据。若控制证据的一方当事人无正当理由拒绝提交证据，法院可以适用不利证据推定规则要求其承担赔偿责任，实现证据妨碍排除。

我国《民事诉讼法》及相关司法解释通过依法积极适用证据妨碍排除、证据保全等，减轻权利人举证负担，并专门制定了知识产权的证明妨害制度。我国《商标法》第 63 条第 2 款规定，侵权人不提供或者提供虚假的账簿、资料的，人民法院可以参考权利人的主张和提供的证据判定赔偿数额。我国知识产权法仅仅是在计算赔偿数额时增加了“证明妨害”这一因素。《最高人民法院关于民事诉讼证据的若干规定》（以下简称《证据规定》）第 95 条规定，一方当事人控制证据无正当理由拒不提交，对待证事实负有举证责任的当事人主张该证据的内容不利于控制人的，人民法院可以认定该主张成立。《证据规定》中确立的证明妨害制度，是推定证据的内容成立。2020 年 11 月 16 日，最高人民法院发布的《关于知识产权民事诉讼证据的若干规定》第 25 条第 1 款规定，“人民法院依法要求当事人提交有关证据，其无正当理由拒不提交、提交虚假证据、毁灭证据或者实施其他致使证据不能使用行为的，人民法院可以推定对方当事

① 参见蒋筱熙：《证明妨碍排除规则在涉互联网知识产权侵权诉讼中的应用——举证责任与举证能力的博弈》，载《电子知识产权》2021 年第 12 期。

人就该证据所涉证明事项的主张成立”。这一专门的知识产权证据规则将证据妨碍排除的效力进行了提升，推定当事人就证据所涉证明事项的主张成立。

（四）在知识产权司法案件中适用损害惩罚性赔偿制度

知识产权惩罚性赔偿是指对知识产权侵权行为中情节严重的恶意侵权者，处以超过实际损害额的赔偿。普通民事侵权赔偿以填补受害人损失，恢复受害人权利为原则；惩罚性赔偿在填补受害人损害之外，还具有惩罚不法行为，震慑、阻却不法行为等多重功能，因此惩罚性赔偿具有补偿性、预防性和制裁性。

我国《著作权法》《商标法》《专利法》均确立了惩罚性赔偿制度；针对知识产权案件赔偿数额低的问题，司法实践中通过适用惩罚性赔偿制度，提高了赔偿数额。法院在确定赔偿数额的时候，通常要考量侵权人的主观恶意和情节严重，结合是否存在“事前知悉”“事后继续”等情形判断主观恶意，而情节是否严重则结合侵权手段恶劣度、侵权后果严重性、侵权次数、侵权方式对权利人产生的损害等加以确定。2021 年，知识产权案件中有 895 件案件判处了惩罚性赔偿。[①] 但总体而言，司法实践中仍然是以补偿性赔偿为主，惩罚性赔偿仅作为补充。

第四节　文化产业知识产权的社会保护现状

《知识产权强国建设纲要（2021—2035 年）》和中央一系列推动

---

① 参见最高人民法院知识产权审判庭：《中国法院知识产权司法保护状况（2021 年）》，载中华人民共和国最高人民法院网 2022 年 4 月 21 日，https://www.court.gov.cn/zixun-xiangqing-355841.html。

知识产权政策的发布表明，中国正在从知识产权引进大国向知识产权创造大国转变，知识产权工作正在从追求数量向提高质量转变。我国知识产权保护进入了一个新的发展阶段。为了实现新阶段的发展目标，知识产权保护需要从传统的强调司法保护和行政保护转向全方位的社会主体参与的协同保护。

一、市场主体初步具备知识产权保护意识

我国自2008年开始实施《国家知识产权战略纲要》以来，各级政府、各个行业在培育企业知识产权自主保护意识、发展企业知识产权能力等方面做了大量的推动工作，我国各类大中小型企业初步具备了知识产权保护意识，并且涌现了一批在知识产权创造、管理、利用、保护方面的全球知名企业。

（一）企业知识产权与企业发展目标的一致性

知识产权是企业发展的重要战略资源。发达国家企业知识产权战略在企业合规管理中具有重要的地位；如果知识产权合规管理缺乏全局性、系统性，企业就会不可避免地遇到知识产权难题，只能被动地应对。我国企业逐渐把知识产权合规管理放在企业发展的战略高度。企业制定知识产权管理发展战略，需要将其拥有的知识产权作为重要资源，将统筹考虑竞争对手和合作伙伴的知识产权资源作为知识产权布局的关键因素，并根据需要及时完善知识产权保护制度和策略，突出知识产权的优势，重点保护核心产品和关键技术，以整体筹划和有针对性的管理方式实施知识产权战略。

（二）企业知识产权保护专业机构

随着我国大中型企业走向国际市场，在激烈的国际竞争中企业越来越需要设立专门机构，配备专业的知识产权管理队伍，并建立专门的知识产权保护机构。近年来，我国企业保护知识产权的成功

案例表明,企业基于对保护知识产权的重视,建立了知识产权保护机制,在专利申请、维护、维权等方面起到了重要的作用,对产品的研发和保护企业创新也产生了积极的影响。

鉴于设立专门的知识产权保护机构必须有大量的财力和人员支持,一些规模较小的企业没有足够的财力支持,这些企业针对自己的特点,采取适当的措施建立适合自己的知识产权保护机制,而非照搬大中型企业模式。小企业虽然没有设立专门的知识产权保护机构,但是在相关的专业部门设置了从事知识产权相关工作的人员,并且通过聘请外部专家和社会中介的方式来解决小企业的知识产权法律问题。

(三)企业知识产权的信息化建设

企业通过建立知识产权信息平台,满足企业创新活动的信息检索、文献查阅和知识产权申请、维护、维权的需要,避免创新活动的盲目性,在创新活动过程中及时掌握有关信息,促进知识产权工作及配合创新活动的开展。目前,企业知识产权信息平台建设主要涉及知识产权法律法规、专利审查、专利申报、专利维护、专利维权、专利文献资料、案例分析、创新信息、侵权及被侵权预警、专业知识介绍、国际国内市场商贸信息、行业动态、主要竞争对象产品、专利、商标等方面的信息数据。知识产权信息化系统可以帮助企业研发人员、知识产权专业人员、企业管理和决策人员快速地获得相关的信息,为知识产权的维护赢得先机。

(四)企业知识产权自我保护的制度建设

知识产权是现代企业参与国际竞争的核心能力。企业要持续、长期、稳定地发展,知识产业的创造、运用、保护和管理是至关重要的,而知识产权工作的制度化则是企业实施其知识产权战略的基础和保证。企业知识产权制度化建设的内容主要包括企业知识产权机构设立和管理制度、知识产权管理制度和相关专业部门职责、知识产权工作内容管理制度、专利申请程序、企业专利及商标等知识产权的市场监测制度、专利维权工作方法、专利的奖励制度等。

二、公证机构在知识产权取证中发挥着越来越重要的作用

公证是一种促进和保障知识产权的重要法律工具，在确权、流转和侵权行为中起着举足轻重的作用。从公证事项来看，涉及知识产权的公证业务主要包括：主体资格公证，如营业执照公证等；声明书、授权委托书公证，如商标转让声明、授权办理相关申请手续、登记手续等；合同、协议公证，如商标转让协议；保全证据公证，如侵权证据的固定；遗嘱、继承公证；保管业务，如文学作品保管；与知识产权保护相关的涉外涉港澳台公证。

在著作权、专利权、商标权侵权案件中，知识产权权利人往往要借助公证来取证。因为知识产权保护客体的无形性，知识产权侵权和损害的举证非常困难，权利人可以通过固定侵权产品的宣传资料、网站等以及购买侵权商品等方式来收集侵权证据，特别是近年来电子商务网站上的侵权证据的固定等，如果没有公证机关的公证，证据的来源可能存疑。公证机关对证据收集的全过程进行公证，可以强化证据的法律效力，从而解决知识产权侵权案件举证难的问题。

但与此同时，知识产权公证也面临不能适应新技术快速发展和应用的需要，如区块链存证、数字网络环境下的电子证据公证等。公证机关需要积极适应新技术的发展，在知识产权公证数字化、电子化方面发挥更加积极的作用。

三、行业协会在知识产权服务和保护方面发挥着独特作用

行业协会是指在特定地域，由各行业的市场组织成员自发组织起来，维护自己和集体的权益的社会组织。行业协会具有自发性、自律性、破坏性、市场性和非营利性。实践中行业协会具有行业自律、行业服务、行业信息交流等功能。行业自律功能主要表现为行业标准的制定和行业处罚的制定；行业服务功能包括信息服务、咨询培训服务、保护服务等；行业信息交流功能主要表现为会员之间的沟通、会员单位与政府的沟通、行业协会与外界沟通。许多知识产权政策，都有关于行业组织对其进行保护的规定，如《国家知识产权战略纲要(2021－2035年)》就提出，“坚持党中央集中统一领导，实现政府履职尽责、执法部门严格监管、司法机关公正司法、市场主体规范管理、行业组织自律自治、社会公众诚信守法的知识产权协同保护”。国家政策为行业协会在知识产权保护方面发挥作用提供了指导。行业协会在知识产权保护中，一是通过自身的自我约束作用，呼吁各成员自觉遵守知识产权法律法规，增强整个产业的知识产权保护意识；二是充分利用自身服务功能，为成员单位搭建知识产权信息服务、知识产权培训、知识产权维权等平台；三是能够充分利用其交流功能，如解决成员之间的知识产权争端，代表企业和政府部门进行交流，并为中央和地方政府制定知识产权政策和法规提供咨询建议等。

行业协会通过加强内部成员企业的行业自律，降低纠纷，提高行业的综合实力。通过建立健全的知识产权行业准则，促进行业内的企业公平、自由竞争，限制仿冒、假冒等不规范的行为，保持行业的竞争力；协调公司之间的知识产权纠纷，降低纠纷，避免诉讼累及内部矛盾。行业协会对具有自主知识产权的行业内的产品质量进

行跟踪、及时治理,并制定行业内技术贸易活动中的知识产权保护规则,保护权利人的合法权益,营造公平、有序的市场竞争秩序。

行业协会根据技术领域的不同建立专题数据库,便于会员单位查阅。定期公布行业内最新的知识产权研究成果,为会员企业提供知识产权和技术供求信息发布平台,为行业内企业知识产权成果的转化"牵线搭桥"。

在知识产权转化和保护过程中,经常会出现一些复杂的技术和法律问题,这些问题都需要知识产权方面的专业人士来处理,光靠企业自己的力量很难解决所有的问题,尤其是涉及外国知识产权的时候。为此,行业协会建立了知识产权专家库。专家库是由各有关部门、各成员单位的法务部门、律师事务所的专家和律师等组成的,供会员遇到知识产权问题时,迅速提供专业人员给予帮助和支持。

有的行业协会还建立了知识产权纠纷调解委员会。行业知识产权调解委员会成员由行业领导、行业专家、知识产权专家组成,此外还包括一些专业技术人员。行业协会建设知识产权纠纷调解委员会有助于发展多元的知识产权纠纷解决机制,在行政调处或法院判决之前,在行业内对知识产权纠纷先行调解,以柔性方式解决纠纷,提高纠纷解决效率,降低企业维权成本。

第五节　文化产业知识产权的涉外保护现状

知识产权具有无形的特点,无形的知识产权跨境使用和保护问题自知识产权制度诞生以来就是关注的重点问题。知识产权的国际保护主要采取以下几种形式:第一,单方面保护,国家利用其国内立法,单方面地对国外的知识产权实施保护。第二,互惠保护,即按照互利原则,以外国保护本国知识产权为条件对等保护该外国知识产权。第三,通过双边贸易保护,即由两国政府进行双边磋商,建立一种相互认可的保护机制。第四,多边贸易保护,通过国家政府之间的全球或区域多边磋商,制定包括知识产权实体性标准与程序性国际规则的多边国际条约,并通过各缔约方的国内法实施知识产权国际保护制度。当前通过多边的国际条约和地区贸易协定保护是国际知识产权保护的主要形式。自改革开放以来,我国制定了完备的知识产权保护法律体系,我国的知识产权制度已经同全球知识产权治理体系深度融合,我国加入了主要的知识产权国际组织和国际公约。

一、我国是知识产权国际保护的积极参与者

知识产权国际保护制度兴起于19世纪80年代,《巴黎公约》和《保护文学与艺术作品伯尔尼公约》(以下简称《伯尔尼公约》)分别于1883年和1886年签署。经过上百年的发展,知识产权国际条约体系已成为国际经济、文化、科技、贸易领域中的一种法律秩序。《巴黎公约》与《伯尔尼公约》在专利、商标、著作权三大领域中分别规定了一系列的基本原则和具体规定,是知识产权国际保护最重要的国际条约。除上述世界知识产权组织管理的国际条约外,另一个重要的知识产权国际条约是世界贸易组织框架下的TRIPs协定。20世纪80年代,美国等发达国家认为,原有的知识产权国际保护制度不能充分发挥其自身技术优势所产生的巨大经济效益,而世界知识产权组织成员中发展中国家占多数,因此以美国为首的发达国家把知识产权国际保护谈判工作转移到其他组织中去,在关贸总协定的乌拉圭回合谈判中把知识产权作为国际贸易中的重要内容加入。最后,TRIPs协定作为乌拉圭回合谈判的文件是"一揽子"协议的一部分。TRIPs协定的订立标志着国际知识产权保护体系的建立,标

志着知识产权保护体系进入了高水平、一体化保护的新历史阶段。TRIPs 协定是对现有的公约的继承和发展,涵盖商标、地理标志、外观设计、专利、集成电路布图设计、未披露信息等领域的知识产权的保护,使知识产权的保护范围得到了进一步的扩大。同时,TRIPs 协定还对贸易争端规定了严格的执行机制,并将其纳入世界贸易组织争端解决机制,以确保 TRIPs 协定的实施。

世界知识产权组织是一个专业的国际知识产权组织,是一个旨在建立兼顾各方利益、便于使用的国际知识产权体系的专门机构;该组织的宗旨是鼓励创新、推动创新,并在保护公众利益的同时为经济发展做出贡献。中国于 1980 年 3 月 3 日提交了加入世界知识产权组织的申请,成为该组织第 90 个会员。目前,世界知识产权组织管理了 20 余项关于知识产权保护的国际公约。世界知识产权组织所管理的知识产权国际公约,大致可划分为三大类别:一是知识产权保护条约。它规定了各国在国际上达成的保护知识产权的基本准则,是保护知识产权的国际规范。二是规定便利在各国获得知识产权保护的程序,确保一份国际登记或申请在有关国家发生效力。世界知识产权组织按照这些国际知识产权条约提供服务,简化了提交一项申请或向所有寻求保护特定知识产权的国家提交申请的程序,并降低了申请人获得知识产权国际保护的相关成本。三是分类条约,这些条约将发明、商标和工业产品外观设计等分类整理成易于查询的可管理的索引结构,后两个类别可以被看作对知识产权进行国际保护的程序准则。

我国自 1980 年正式加入《建立世界知识产权组织公约》以来,已经加入了世界上几乎所有重要的知识产权国际公约,主要有《巴黎公约》(1985 年加入)、《商标国际注册马德里协定》(1989 年加入)、《关于集成电路知识产权保护条约》(1989 年加入)、《伯尔尼公约》(1992 年加入)、《世界版权公约》(1992 年加入)、《专利合作条约》(1994 年加入)、《国际保护植物新品种公约》(1999 年加入)、TRIPs 协定(2001 年加入)、《视听表演北京条约》(2014 年加入)、《关于为盲人、视力障碍者或其他印刷品阅读障碍者获得已出版作品提供便利的马拉喀什条约》(2022 年加入)等。我国知识产权制度的发展是根据本国实际,在符合国际条约的基础上来建设我国的各项知识产权法律法规的。

中国历来重视同国际知识产权组织的交流和合作,已经加入了世界知识产权组织、世界贸易组织等国际组织在知识产权领域的各项活动。我国还建立了“中欧知识产权对话机制”“中美知识产权工作组”“中日韩知识产权双边及三边对话与合作机制”,并与巴西、墨西哥、东盟等国家和地区开展了多种形式的交流与合作。

二、我国是公平合理知识产权国际治理机制的积极推动者

我国在改革开放以来积极参与国际知识产权合作,先后加入了世界上主要的知识产权国际条约。我国多次修改知识产权法,提高了知识产权保护水平。此外,我国加入世界贸易组织表明我国的知识产权法提供的保护达到了国际标准。

世界知识产权组织发布的报告显示,中国国家知识产权局受理的专利申请数量已经连续多年排名全球第一,印证了中国知识产权保护取得了重大成就。我国已经实现了专利、商标、地理标志等知识产权的全方位、立体化保护,基本建立起了符合国际通行规则、门类较为齐全的知识产权法律制度。

根据国家知识产权局的数据,2021 年,中国共授权发明专利 69.6 万件,每万人口高价值发明专利拥有量达到 7.5 件,较上年提高 1.2 件。中国申请人通过《专利合作条约》途径提交的国际专利

申请达6.95万件,连续3年居全球首位。欧洲专利局2022年4月初发布的最新统计也表明,2021年共收到来自中国的16 665项专利申请,同比增长24%,在30个主要专利申请国家中增幅最大,再次创下中国在欧洲专利局专利申请数量的新高。目前,中国已经成为欧洲专利局第四大专利申请国。按照世界知识产权组织划分的35个技术领域统计,截至2021年年底,中国国内发明专利有效量增长最快的三个领域分别是信息技术管理方法、计算机技术和医疗技术,分别同比增长100.3%、32.7%和28.7%。①

在当前知识产权国际合作陷入停滞状态、新技术的发展对国际知识产权保护提出新的要求、世界贸易组织知识产权谈判陷于停顿的背景下,中国主要利用各类自由贸易协定和投资协定来参与知识产权全球治理。从2008年签订的《中国—新西兰自由贸易协定》开始,到后来的《中国—瑞士自由贸易协定》《中国—澳大利亚自由贸易协定》《中国—韩国自由贸易协定》,乃至2020年1月签订的《中美经济贸易协议》以及2022年生效的《区域全面经济伙伴关系协议》都专门对知识产权进行了规定。

2020年4月28日,在知识产权国际合作的历史进程中彰显中国贡献的首个在我国缔结、以我国城市命名的国际知识产权条约《视听表演北京条约》正式生效。这是第一个以我国城市命名的知识产权国际条约。《视听表演北京条约》是一项保护表演者权利的国际条约。该条约赋予了表演者更加广泛的权利,提升了表演者保护水平,从而更充分地保障视听表演者的权利,进一步激发其创造热情,促进精神文化产品的传播,推动视听产业健康发展,保护传统

① 俞懿春、张朋辉:《全球知识产权治理的参与者和推动者》,载《人民日报》2022年5月5日,第3版。

文化和民间文艺,促进文化多样性发展。世界知识产权组织时任总干事高锐高度赞扬《视听表演北京条约》,称其为国际知识产权保护的一个重要里程碑。

中国是知识产权国际规则的模范遵循者、参与者和维护者。迄今中国已加入几乎所有主要的知识产权国际公约,与全球 80 多个国家和地区以及国际组织建立了知识产权合作关系,为全球知识产权平衡、包容、可持续发展做出了积极贡献。

三、我国是新技术、新业态知识产权国际规则的贡献者

互联网、大数据、人工智能等新技术、新业态蓬勃发展,对数字领域知识产权保护提出了相应要求。我国在这些新兴技术领域知识产权保护制度的实践探索有利于为国际知识产权保护提供中国经验。

我国在电子商务、网络安全、大数据和人工智能等领域的发展在理论研究、立法、司法等方面取得了突出的成果,我国对于这些新业态的知识产权治理方面的探索为这些领域的知识产权国际治理规则贡献了中国智慧和中国经验。我国正在由知识产权全球治理中国际规则的被动接受者向知识产权全球治理体系改革的积极参与者和规则贡献者转变。我国在新业态、新领域的知识产权法律规则的经验,也必将对知识产权全球治理做出制度创新贡献。例如,我国已经开始在国内法上积极探索绿色专利体系建设,于 2012 年开始实施"绿色专利快速审查"制度,缩短绿色专利的审查期限,以促进绿色技术尽快获得专利授权。

在参与国际知识产权规则的改革和发展中,中国对知识产权全球治理做出了越来越大的贡献,通过多边、周边、双边等方式协调推进知识产权国际合作新格局。中国通过"一带一路"倡议推动以发展为导向的新型知识产权国际规则体系,致力于知识产权治理的共

商共建共享,坚持以民生为导向的国际知识产权合作和技术援助,促进各国知识产权文化交流,推动知识产权国内治理与全球治理的共融互动发展。①

四、"一带一路"知识产权合作是我国新发展理念的重要体现

知识产权制度应兼顾各方利益:不仅促进知识产权保护,更应注重促进发展中国家和最不发达国家实现其国家发展目标。然而,发达国家在国际知识产权谈判中利用其技术和经济优势强行推行有利于自身贸易的强保护机制,对于发展中国家的技术援助、技术转移相关条款加以不合理的限制。我国积极开展的"一带一路"合作机制中的知识产权合作与当前欧美国家较为热衷的"小多边"模式相比,能够达成范围更大、普遍性更强、更充分协调各国对话的有效机制。当前,我国已经与32个国际组织签订了"一带一路"合作文件。"一带一路"知识产权国际合作是中国的知识产权治理理念融入全球秩序和话语体系的重要实践。②

① 参见何华:《知识产权全球治理体系的功能危机与变革创新——基于知识产权国际规则体系的考察》,载《政法论坛》2020年第3期。

② 参见马忠法、王悦玥:《"一带一路"倡议下的知识产权国际协调法律制度》,载《上海财经大学学报(哲学社会科学版)》2022年第2期。

第四章　我国文化产业知识产权保护存在的问题

第一节　我国文化产业知识产权立法保护存在的问题

区别于传统产业，文化产业以满足人的精神需求为目的；其生产要素是以人类的智力和文化资源为主，而不是仅仅局限于传统的原材料。文化产业持续良性发展的根本在于通过知识产权保护与运营实现文化产业利润的创造。[①] 然而，在文化产业的知识产权保护中，还存在以下几个立法问题：现有法律规定内容不明确、法律规定内部存在交叉重复、现有保护范围具有局限性、法律体系不健全、不足以应对现实中新兴文化产业发展的问题。

一、现有法律规定内容不明确

（一）《著作权法》中作品独创性标准认定不清

著作权法的保护对象是作品。我国《著作权法》第 3 条规定，该法所称的作品，是指文学、艺术和科学领域内具有独创性并能以一定形式表现的智力成果。其中独创性是作品的核心构成要件，任何智力成果

① 谢向英主编：《文化产业知识产权概论》，高等教育出版社 2020 年版，第 22 页。

要想获得《著作权法》的保护，均需要满足独创性的要求。因此，大多数文化产业的产品只要符合作品独创性的要求，就可以成为《著作权法》的保护对象。

但是我国现行法律法规并没有对独创性做出具体的定义，在实践中也没有具体和明确的适用标准。2018 年，北京市高级人民法院发布了《侵害著作权案件审理指南》，其中第 2.2 条说明了认定独创性应考虑的因素：一是作品是否由作者独立创作完成；二是对表达的安排是否体现作者的选择与判断，同时认定表达是否具备独创性与其价值无关。但是该份指南仅是北京市高级人民法院出具的一份规范性文件，并没有普遍的法律效力；而且在司法实践中仅通过对这两个因素的判定也无法有效地解决有关独创性的争议，难以切实有效地保护文化企业与知识产权利益相关人的合法权利和利益，难以促进文化产业的长久、繁荣发展。

（二）《著作权法》中作品类型内涵不明

根据《著作权法》第 3 条的规定，具体的作品类型有八种，其中第 6 项规定的“视听作品”就是 2020 年修改《著作权法》时加入的。

2020 年修改后的《著作权法》以“视听作品”取代原本的“电影作品和以类似摄制电影的方法创作的作品”，但并未对“视听作品”做出明确定义并阐明其内涵。《著作权法》第 17 条第 1 款和第 2 款规定：“视听作品中的电影作品、电视剧作品的著作权由制作者享有，但编剧、导演、摄影、作词、作曲等作者享有署名权，并有权按照与制作者签订的合同获得报酬。前款规定以外的视听作品的著作权归属由当事人约定；没有约定或者约定不明确的，由制作者享有，但作者享有署名权和获得报酬的权利。”视听作品可粗略分为“电影作品、电视剧作品”和除这两者以外的“其他视听作品”两类，并分别规定了著作权归属的方式：前者依旧是权利归属法定；而后者是约定优先，这是我国《著作权法》的高度创新。但是对于区分“电影作品、电视作品”和“其他视听作品”的标准却并未明文规定，甚至在《著作权法修正案（草案）》的说明、相关审议结果的报告、修改意见的报告中也没有提及该标准究竟是什么。“其他视听作品”权属约定优先的规定，会增大著作权权利主体的复杂可能性，在著作权没有建立起公示制度的情况下，内部的约定难以被外部知晓。如果有人向制作者寻求许可或购买“其他视听作品”的著作权，而制作者没有告知其著作权约定归属于创作者的事实，并以著作权人的身份发放许可或者转让了著作权，被许可人或受让人将面临未经许可使用或无权使用的“侵权”法律风险，[①]那么此类视听作品的交易安全将因此受到损害，文化企业的交易成本也将不可避免地上升，不利于文化产业的长久发展。

（三）著作权转让的公示方式及效力不确定

文化产业的蓬勃发展离不开市场中各类产业著作权的转让、流通。随着互联网技术的发展，著作权转让变得十分方便快捷，许多著作权转让交易甚至通过网络就完成了线上交易。与此同时，著作权纠纷案件也随之迅速增长。根据《中国法院知识产权司法保护状况（2019 年）》，2019 年，全国地方各级人民法院共收著作权民事一审案件 293 066 件，同比上升 49.98%。特别是在互联网领域著作权多次转让、重复转让的乱象更为明显。2002 年网络歌曲《老鼠爱大米》曾风靡一时，流行全国。该歌曲的作者杨某刚于 2002 年 7 月 13 日将歌曲的著作财产权转让给王某，随后又于 2002 年 11 月 7 日转让给田某均。后来，王某、田某均又将著作权分别转让给北京太格印象文化传播有限公司和广东飞乐影视制品有限公司，随后开始

① 参见王迁：《论视听作品的范围及权利归属》，载《中外法学》2021 年第 3 期。

了著作权争夺大战。[①] 后来,“女子十二乐坊案”[②]“别说我的眼泪你无所谓案”[③]等系列著作权重复转让案件相继发生。

著作权客体的无体性、非物质性、非排他性以及著作权权利内容的双重性等特性使著作权重复转让具有可能性。一些网络文化企业为了快速有效地获得著作权人转让的著作权,往往会进行一些不正当竞争;因缺少法律的制约,不仅著作权交易相关人的正当权利无法得到保障,而且著作权的交易秩序与交易安全也将受到损害。著作权重复转让问题和著作权交易安全制度问题暴露出我国著作权法律体系应对此类问题的薄弱。对于著作权的转让,《著作权法》仅规定当事人之间订立书面合同即完成权利的转让。著作权重复转让后的最终权利归谁、著作权转让是否必须公示、采取占有还是登记的方式公示、公示具有生效效力还是对抗效力这些问题在现有法律中都缺乏明确规定。

二、现有法律规定内部存在交叉重复

对于地理标志的保护,我国制定了《商标法》《地理标志产品保护规定》《农产品地理标志管理办法》等专门法,两种并行的法律模式同时形成了以下三种保护模式:一是通过注册集体商标或证明商标进行保护,二是通过地理标志保护产品进行保护,三是通过农产品地理标志进行保护。

然而,正是由于存在多个法律同时进行保护,法律规定存在不一致、内容存在交叉,引发了以下现实困境与难题:第一,地理标志的法律概念及保护条件不一致且不协调,导致三种保护模式都存在

① 北京市第一中级人民法院民事判决书,(2006)一中民终字第2500号。

② 广州市中级人民法院民事判决书,(2007)穗中法民三重字第2号。

③ 武汉市中级人民法院民事判决书,(2008)武知初字第179号。

不同程度忽视地理标志的声誉或知名度等问题。第二,对于地理标志商品产区范围的划定,都只是抽象地将一定级别的行政区划范围作为划分标准,均存在忽视相关产品的生产、加工、装配等流程的产地限制等问题。第三,现实中,存在大量地理标志同时在三种重复的确权授权体系下做了注册和登记的情况,这就会出现同一件地理标志在不同保护体系下注册和登记主体不一致、重叠保护等问题。例如,"昭通苹果"地理标志证明商标注册人为"昭通市苹果产业促进协会",而"昭通苹果"农产品地理标志登记证书持有者为"昭通市昭阳区农业环境保护监测站"。这将增加制度运行成本和权利人的维护成本,导致资源的浪费。第四,我国商标局仅对地理商标的申请注册进行书面审核,并未设立必要的技术审查程序,确权程序存在缺陷。第五,《地理标志产品保护规定》《农产品地理标志管理办法》等专门法律的立法位阶较低,面对侵权行为能够提供的侵权救济十分有限。[①] 这些难题都亟待研究完善。

三、现有法律保护范围具有局限性

(一)《著作权法》的保护范围较窄

著作权中复制权的"复制"的含义有广义和狭义之分。广义的复制概念,包括复制平面作品和将平面作品制成立体作品,将立体作品制成平面作品。狭义的复制概念仅包括平面作品之间的复制。我国《著作权法》关于"复制"的定义,除 2001 年《著作权法》删除了"临摹"和 2020 年《著作权法》增加了"数字化"以外,从 1990 年《著作权法》制定之初到如今,一直都只是规定了印刷、复印、拓印、录

---

① 参见林秀芹、孙智:《我国地理标志法律保护的困境及出路》,载《云南师范大学学报(哲学社会科学版)》2020 年第 1 期。

音、录像、翻录、翻拍等方式。这仅仅包括从平面到平面的复制行为，对于从平面到立体以及从立体到平面这两种复制行为没有明确规定。由此可见，我国《著作权法》中规定的复制权是狭义的复制权。而《伯尔尼公约》以及大多数外国法律规定的都是广义的复制权。《著作权法》制定之初，我国正处于改革开放发展初期，如果规定广义的复制权，会使许多工业领域的生产举步维艰，不利于经济建设的发展。但如今，我国经济迅猛发展，知识产权在产业生产、社会生活中的地位愈加重要，现实中从平面到立体以及从立体到平面的复制行为大量出现而不能制止。当发生涉外著作权纠纷时，国内的著作权保护没有国外的保护力度大，将会出现司法实践适用不一致的问题，著作权人的权益也将遭到损害。

（二）《商标法》的保护效果较差

商标保护主要侧重文化产业品牌构建中的市场声誉和显著标识，缺乏对商标背后的文化产业的产品内容和核心工艺的实质性保护。根据《商标法》第56条、第57条的规定，商标权的保护仅限于核准注册的商标和核定使用的商品。现实中，在相同商品上使用类似商标、在类似商品上使用相同商标或类似商标才算构成商标侵权行为。在此种情况下，如果不正当竞争者对文化产业产品进行简单的复制销售且另行注册商标，那么《商标法》起到的保护作用就十分有限，无法对假冒、仿冒产品进行有效打击，也难以保护真正的文化产业产品。

（三）《专利法》的保护门槛较高

我国《专利法》规定申请专利保护必须满足三项原则，即创造性、实用性和新颖性。在实践中，绝大多数文化创意达不到这么高的标准，因而难以获得《专利法》的保护。即使有获得《专利法》保护的可能性，申请、初审、公示和实质审查等漫长的程序和烦琐的手续所需的巨额成本，或许会大于专利保护可能带来的利益，打击文化企业申请专利保护的积极性。此外,根据专利的特性,采用《专利法》保护文化创意的前提条件之一就是要求文化创意内容的公开,这必然使文化企业的商业秘密暴露在社会公众面前,使文化企业对专利保护望而却步,不利于文化创意的保护和文化产业的长远发展。

四、现有法律体系不健全

(一)民间文学艺术作品保护条例迟迟没有立法

民间文学艺术作品是指由群众口头创作、口头流传,在世代流传的过程中不断修改、加工、保存和发展的具有某一民族、地区或社会群体特征的文学艺术作品。[①] 民间文学艺术作品具有创作主体的群体性与不确定性、客体的传承性与变动性、创作过程的长期性与持续性的特点,[②]与《著作权法》所保护的一般意义上的作品具有较大的区别;因此,在实际操作中难以对民间文学艺术作品类型划分、权利主体认定、保护期限、使用期限等进行合理准确的判定。1990 年《著作权法》初次颁布之时,在第 6 条中明确规定了“民间文学艺术作品的著作权保护办法由国务院另行规定”。在此后《著作权法》的数次修改中,该条一直未做改动。关于制定具体的保护办法,国家版权局根据国务院的授权,于 2014 年 9 月 2 日发布了《关于〈民间文学艺术作品著作权保护条例(征求意见稿)〉公开征求意见的通知》。

综观整部保护条例的征求意见稿,全文共 21 条,内容涵盖了民间文学艺术作品的立法宗旨、定义、适用范围、权利归属及内容、保护期限、授权机制、利益分配制度、备案公示制度、侵权责任等内容。

---

① 参见谢向英主编:《文化产业知识产权概论》,高等教育出版社 2020 年版,第 61 页。

② 参见邓玲:《民间文学艺术作品司法保护路径探索——以云南〈蟒蛇记〉著作权纠纷案为例》,载《法律适用》2013 年第 6 期。

但是在这份征求意见稿中并没有充分体现出民间文艺作品的特殊性,没有妥善处理好民间文艺作品与一般著作权保护的作品之间的联系与区别。此外,在具体的保护模式上,征求意见稿没有在公法保护与私法保护之间做出有效的选择与平衡。或许因为这两个问题在理论界和实务界都存在较大的争议,在此之后,民间文学艺术作品著作权保护条例没有后续的立法进展,陷入了长期搁置的尴尬境地。[①] 所以,从实质上来说,我国至今尚无民间文学艺术作品的保护办法。立法的缺位,使司法机关在司法实践中无法可依,“同案不同判”现象丛生。如果再不及时推动立法进程,将会对民间文学艺术资源造成不可逆转的伤害。

(二)文化产业促进法久久未能出台

党的十八届四中全会审议通过的《中共中央关于全面推进依法治国若干重大问题的决定》指出,要制定文化产业促进法,把行之有效的文化经济政策法定化,健全促进社会效益和经济效益有机统一的制度规范。2015 年 9 月 6 日,文化部牵头在北京召开文化产业促进法起草工作会,正式启动文化产业促进法起草工作。

2019 年 6 月 28 日,7700 多字的《文化产业促进法(草案征求意见稿)》面向全社会公开征求意见,千呼万唤的文化产业促进法终于显现“真容”。同年 12 月 13 日,司法部就《文化产业促进法(草案送审稿)》发布公开征求意见的通知。通过对比两份文件的具体条文,草案征求意见稿与草案送审稿的内容完全相同,并未有任何的修改。作为中国首部文化法,文化产业促进法将明确地方政府在促进地方文化基础设施建设方面的义务,以确保民众可以享受更好的公共文化服务;该法的出台将弥补现有法律体系中文化法的空白。但由于各种原因,

---

① 参见刘立甲:《著作权保护视阈下的民间文艺作品》,载《理论月刊》2018 年第 11 期。

文化产业促进法迟迟未能正式出台。

五、现有法律不足以应对现实中新兴文化产业发展的问题

(一)影视产业中知识产权保护的立法问题

影视产业是文化产业的重要组成部分。随着人民生活水平的提高和精神文化需求的增长,影视产业呈现一片繁荣的势态。随着互联网技术的发展,“互联网+”的影响力虽然带动了影视产业传统运作模式的变革,但也使影视产业更易受盗版侵权的损害,成为著作权纠纷的多发领域。

全媒体时代,无论是在电视媒体上,还是在门户视频网站上,综艺节目都已经成为主流节目类型。歌舞表演类、游戏竞技类、婚恋交友类、访谈类等各类综艺节目百花齐放,让观众们耳目一新、应接不暇。而在综艺节目火爆的背后,节目模仿、抄袭的争论不休,这也反映了我国知识产权法律应对相关问题存在不足。

第一,综艺节目的性质认定问题。面对现实中多发综艺节目著作权纠纷,综艺节目算不算作品、属于何种作品,理论界和实务界存在以下三种观点:一是以类似摄制电影的方法创作的作品,这是实践中的多数观点。该观点认为综艺节目从节目安排与策划、拍摄过程到剪辑制作完成,具有一定的独创性,是能以有形形式复制的智力成果。二是汇编作品。三是录像制品。后两种观点都是针对“春晚”等晚会类综艺节目的。[①] 2015 年北京市高级人民法院印发的《关于审理涉及综艺节目著作权纠纷案件若干问题的解答》将综艺节目区分为现场综艺活动和综艺节目影像,根据独创性的有无,将综艺节目影像分别认定

---

① 北京市高级人民法院知识产权庭:《北京市高级人民法院关于审理综艺节目著作权案件相关问题的调研》,载《中国版权》2015 年第 3 期。

为以类似摄制电影的方式创作的作品或录像制品，并未对现场综艺活动做出规定。但该份解答也只是规范性文件，并不具有普遍的法律效力。2020 年《著作权法》修改后，将“电影作品和以类似摄制电影的方法创作的作品”修改为“视听作品”，这一修改能否更好地保护综艺节目的知识产权，可能还需要取决于后续修改的《著作权法实施条例》明确“视听作品”的定义与具体内涵。

第二，综艺节目模式的法律保护问题。综艺节目模式属于电视制作行业的概念，又称为电视节目模板、节目形式。实践中，节目模式的商业交易虽已有成熟的商业规则，但是迄今为止，节目模式都没有一个公认的准确而适当的定义。[①] 综艺节目模式主要由节目的基本创意和一系列具体要素构成，具体包括节目流程、节目规则、舞台设计、技术规定、主持风格等，是由节目创意引发出来的系列元素的综合体。节目模式的核心在于节目创意，一个综艺节目成功与失败的关键在于节目创意；而创意属于思想的范畴，《著作权法》保护表达并不保护思想。因此，通说认为，节目模式不是《著作权法》的保护对象。但是，在现实中，各电视台都花费高额成本从国外引进综艺节目“版权”，例如，湖南卫视的音乐竞技节目《歌手》引进的是韩国 MBC 电视台的《我是歌手》，浙江卫视的户外竞技真人秀节目《奔跑吧》引进的是韩国 SBS 电视台的《Running Man》，腾讯视频推出的大型选秀节目《创造 101》则引进的是韩国 Ment 公司的《PRODUCE 101》。那么电视台引进的究竟是“版权”还是不受我国《著作权法》保护的“节目模式”？电视台与国外节目制作方之间签订的合同究竟是什么性质的合同？这些问题将直接影响我国影视产业的

① 参见罗莉：《电视节目模板的法律保护》，载《法律科学（西北政法学院学报）》2006 年第 4 期。

健康发展,这些约定俗成的观念需要由法律来重新进行判断。[①]

第三,电影电视作品著作权保护利益失衡问题。我国《著作权法》第11条第1款规定:“著作权属于作者,本法另有规定的除外。”由此可知,著作权属于作者是著作权归属的一般规定;而在《著作权法》另有规定的情况下,著作权归属不再遵守一般规定。根据2020年新修的《著作权法》第17条的规定,对于电影作品和电视剧作品的著作权归属与修改前的第15条的规定并无差别,仍是法律规定归制作者享有,而作者仅享有作品的署名权和以合同约定的获得报酬权。这体现了我国《著作权法》在平衡作者与编剧、导演、摄影者等制作者双方的利益时,偏向对制作者利益的保护。在电影作品、电视剧作品的著作权归属作者的情况下,制作者能够任意使用作品,甚至肆意剪辑、放弃公映、放弃参展等。这些行为虽然可能因违反合同的约定而付出一些经济代价,但是由于不违反法律的强制性规定,作者无法要求编剧、导演等制作者及时停止侵权行为,对作品和作者们造成的损失也难以挽回。可见,我国的电影、电视剧作品著作权归属制度会严重挫伤作者的创作积极性,不利于我国影视产业发展。

(二)动漫产业中知识产权保护的立法问题

动漫是漫画和动画的统称。动漫作品最初停留在以书本为载体的漫画层面上,一般认为是脱胎于传统美术作品的。随着摄影技术的产生和发展,将多张画面按照一定的顺序进行播放,利用视觉暂留现象使人眼看到连贯的动态画面,形成了动画。现如今,随着计算机技术的突破性变革,数字CG化与动漫元素相结合不断改革

① 参见北京市高级人民法院知识产权庭:《北京市高级人民法院关于审理综艺节目著作权案件的调查研究》,载《电子知识产权》2015年第5期。

创新着动漫作品的制作与推广，形成了蓬勃的动漫文化产业。然而现实中，由于法律规定的单薄、分散以及互联网平台的技术便利性，我国动漫产业知识产权侵权现象频发。

第一，动漫作品的著作权作品类型不明。《著作权法》第 3 条列举了八种具体的作品类型，《著作权法实施条例》第 4 条对各类作品的具体含义进行了详细阐述，但是动漫作品并没有位列其中。动漫作品中的漫画作品原本便从美术作品发展而来，通过构图、绘画、涂色等形式创作而成，可以“美术作品”来进行保护。而动画作品是由一系列画面组成的，可以有声亦可无声，形式上似乎与视听作品相似。但是 2020 年新修的《著作权法》仅列举了“视听作品”，并未对其进行解释。2013 年的《著作权实施条例》中对“视听作品”的前身——“电影作品和以类似摄制电影的方法创作的作品”的要求是摄制在一定的介质上。而动漫作品并不是摄制出来的，而是手绘或者通过电脑技术制作而成的，所以动画作品并不属于电影作品或类似电影作品。至于其是否属于视听作品的范畴，可能还需要等待新的《著作权法实施条例》来揭晓答案。

第二，动漫角色知识产权保护不足。动漫角色属于虚拟角色，是漫画作品或动画作品中出现的人物或形象。由于动漫作品是关乎视觉审美的作品，动漫角色是基于可视化的表达，其外形特征如人物的五官、发型、衣着等都是经过创作者设计的，是其在公共认知中获得显著性和可识别性的重要依据，如令人印象深刻的米老鼠、哆啦 A 梦、喜羊羊等经典动漫角色。动漫角色作为动漫作品的核心元素，其商业价值不容小觑。以美国迪士尼公司的经典动画角色米老鼠为例，该形象被用于各种广告宣传和商业合作，如制作米老鼠形象的商品，开发米老鼠主题的餐饮、公园，用米老鼠形象制作广告、游戏等，这为迪士尼公司带来了巨大的商业利益。美国对于动漫角色采用了著作权的保护，即认为动漫角色可单独构成作品。[①]而同为动漫强国的日本却认为动漫角色不能脱离原作而存在，不可单独构成作品，所以，日本引入了“商品化权”的概念来保护动漫角色的商业利用价值。在著作权法领域，商品化权属于著作财产权，泛指将作品或者作品内所包含的元素进行商标化、商品化、商业化等行为。[②] 近年来，我国法院在司法实践中逐渐开始承认动漫作品中角色的著作权保护。如法院判定动画作品《大闹天宫》中的“孙悟空”可以构成独立的美术作品，风靡广州的漫画作品《乐叔和虾仔》中的“乐叔”和“虾仔”形象被法院认定可作为作品单独受著作权法保护。[③] 但是，最高人民法院在 2017 年发布了《关于审理商标授权确权行政案件若干问题的规定》。根据该规定第 19 条第 1 款、第 22 条第 1 款的规定，当事人主张诉争商标损害角色形象著作权的，人民法院应当依照《著作权法》等相关规定，对其所主张的客体是否构成作品进行审查。而在我国现行法律中并未明确规定动漫角色是否可以脱离动漫作品而独立存在，从而构成美术作品。学界对此也存在争议。如果动漫角色可以独立存在并构成美术作品，自然有利于动漫产业的繁荣发展。但如果不可以，我国又缺乏像日本“商品化权”这种权利类型的法律规定，无法利用动漫作品蕴含的商业价值，这将造成动漫行业的巨大损失。

（三）文化旅游产业中知识产权保护的立法问题

近年来，我国旅游业飞速发展，成为国家经济发展的重要支柱产业之一。随着现代旅游从大众旅游向个性化旅游发展，文化旅游逐渐成为一种兴趣潮流，且成为仅次于生态旅游的第二大旅游市

---

① 参见李富民：《作品中虚拟角色的法律保护》，载《社会科学家》2012 年第 5 期。

② 参见呼斯楞：《论动漫角色的著作权保护》，载《传播与版权》2022 年第 3 期。

③ 广州市越秀区人民法院民事判决书，(2017) 粤 0104 民初 9883 号。

场。但是,在文化旅游产业的发展过程中,出现的相关知识产权利用和保护问题值得关注。

第一,旅游线路的知识产权保护难题。旅游线路是指为了使旅游者在最短时间内获得最大的观赏效果,由旅游经营者所设计的具有一定特色的合理走向。开发设计旅游线路往往需要旅游经营者倾注一定精力,耗费大量的人力、物力、财力。这样,一条旅游线路经过旅游经营者的设计、优化、整合,就不再是单一元素的简单组合,而是人类智力劳动成果,应受到法律保护。根据我国《商标法》的规定,旅游线路可以申请注册服务商标。但在实际操作中,旅游线路注册受到几个方面的限制:一是不得使用具有公共性质的旅游景区的名称来注册商标;二是不得使用具有普遍意义的名称注册商标;三是《商标法》给旅游线路提供的服务商标保护,仅仅是针对旅游线路名称的,对其线路的内容,商标法的保护是无能为力的。从《著作权法》保护角度来看,《著作权法》保护表达而不保护思想,旅游线路的内容是基于自然风景、旅游人文历史而形成,严格上说,不符合《著作权法》中作品实质要件"独创性"的条件,所以旅游线路难以获得著作权法的保护。

第二,非物质文化遗产的知识产权保护难题。当我们选择旅游目的地时,不仅是为了观赏当地的美景、品尝当地的美食,而且是为了感受当地的特色文化。在四川非物质文化遗产网上,我们可以在成都体验蜀绣锦绣技艺、川剧表演,去绵阳体验羌族文化,去攀枝花体验傈僳族文化等。但是,非物质文化遗产知识产权保护难的问题一直没有得到解决。根据《非物质文化遗产法》的规定,"非物质文化遗产,是指各族人民世代相传并视为其文化遗产组成部分的各种传统文化表现形式,以及与传统文化表现形式相关的实物和场所"。非物质文化遗产是在社区群体适应周围环境以及与自然和历史的互动中不断被再创造,是由世世代代的人在生产生活中累计创造完成的,所以一般很难有明确的作者或创始人,因此难以获得《著作权法》

或《专利法》的保护。《商标法》中的集体商标制度和证明商标制度或许可以有效规避这一问题。但是,在现实中,运用商标来保护也存在一些难题,如多发的抢注商标行为给后来的非物质文化遗产的商标注册保护带来较大的利益阻力;对非物质文化遗产的商标注册可能带来的地方保护主义后果,会限制非物质文化遗产的传承与发展。所以,针对非物质文化遗产的知识产权保护问题亟须立法、修法予以完善。

第二节　我国文化产业知识产权行政保护存在的问题

一、文化产业知识产权在登记方面存在的问题

(一)登记领域不平衡

尽管版权登记的总体数量在逐年增长,但是在不同文化领域,创作人文化产业知识产权登记的积极性有所不同,登记领域出现不平衡的状态。通过表4-1的数据可以看出,在2019年全国文化产业知识产权登记中,摄影和美术领域的创作人保持了较高的登记热情,占据文化产业知识产权登记数量的一半;其次是文字和影视创作领域;其他领域的作品,尤其是目前文化产业占主流的曲艺、舞蹈、口述等,登记数量偏少。作为中国古老的传统艺术之一——杂技的登记数量最少。这种不平衡,不仅反映出某些领域创作人的版权保护积极性不足,还反映出有关机构在工作中没有深入挖掘各个领域的登记潜能。不仅如此,从表4-1中,我们还能看出受经济因素的影响,北京、上海、江苏、重庆等经济发达的地区文化产业知识产权登记数量明显高于欠发达地区。

表 4－1　国家版权局 2019 年全国作品登记情况统计

单位：件

地区和机构	文字	口述	音乐	戏剧	曲艺	舞蹈	杂技	美术	摄影	建筑	影视	图形	模型	其他	录音	录像	合计
北京市	4360	0	4013	2	0	0	0	270 081	707 450	0	2397	857	6	1025	0	12 900	1 003 091
天津市	370	0	11	14	0	0	0	29 919	8002	0	19 746	87	0	4	0	0	58 153
河北省	3839	4	80	8	214	16	1	11 633	2036	0	91	60	42	694	11	275	19 004
山西省	116	0	31	1	0	1	0	305	0	0	50	25	0	65	0	0	594
内蒙古自治区	244	10	146	10	1	3	0	654	69	0	6	8	0	201	53	6	1411
辽宁省	1995	0	806	11	0	0	1	5430	194	0	2059	2	0	0	3	11	10 512
吉林省	266	0	139	38	0	10	0	4923	0	0	4	5	0	224	0	0	5609
黑龙江省	305	0	118	0	0	0	0	167	63	0	5	0	0	0	0	0	658
上海市	22 532	0	742	23	0	11	0	151 357	59 283	1	13 015	887	0	10 450	30 510	2992	291 803
江苏省	46 899	332	743	64	7	25	3	161 241	18 335	9	16 251	1746	6	0	457	489	246 607
浙江省	1675	0	98	1	0	1	0	20 263	2022	0	45	15	0	678	10	43	24 851
安徽省	696	0	54	26	1	1	0	8473	32 108	0	130	664	49	32	3	141	42 378
福建省	936	3	1105	10	3	0	2	105 196	1012	131	1640	584	177	215	97	844	111 955
江西省	5860	187	50	3	0	0	0	5345	244	0	773	39	1	0	279	15	12 796
山东省	5584	236	565	4	8	4	2	22 252	69 626	3	1461	454	7	103	0	0	100 309
河南省	736	0	24	2	0	0	0	742	193	0	79	10	0	45	0	0	1831
湖北省	4522	0	47	7	2	5	0	31 609	7074	0	302	160	0	1	1054	235	45 018
湖南省	591	0	64	1	0	0	2	1886	633	24	516	290	0	99	5	970	5081
广东省	2065	18	1372	2	5	1	1	34 989	4021	0	729	1392	9	2957	1746	30	49 337

续表

地区和机构	文字	口述	音乐	戏剧	曲艺	舞蹈	杂技	美术	摄影	建筑	影视	图形	模型	其他	录音	录像	合计
广西壮族自治区	458	0	157	0	0	0	0	1706	18	0	16	475	1	16	3	153	3003
海南省	33	0	28	5	0	1	0	82	4	0	1	23	0	9	0	0	186
重庆市	4181	1	601	7	1	3	0	62 072	51 751	17	21 449	1385	35	16 020	32	137	157 692
四川省	52 739	42	1684	3	13	24	4	64 521	46 958	64	1640	3188	164	16	0	0	171 060
贵州省	698	0	117	1	0	1	0	30 310	2629	7	311	2412	48	355	82	16	36 987
云南省	387	0	78	0	0	0	0	328	349	0	12	0	0	4	2	0	1160
西藏自治区	0	0	0	0	0	0	0	22	0	0	3	0	0	0	0	0	25
陕西省	1815	0	113	52	1	0	0	13 049	91	0	712	12	0	109	19	9	15 982
甘肃省	33	0	20	2	0	1	0	302	415	0	4	0	0	11	0	0	788
青海省	0	0	0	0	0	0	0	0	0	0	0	0	0	0	0	0	0
宁夏回族自治区	31	0	3	0	0	0	0	131	0	0	0	49	0	0	0	0	214
新疆维吾尔自治区	111	0	86	0	0	0	0	696	1	0	6	24	3	0	0	1	928
中国版权保护中心	15 237	8	4188	156	6	55	0	248 455	1039	6	4777	1222	2	6311	866	213	282 541
合计	179 314	841	17 283	453	262	163	16	1 288 139	1 015 620	262	88 230	16 075	550	39 644	35 232	19 480	2 701 564

数据来源:国家版权局 2019 年全国作品登记情况统计表。参见 https://www. ncac. gov. cn/chinacopyright/contents/12555/353602. shtml。

注:中国版权保护中心登记 548 100 件,含作品登记出证 251 488 件/系列,涉及作品 282 541 件、数字作品版权登记 265 559 件。

(二)申请主体不平衡

产业知识产权的申请主体通常包括个人和法人。法人除拥有良好的创作环境、高超的创作技术、充足的创作成本和高素质人才等自身优势外,还有法律对其创作积极性的保护。我国《专利法实施细则》第 12 条第 1 款中规定:“执行本单位的任务所完成的职务发明创造,是指……(三)退休、调离原单位后或者劳动、人事关系终止后 1 年内作出的,与其在原单位承担的本职工作或者原单位分配的任务有关的发明创造。”可以看出,在一定条件下离职员工 1 年内的发明创造也属于职务发明。在保护知识产权创造方面,法律对法人主体给予了最大限度的保护。

而个人主体存在资金不充裕、抗风险能力弱、知识产权保护意识弱等多种综合原因,文化产业知识产权登记数量较少。总之,基于内外两个方面的因素,法人主体创作的积极性远远大于个人主体,登记数量整体上呈现法人主体高于个人主体的现象。

(三)登记标准不统一

我国在版权登记领域实行集中管理、分散登记的模式。各地版权保护中心版权登记具有一定的地域性,一般都是根据各地的具体情况来制定自己的登记标准。这就间接性地造成了各地的登记规范标准不统一,不同省份在不同类别上进行登记的费用标准也不一致的弊端,这种弊端会给不知情的权利人带来很大的不便。以建筑作品为例,中国版权保护中心单件收费 1500 元,而广东省版权局自然人作品单件收费 350 元,法人或其他组织单件收费 55 元。另外,各机构之间没有实现信息共享,造成信息分割,可能导致重复登记的情况发生。这显然与目前追求大数据共享的趋势背道而驰。

(四)登记手续烦琐,价格昂贵

我国文化产业知识产权登记的现状是:由中国版权保护中心负责计算机软件登记和版权质权登记,其他作品登记由国家版权局和各地地方版权局登记;这是一种以国家版权局为首的集中管理、分散登记的模式。申请人或代理人对文化产业知识产权进行登记需要经过申请、受理、审查、取得登记证书等步骤。具体而言,首先,申请人或代理人需要在网站上注册登记,在线按要求填写申请表,确认、提交并在线打印申请表。其次,申请人或代理人按照要求提交纸质登记申请文件:申请文件符合受理要求的,登记机构在规定的期限内予以受理,并向申请人或代理人发出受理通知书;不符合受理要求的,发放补正通知书。根据《计算机软件著作权登记办法》(已被修改)的规定,申请文件存在缺陷的,申请人或代理人应根据补正通知书要求,在 30 个工作日内提交补正材料;逾期未补正的,视为撤回申请。符合《计算机软件著作权登记办法》(已被修改)第 21 条有关规定的,登记机构将不予登记并书面通知申请人或代理人。再次,版权登记中心进行审查,经审查符合《计算机软件保护条例》和《计算机软件著作权登记办法》(已被修改)规定的,予以登记;不符合规定的,发放补正通知书。最后,申请受理之日起 30 个工作日后,申请人或代理人可登录版权保护中心网站,查阅软件著作权登记公告获取登记证书。

同时,国务院新闻办公室在 2021 年知识产权相关工作统计数据发布会上提道:“在审查周期方面,2021 年,高价值发明专利审查周期已经压减至 13.3 个月,发明专利平均审查周期压减至 18.5 个月,商标注册平均审查周期稳定在 4 个月,一般情形商标注册周期压缩到了 7 个月。”可见,文化产业知识产权登记手续烦琐,不仅需要线上申请,还需要线下提交材料,而且审核时间长,费时费力。同时,版权登记单件费用一般在几百元到几千元，对于大部分申请人来说，价格昂贵。

（五）登记中介代理体系尚未形成

文化产业知识产权中的中介代理是指受托人（中介机构）依法通过专业知识和技术服务，向委托人提供公正性、代理性、信息技术服务性等中介服务。该中介服务是介于登记主体与登记机关双方之间的行为，通常包括专利代理、商标代理、版权代理等服务，集科技、法律服务于一体，活跃于知识产权的创造、运用、保护、管理等各个环节。随着"放管服"改革的深入推进、营商环境的不断优化，我国知识产权服务机构数量持续增长。截至2020年年底，我国从事知识产权服务的机构数量约为7.3万家，与2019年相比增长9.3%。从事知识产权服务的机构中，专利代理机构有3253家，商标代理机构有55 572家；代理地理标志商标注册申请的服务机构有255家，代理集成电路布图设计申请的服务机构有452家，从事知识产权法律服务的律师事务所超过1万家，从事知识产权信息服务的机构超过6200家，从事知识产权运营服务的机构超过3200家。从成立年限来看，成立时间在5年以内的机构占54.9%，成立20年以上的机构不足12%。就中国文化产业知识产权保护现状而言，整个中介服务机构数量仍然不够多，各个作品的版权代理暂且未进行行业行为标准教育，业务分散、规模小、从业人员素质参差不齐、成立时间短、专业性不强等问题比较突出，中介代理体系制度尚未形成。同时，代理在版权交易、结算、履约和使用过程中，欺骗、压榨等不良情况频频出现，没有形成诚信规范体制以及文化产业知识产权管理系统。除此之外，大部分国内企业未曾在内部成立文化产权管理部，使文化产权的管理工作进度慢，不能形成长效机制，严重打击了原创作者的创造性。[①]

二、文化产业知识产权在行政监管方面存在的问题

(一)执法部门机构分散、责任交叉

改革开放以来,我国已经进行了八次国务院政府机构改革,行政执法在我国经历了从单一分散行政执法模式逐步发展到综合行政执法模式的过程。目前,我国专门设立了国家知识产权局、国家新闻出版署、工业和信息化部、海关总署等复杂的行政执法部门,分别调整文化产业中专利、商标、版权、互联网域名权等方面的[②]行政管理。但文化产业知识产权领域行政执法依然没有改变分属不同部门主管的局面,执法主体不一致,国家层面和地方执法主体的职责范围和权限不明晰,导致各行政部门缺乏有效的沟通和协调机制。多头执法、执法缺位等现象已成为全面、系统推进文化知识产权战略实施的主要瓶颈之一。

(二)"运动式"监管模式盛行

通常我们将某一行政机关在特定时间内集中人力、物力重拳出击的监管模式,称为"运动式"监管,这也是政府在治理资源短缺的情况下所采取的一种监管方式。近年来,为应对因技术发展而日益猖獗的版权侵权现象,国家版权局等部门多次联合启动打击网络侵权盗版专项行动,对网络视频、音乐、文学、新闻等领域进行突击治理。"集中整治""专项治理""突击执法""特别行动"等现象俨然已经成为我国行政监管活动中的一道特殊"风景线"。不可否认,"运

① 参见郑珏:《文化产业知识产权法律保护浅析》,载《法制博览》2019 年第 15 期。

② 参见左琪:《版权行政保护的实践困境及对策》,载《黑龙江生态工程职业学院学报》2021 年第 3 期。

动式”监管能在短时间内高效地整合资源,集中精力解决当前严峻的社会问题并取得显著成效;但因其具有临时性和应急性的特点,与常态化管理的稳定性和长期性相对,其所达到的“成果”只是行动本身所规定的目标(政府管理中的“指标”),指标的实现并不等同于问题本身的彻底解决,具有不彻底性,不能收到标本兼治的效果。这种周期性净化模式反而会误导市场的自发调节机制,不仅不利于版权市场秩序的稳定与长远发展,还可能激发人们的投机心理,治标不治本,问题反而会越来越严重,损害监管部门的公信力,忽视社会公平、正义。

(三)监管工作以被动执法为主

相对于司法保护的方式来说,行政监管具有一定的主动性,体现了事前管理的意识。然而,在文化产业知识产权的行政管理中,受到人力、物力等因素影响,未能充分发挥出主动进行行政监管的作用,呈现以被动执法为主的状态。主要表现为:首先,执法不及时。执法总给人一种慢半拍的感觉,具有滞后性,不仅滞后于违法事件,滞后于公众诉求,还滞后于媒体报道。大多数情况下行政执法是待违法事件已经造成比较严重的后果或接到公众、受害者举报时才消极执法。特别是在网络时代下,互联网媒体行业的报道、披露成了执法的风向标,媒体报道哪里,行政执法机关就整改哪里,导致出现行政执法的启动需要付出严重代价和占用社会资源的局面。其次,执法不持久。其启动和维持大多依靠外在动力,外力推动后达到执法旺季,等事件稍微平息后又进入执法的淡季,缺乏可持续长效机制。最后,执法不彻底。就执法的深度而言,行政机关会采取浅尝辄止的策略,缺乏斩草除根的决心和毅力①。尽管在党的十八大后，经过一系列的党风、政风整顿，政府机关慵懒散漫问题受到严厉整治，不作为现象得到扭转，但是“民不举，官不究”的现象仍然存在，没有形成常态化主动执法检查机制，执法人员等案上门，只当“消防员”，不当“防火员”，在一定程度上为文化产业知识产权违法行为提供了生存空间。

（四）具有专业素质的执法人员不够

随着网络科学技术的高速发展，文化产业知识产权领域出现了很多新的问题，文化产业知识产权侵权案件呈“井喷”态势。在大数据时代背景下，新型侵权行为具有隐蔽性、技术性、专业性更强等特点，这对于特殊侵权案件进行侵权认定提出了更高的挑战。传统行政执法队伍和执法手段难以应对，通常需要专业人员甚至需要专家学者的支持和介入。然而，由于教育和地域的原因，知识产权行政执法缺乏专业的执法队伍，往往是由外行人对侵权案件做出判断，特别是基层政府没有与文化产业知识产权侵权这类新领域对应的行政管理部门，更没有专业素质的执法人员，也缺乏相应的管理经验和执法积极性，使具有专业素质的执法人员数量不够这一问题更加突出。

三、文化产业知识产权在行政处罚方面存在的问题

（一）打击力度不够

文化产业相关领域的前期创作，需要高昂的资金和大量的时间投入，才可能创造出高回报的收益，在这一过程中常常伴随

① 参见胡宝岭：《中国行政执法的被动性与功利性——行政执法信任危机根源及化解》，载《行政法学研究》2014年第2期。

高风险。其中,侵犯知识产权是对文化产业最致命的打击。在多年的实践中,国家一直致力于加大力度惩罚文化产业知识产权侵权,并且对于严重侵权的市场主体,将其侵权行为列入个人征信的内容;但依然存在法律认定难、处罚数额过低、查处数量少等问题,以至于达不到惩罚侵权者的目的。具体表现为以下几个方面:

第一,侵权认定难的问题。我国《著作权行政处罚实施办法》第3条中规定:"本办法所称的违法行为是指:(一)著作权法第四十七条列举的侵权行为,同时损害公共利益的;(二)《计算机软件保护条例》第二十四条列举的侵权行为,同时损害公共利益的;(三)《信息网络传播权保护条例》第十八条列举的侵权行为,同时损害公共利益的……"由此可见,"损害公共利益"是文化产业知识产权行政监管的前提基础,对此侵权行为的行政监管必须超越私法上的利害关系,建立在公共利益的基础上。在判断侵权行为是否"损害公共利益"时,通常应考量侵权行为的主客观因素,如侵权行为人的主观恶意、侵权范围以及给受害人带来的经济损失、社会影响等多方面因素,进行综合判断。一般来说,单一的文化产业知识产权侵权,很难产生危害社会公共利益的效应;只有当侵权对象广泛,涉及屡次侵权、恶意侵权、经营性侵权等行为时,才存在危害社会公共利益的可能。目前立法上对"公共利益"的范围和判定标准没有明确定义,存在规定笼统、不便于操作的弊端,行政机关对是否是侵权行为、是否需要查处难以把握,在一定程度上造成行政机关在行政处罚时在法律适用上的行政权滥用或行政不作为,导致行政机关对侵权者打击力度不够,部分侵权者仅仅受到批评、警告、销毁侵权产品等轻微的行政处罚,这种轻微的处罚发挥不出对侵权者的惩戒作用。

第二,处罚数额低的问题。我国在对文化产业知识产权侵权者的处罚力度上存在处罚过轻的现象。我国《著作权行政处罚实施办法》第30条中规定:“著作权行政管理部门作出罚款决定时,罚款数额应当依照《中华人民共和国著作权法实施条例》第三十六条、《计算机软件保护条例》第二十四条的规定和《信息网络传播权保护条例》第十八条、第十九条的规定确定。”查阅法条后发现,行政机关对侵权者的处罚数额在5万元以上25万元以下,这一处罚数额就造成了知识产权侵权的整体赔偿力度过小的问题,对侵权者的惩戒作用发挥不明显;侵权者的违法所得远远高于赔偿金,收益远远大于风险。

例如,全国首起非物质文化遗产盗版侵权案件——黄梅挑花工艺有限公司侵犯“黄梅挑花”民间传承人著作权案就存在对侵权者处罚数额低的现象,达不到打击犯罪、保护文化产业知识产权的目的。2007年11月22日,湖北省版权局接到国家版权局反盗版举报中心“关于湖北省‘黄梅挑花’工艺有限公司侵权情况汇总”的举报协查材料。24日,黄冈市版权局调查取证后查明,该公司生产的“黄梅挑花”有300多个品种,其中“必胜宝宝”“平安宝宝”等14种图案严重侵犯了“黄梅挑花”民间传承人的著作权。该公司负责人承认,相关图案均未得到权利人的使用许可,也从未支付过报酬。对此,湖北省版权局做出了责令该公司立即停止侵权,没收复制品,罚款6万元的行政处罚决定。对于该案而言,“黄梅挑花”是第一批国家级非物质文化遗产,是纯粹的手工活,由当地农家妇女一代代传承,创造出一件作品耗费时间长,极具保护价值,而侵权者侵权成本低,在不经著作权同意的情况下直接使用其产品,且黄梅挑花工艺有限公司仅受到停止侵权、没收复制品、罚款6万元的处罚。该处罚结果与创作者打造出一件精美作品所付出的心血不相匹配,不能发挥对侵权者的惩戒作用。

第三,查处数量少的问题。2022 年 1 月 12 日,国家知识产权局在国务院新闻发布会上提道:“国家知识产权局去年(2021 年)全年累计打击恶意商标注册申请 48.2 万件,同时去年我局还快速驳回抢注‘长津湖’‘全红婵’等商标注册申请 1111 件,依职权主动宣告注册商标无效 1635 件,向地方转交涉嫌重大不良影响及恶意商标注册案件线索 1062 条。”但知识产权领域的侵权行为数量远比打击的案件数量多,离在全社会营造严厉打击商标恶意注册的高压态势的目标还有一定的距离。同时,从表 4-2 中可以看出,行政机关 2019 年对知识产权侵权案件查处数量和收缴盗版品情况比上年度数量下降明显,从侧面反映出行政机关对侵权者打击力度不够,并有懈怠迹象。

表 4-2 国家版权局 2019 年全国版权执法情况统计

执法情况		上年	本年	同比增长/%
案件查处	行政处罚数量/件	3033	2539	-16.29
	案件移送数量/件	203	186	-8.37
	检查经营单位数量/个	522 135	384 641	-26.33
	取缔违法经营单位数量/个	2361	1224	-48.16
	查获地下窝点数量/个	203	152	-25.12
	其中:地下光盘生产线/条	2	1	-50.00
	违法经营网站服务器/个	737	330	-55.22
	罚款金额/元	16 155 654	23 995 277	48.53

续表

执法情况		上年	本年	同比增长/%
收缴盗版品	书刊	4 937 904	5 740 610	16. 26
	软件	240 968	221 700	-8. 00
	音像制品	1 195 203	693 861	-41. 95
	电子出版物	197 044	149 265	-24. 25
	其他	869 003	498 342	-42. 65
	未分类项	—	—	—
	合计	7 440 122	7 303 778	-1. 83

数据来源:国家版权局 2019 年全国版权执法情况统计。参见 https://www. ncac. gov. cn/chinacopyright/contents/12566/353599. shtml。

(二)处罚效果不佳

实践中,文化产业知识产权创作者在创作过程中,耗费了大量的人力、物力、财力,最后却轻轻松松被侵权者窃取成果,且这些侵权者仅受到窃取利益与违法赔偿完全不对等的轻微处罚,导致侵权者屡次侵权以谋取利益,未达到良好的教育作用。2020 年 1 月 8 日,四川省达州市开江县的“春雷行动 2020”暨知识产权保护执法行动期间,开江县市场监督管理局执法人员会同泸州老窖股份有限公司、四川绵竹剑南春酒厂有限公司鉴定人员对位于开江县新宁镇的某酒类经营部进行了现场检查,检查发现在该经营部内存放有待销售的“国窖 1573”6 瓶、“剑南春”1 件(6 瓶/件,未开箱)。经泸州老窖股份有限公司、四川绵竹剑南春酒厂有限公司鉴定人员现场鉴定,6 瓶“国窖 1573”和 1 件“剑南春”均不是其公司产品。当事人现场也无法提供上述白酒正规合法来源的相关证明材料且无法说明提供者。据悉,“国窖 1573”源自国家重点文物保护单位,“剑南春”传统酿造技艺于 2008 年入选国家非物质文化遗产。该经营部的行为侵犯了文化产业注册商标专用权，违反了《商标法》的相关规定。经调查，当事人曾于 2017 年 10 月 11 日因销售侵犯注册商标专用权的白酒受到行政处罚，又于 2019 年 7 月 2 日在开市监处字〔2019〕235 号行政处罚决定书中因相同事由受到没收侵权产品和罚款 17.5 万元的行政处罚。针对当事人多次违法销售侵犯注册商标专用权的名优白酒行为，2020 年 3 月 13 日，相关主体在开市监处字〔2020〕36 号行政处罚决定中依法对当事人做出了没收侵权白酒商品及处罚款 25 万元的顶格处罚，并吊销其相关证照。

文化产业知识产权侵权者受到较低处罚，严重打击了企业和科研人员进行科研活动和创新生产的积极性，使创作者失去了创新动力，对其他从业者也没有发挥出教育和警示的作用，不利于整个社会进步和创新发展。正因为侵权者的违法成本低，权利人维权成本高，其他从业者也因此乐于抄袭、窃取别人的科研成果。

（三）行政调解规定不明确

行政调解是指国家行政机关，遵循当事人自愿原则，对有关争议进行调解处理。一般只对涉及生活中常见的争议进行调解，对于涉及行政领域专业性非常强的知识产权、环境保护等，行政调解的难度非常大。对侵犯著作权造成权利人损失的民事赔偿调解，是典型的行政调解行为。这一调解行为基于当事人意思自治原则，在自愿合法基础上达成民事协议，针对该行为不能提起行政诉讼，但是当事人可以向人民法院申请确认调解书的法律效力。

《著作权法》第 60 条规定著作权纠纷可以调解，与以往《著作权法》规定保持一致；但对于版权行政调解的实施主体、适用范围、具体程序、诉调衔接等细节并未做出明确规定，导致著作权行政机关对实务中的著作权侵权纠纷适用行政调解无法可依、无章可循。正是版权行政调解相关法律规定的缺失，造成版权行政调解主体对行政调解与行政处罚定位的混淆。著作权行政机关可发挥强制性与主动性优势对损害公共利益的版权侵权行为实施行政处罚;而对于未损害公共利益且版权纠纷当事人双方存在合作关系或牵涉多元利益的情况,行政调解主体却容易忽视双方利益需求,片面追求解纷结果而丧失调解主体应有的中立性。[①]

四、文化产业知识产权在行政执行方面存在的问题

(一)执行效率不高

随着城市化进程的加快、法律制度的健全和人们法律意识的增强,在大城市,假冒伪劣产品存在的空间越来越小,部分制造、销售假冒伪劣产品等侵权违法行为开始向基层和农村蔓延。综合行政执法的一个重大特点是执法权主体和权限的下沉,由市县或者乡镇进行行政执法,对打击基层日益严峻的盗版、假冒伪劣、侵权现象确实有好处。但是在互联网环境下,知识产权新型侵权行为常常跨越传统地理环境和行政区域的划分,具有全国性甚至全球性;打击新型知识产权侵权行为,常常需要跨区域合作,执法权的下移阻碍了不同地域执法主体联动执法的开展,也不利于对跨区域知识产权侵权行为的打击,导致在文化产业知识产权领域行政执行效率不高。[②]

知识产权行政执法的非终局性也导致了行政执法整体效率低下。我国知识产权执法实践中经常出现相对人不服行政执法结果而向法院提起诉讼的情形。例如,在专利侵权诉讼中,当事人作为侵权程序的抗辩,一般都会提起专利无效的宣告程序,不仅拖延了

---

① 参见郑珏:《文化产业知识产权法律保护浅析》,载《法制博览》2019 年第 15 期。

② 参见李伟民:《知识产权行政执法与司法裁判衔接机制研究》,载《中国应用法学》2021 年第 2 期。

纠纷处理的时间,还浪费了大量行政和司法资源,降低了行政执法的效率。[①]

(二)执行力度不大

与司法保护作为一种被动的、事后的救济手段不同,行政保护属于主动的、事前的规制手段。由于知识产权行政管理部门人力、物力等因素的影响,知识产权行政保护的效果并没有得到有效发挥。一方面,管理部门对侵权产品的查处缺乏力度,严重地影响了文化产业自主创新的积极性,加大了文化产业企业的损失。另一方面,为了避免较多的诉讼和其他问题,目前知识产权行政管理部门的行政执法还是提供事后救济,虽然处理的时间较快、效率较高,可这与当初的立法初衷背道而驰;加之对处理结果的执行不力问题严重,不仅使文化产业权利人的利益继续遭受损失,而且浪费了巨大的人力、物力、财力资源。[②]

(三)执法人员人情性不够

执法是一项复杂的工作,是将行政执法依据适用于具体事件的复杂过程。行政执法依据是一般性的、抽象的,而具体事件则是纷繁复杂的;行政执法人员必须能够准确地理解法律,并能够根据具体事件准确地选用有关的行政执法依据。行政执法要求执法者有完备的法律知识、强烈的法律意识、丰富的社会经验、系统的知识结构和对法律的无限忠诚,还要有高尚的品德,能不徇私情、执法如山、廉洁高效。只有这样,才能保证法律的顺利实施,才能真正树立法律的权威。[③] 但目前我国一线执法人员存在素质低、执法

---

① 李芬莲:《中国知识产权行政执法的困境及出路》,载《广东社会科学》2014 年第 3 期。

② 刘瑞龙:《我国文化产业发展中的知识产权保护问题研究》,载《法制与社会》2013 年第 27 期。

③ 参见姜明安主编:《行政执法研究》,北京大学出版社 2004 年版,第 2 页。

水平低、临时工执法等诸多问题;在执法过程中因缺乏法治理念及相关的法律知识,容易出现暴力执法、权力滥用及程序违法等问题。总体而言,行政执法人员在执法过程中温度不够,缺乏人情性。

第三节 文化产业知识产权司法保护存在的问题

一、行政与司法衔接、互认难

当前,我国文化产业知识产权保护包括行政保护和司法保护两种方式,司法与行政"双规制"、知识产权大司法体制、部际协同机制和央地联动机制是其最为突出的特点。① 其中,司法保护与行政保护的协调问题在文化产业知识产权的有效保护中尤为重要。这两种保护方式虽然都源于公权力的保护,但二者之间也存在较大的差异。文化产业知识产权行政保护是行政机关通过行使行政权力对侵权行为进行打击治理,它的特点是具有更强的专业性、主动性;而司法保护的主体——司法机关不会对知识产权侵权案件进行主动干预和处理,所以文化产业知识产权司法保护具有强制性、被动性的特点。两种保护方式相比较,行政保护侧重更高的保护效率,也是当前我国文化产业知识产权保护的常规方式。但行政资源和行政权力的有限性,决定了知识产权行政保护的有限性;知识产权的行政保护必须符合有限行政的理念,并以此为其设定相应的边界。② 为弥补知识产权行政保护的不足,《著作权法》对文化产业知识产权

① 参见易继明:《新时代中国特色知识产权发展之路》,载《政法论丛》2022 年第 1 期。

② 参见郝凤军:《论我国著作权行政保护的完善路径》,载《中国出版》2014 年第 11 期。

的司法保护也做出了法律层面的认可。因此，文化产业知识产权行政保护、司法保护这两种保护模式只有相互配合、相互衔接，才能产生最佳的保护效果。但这两种模式在现有的衔接过程中也存在一些问题需要解决、完善。

(一)知识产权司法保护与行政保护之间不够协调

文化产业知识产权司法保护主要是一种来自公权力的被动保护，而行政保护是公权力主动介入的保护。所以，知识产权行政保护与司法保护作为《著作权法》规定的两种并行的版权保护措施，在具体实践中必然会出现需要相互配合和协调的情况。然而，在当前的版权行政保护与司法保护之间，两种保护并不协调。在实施中，既可能重复保护，又可能相互推诿。行政保护、司法保护二者之间这种必要的协调较为缺乏，造成了文化产业知识产权保护体系不够完善协调。①

上述问题主要出在两方面。一方面，行政处罚办案时所取得的证据不能在司法保护中予以认定。虽然从理论角度来看这样的做法是在严格地保障司法活动不受行政权力干涉，以保证司法活动的独立性、专业性；但在文化产业知识产权刑事案件中，文化产业知识产权法律保护的前置保护多为行政保护，行政执法活动认定侵犯知识产权的行为已经逾越了犯罪的红线，后移交给司法机关进行处置。在司法保护实施之前的行政保护中，行政执法人员已经耗费了大量的成本通过合法的渠道、方式取得了侵权者构成犯罪的相关证据资料，并且由于知识产权案件侵权认定技术难度大，取证成本较高，行政保护中取得的证据来之不易。我们不妨在知识产权案件审

① 参见汪曙华：《当代中国版权行政保护体系的核心症结及对策》，载《现代出版》2013 年第 4 期。

理前通过一种更加简便、有效的审查方式将可以采用的有效证据进行认定，并且由司法机关在案件的审理过程中使用。这种做法有利于有效地防止司法资源的过度浪费，进一步提高保护效率。另一方面，我国当前仍缺乏高效的文化产业知识产权相关案件的裁决执行配合机制。文化产业知识产权司法保护的前置保护通常都是行政保护，行政机关将案件移交司法机关后，通常就退出了保护工作，相应的行政机关仅仅在法院要求提供必要的协助时提供一些协助工作，并非积极主动地为相应裁决的落实进行跟踪和服务。行政机关在之前的行政保护过程中已经花费了较大成本，对案件相关事宜有充分了解，并且由于自身的职能，对保障保护工作顺利落实具有自身的独特优势。行政机关将案件移交司法机关处理后就消极退出既增大了司法保护工作顺利落实的难度，又造成了行政执法资源的浪费。

（二）行政保护启用条件不明确，保护范围扩张

现行《著作权法》及相关法律法规对文化产业知识产权的行政处罚范围进行了严格的限制；特别是《著作权法》第53条更加明确规定，在侵犯著作权的案件中只有在具备“同时损害公共利益”要件的前提下，该侵犯著作权的行为才能通过行政处罚的方式予以制裁。而在不符合“同时损害公共利益”这一要件的情况下，则只能通过诉讼的方式去寻求司法领域的解决办法。从法律规定的内容来看，行政保护的启用限制很大，但行政保护的前提条件“同时损害公共利益”却没有明确具体的规定。在此类案情的处理中，我们很难界定是否侵犯了公共利益。事实上，因为没有具体的权威界定，再加上人们的主观价值判断存在差异，如果对“同时损害公共利益”做出广义的解释，通常的侵权行为都或多或少对社会公共利益产生了相应的侵害。如果我们在判断是否侵害公共利益的过程中将标准

放宽,那么任何知识产权侵权案件都可以被认定符合"同时损害公共利益"的法定要件,从而能够被纳入知识产权行政处罚的范围。文化产业知识产权行政保护的主动性不强和法律规定的不明确,导致某些知识产权行政管理机关不但将没有直接侵害社会公共利益的知识产权侵权行为纳入行政处罚的范畴,对某些已经涉嫌侵犯著作权罪或非法经营罪的知识产权侵权刑事案件也直接进行了行政处罚而未通过司法机关追究相应的刑事责任。

二、专门知识产权法庭尚未完善健全

(一)专门知识产权法庭数量不足

据统计,全国共有14个高级法院设立了知识产权审判庭,包括北京、上海、天津、重庆、黑龙江、河北、广东、福建、江苏、四川、海南、浙江、河南、安徽;30个中级法院设立知识产权审判庭,设立知识产权审判庭的基层法院仅有北京市海淀区、北京市朝阳区、上海市浦东新区、上海市黄浦区4个。但仅仅在2020年,全国法院就新收一审、二审、申请再审等各类知识产权案件525 618件。相比起庞大的知识产权案件数量,我国现有的知识产权法院或知识产权法庭数量仍存在欠缺。

在知识产权案件数量众多的问题需要解决的情况下,我们不得不面对另一个需要解决的难题,那就是知识产权案件包含的种类也复杂繁多,如专利、著作权、商标权等众多细分方向,并且涉及刑事、民事、行政等众多领域。为了更好地满足社会主义市场经济的发展需要,以及进一步推动司法体制改革,还需进一步增加专门知识产权法庭的数量。

(二)知识产权法庭"三审合一"存在弊端

为使知识产权司法保护体系更加协调、有效,进一步提高司法保护文化产业知识产权的水平，不少法院积极研究探索建立三大类案件统一审理的审级制度，解决传统的知识产权案件级别管辖、部门管辖不统一的问题，即在当前的法律架构下，建立知识产权民事、刑事、行政审判三类诉讼合一制度。[①] 当前知识产权法庭对文化产业知识产权相关的民事、刑事、行政案件进行“三审合一”均归知识产权法庭审理，是在现有的司法体制没有突破的前提下做出的权衡之策。这种模式虽然存在很大的优势，但是弊端也很明显。现有知识产权法庭“三审合一”的审理模式在一定程度上有利于优化司法人才结构和审判职能的内部合理分工，有助于充分利用审判资源。但有关知识产权的民事、刑事、行政案件又都伴有不同的特征和规律，知识产权案件的审判除要具备知识产权方面的专业知识背景外，还需要审判人员具有刑法、民法、行政法学、诉讼法学理论的知识储备和相应的法律思维模式。在法律体系不断完善健全、知识产权侵权案件日趋复杂化的条件下，将涉及民事、刑事、行政这三种方向差异较大的案件交由一个法官或者合议庭去处理，不但会存在专业性的不足，也有违诉讼规律。

三、知识产权领域专业审判人员不足

（一）知识产权领域法官人数不足

考察我国知识产权司法保护体制机制建立和完善的历史，会看到一个明显的特征，即我国知识产权审判工作自 20 世纪 90 年代开始呈现专业化趋势。1993 年 8 月北京市中、高级人民法院在全国率先建立了知识产权审判庭，1996 年 10 月最高人民法院成立了知识

① 参见钟莉、刘建新、王俊毅：《知识产权司法保护与行政执法衔接策略研究——兼论知识产权“三审合一”审判机制》，载《科技与法律》2009 年第 5 期。

产权审判庭。[1] 由于近年来经济的飞速发展,知识产权的价值越来越受到人们重视,知识产权相关的刑事、民事、行政案件也日益增多。以北京市为例,北京市高级人民法院审判委员会专职委员、民三庭时任庭长杨柏勇在北京市高级人民法院为迎接第 20 个世界知识产权日的新闻发布会上表示,2019 年全年,北京市三级法院总共受理各类知识产权民事、行政案件80 165件,同比增长 35.7%,其中知识产权民事案件共57 124件,占比约 71.3%;知识产权行政案件共23 041件,占比约 28.7%;共审结各类知识产权案件79 769件,同比增长 42.6%,其中,审结知识产权民事案件55 803件、知识产权行政案件23 966件。其中,北京知识产权法院收案22 580件,由于法官人数不足,法官人均结案 320 件。[2] 根据上述数据,在北京地区知识产权领域法官人数仍难以处理日益繁多的各类知识产权案件。相应地,在其他省份也可能存在此类问题,甚至问题更加严峻。

(二)知识产权领域法官分布不均且流动性大

现阶段我国知识产权法庭主要集中在经济较为发达的省、市、区,与此同时,具备专业素质的知识产权法官的人数也主要集中在上述地区,无论是专门的知识产权法庭,还是具备处理知识产权案件专业素质的法官人数都相对较少。据不完全统计,在知识产权领域的专业法官队伍中,连续工作 5 年以上的人数较少,达不到全国知识产权法官总数的 20%;连续工作 10 年的法官人数更加缺乏,不足总数的 10%。由此可见,知识产权领域的法官总体流动性强。

---

① 参见管育鹰:《关于我国知识产权司法保护战略实施的几点思考》,载《法律适用》2018 年第 11 期。

② 参见祝文明:《北京法院 2019 年审结知识产权案件近 8 万件》,载中国知识产权资讯网 2020 年 4 月 21 日,http://www.cipnews.com.cn/cipnews/news_content.aspx?newsId=122126。

（三）知识产权领域法官专业性有待增强

科技创新在经济社会高质量发展中发挥着重要作用，而国家高新技术企业的快速成长和知识产权的繁荣发展，都离不开更加强有力的知识产权司法保护。知识产权的保护是国家软实力的体现，能够鼓励企业及个人积极进行科技创新。但随着经济社会的发展，每一次技术创新都会带来新的法律问题，新型知识产权侵权行为层出不穷，也使知识产权司法保护面临新的考验，对办案法官的专业能力提出了新的要求。

虽然当前我国大多数知识产权法庭的法官已经具备较高的工作能力，但由于文化产业知识产权案件特殊，多数案子中还涉及科技领域的专业技术问题，再加上当前社会大环境鼓励创新，涌现出的知识产权保护问题前所未有的多和杂，并且多是我国现有法律法规没有进行规范的部分，许多新颖的案例甚至没有类似案例能提供参考，这些问题给知识产权案件办案法官增大了办案难度。所以，即使我国当前的知识产权法官已经具备很高的专业素质，但相比他们需要处理的案件，还应继续提升知识产权领域的专业性程度。

由于具备高素质、高专业能力的法律人才都更加倾向在经济水平发达的大城市的司法机关发展，所以在经济水平欠发达的地区和一些基层法院办理知识产权案件的法官的专业技能可能相对薄弱，所以更应加强专业性。

四、人民陪审员制度对司法专业性影响大

在我国法院的审判制度中有一项重要的制度，那就是人民陪审员制度。自从 2018 年 4 月《人民陪审员法》公布实施以来，人民陪审员制度就朝着更加科学合理的方向完善发展。因为知识产权案件与其他普通的民事案件存在一定的差异，通常需要依靠来自社会

其他领域、具备一定技术知识的群体在审判过程中做好人民陪审员的工作。以北京知识产权法院为例，截至2021年，北京市知识产权法院就汇集了来自教育领域、医疗领域、科研领域乃至基层社区的710名人民陪审员。这数量较大的人民陪审员队伍，覆盖了老年人、中年人、青年人各个年龄段，而且普遍学历较高，具备硕士研究生及以上学历的就占总数的45%。这些人民陪审员参与知识产权案件的审理工作，既弥补了法官在非法律领域的相关专业技能的不足，又充分体现了广大人民群众参与司法、监督司法、维护司法公正的广泛性与积极性，取得了良好的政治效果、法律效果和社会效果。

相比其他类案件，在文化产业知识产权案件审理工作中人民陪审员发挥的作用更为突出，甚至在一定情况下会影响司法活动的专业性。由于文化产业涉及领域广泛，包括新闻出版、电影电视、网络文化产业等，而且伴随互联网信息技术的不断发展，审理知识产权案件需要依托其他非法律领域的专业技术，而来自各行各业的人民陪审员就在很大程度上解决了这一难题，许多参与文化产业知识产权审理工作的人民陪审员都掌握着对案件事实认定至关重要的专业技术，他们的观点在一定程度上会影响并不精通此领域的法官对案件事实的认识情况。所以，通过横向对比，文化产业知识产权案件的人民陪审员对法院司法活动专业性的影响大于其他领域案件的人民陪审员。

五、诉前禁令、行为保全未得到广泛应用

（一）诉前禁令尚未广泛应用

自诉前禁令制度产生之日起，当事人就对诉前禁令的申请具有较高的积极性，司法层面也给予了很大的鼓励，诉前禁令制度在侵权纠纷案件当中具有非常高的活跃度。在知识产权诉前禁令制度

确立之初,某些地方法院曾在一段时间内掀起了适用诉前禁令制度的小高潮。[①] 2006 年,全国地方法院受理的诉前禁令案件有 300 多件,实际裁定诉前禁令的支持率达到 88%[②],申请诉前禁令的被支持率也非常高。就侵权纠纷案件受害方而言,诉前禁令制度的出台,有利于在案件审判工作结束前第一时间最大限度地减少侵权造成的实际损失。与此同时,对于受理侵权案件的司法机关而言,诉前禁令这种救济制度也存在诸多优势:一方面既保障了案件当事人的基本权益、降低了受害方个人损失,对案件的审理以及需要强制执行案件降低执行难度都有很大的意义;另一方面为案件的审议提供了很多便捷的条件。然而,一项在侵权纠纷案件中这么好的救济制度在文化产业知识产权纠纷领域的申请数量并不高。最高人民法院于 2018 年 12 月公布了一组数据,数据显示在过去 5 年间全国法院分别受理知识产权诉前停止侵权 157 件、诉中停止侵权 75 件。相比庞大的纠纷案件数量,在文化产业知识产权纠纷中尚未广泛地应用诉前禁令这一制度。

在中国传统的司法认知中,知识产权案件的大部分当事人在面对法律纠纷时,更倾向采用传统的方法,只有当整个侵权行为完全进行并且掌握了完备的证据后,才会提请司法力量的干预。这种模式的缺陷很大,它只发挥了司法力量的惩戒功能,只做到了在侵权行为发生后的弥补与制裁,对被申请人强制执行判决;但是忽视了对合法权益的有效维护,并没有在侵权行为发生后第一时间制止侵权人的行为。而且文化产业知识产权产品的核心竞争力就在于时

---

① 参见易继明:《我国知识产权司法保护的现状和方向》,载《西北大学学报(哲学社会科学版)》2018 年第 5 期。

② 参见刘晓军:《知识产权诉前禁令制度的变革与重构》,载《知识产权》2016 年第 12 期。

效性,很多产品具备价值的时间周期并不长。如果文化产业知识产权遭受侵犯,被侵权人一方采用传统的常规诉讼模式,等待司法机关做出判决需较长期间,就会进一步地造成被侵权人的实际利益遭受巨大损失。

从文化产业知识产权这一特殊领域的技术性角度分析,由于知识产权侵权的方式比较复杂,而且侵权行为产生的实际效果不好推测,不像传统侵权纠纷案件侵权是否发生那么清晰明了,在文化产业知识产权案件中,法官很难辨析侵权行为是否存在,与此同时,人民法院也很难确定是否符合诉前禁令的实施标准,尤其是文化产业知识产权涉及具体领域范围较广并且具备较强的专业性,这些现状造成了法官是否出具诉前禁制令成了一个难题。

从当前我国诉前禁令的具体规则角度来分析,根据我国有关法律规定,审查禁令的期限为“自人民法院接受申请之日起48 小时”,诉前禁令规则留给司法机关的审查时间较短。48 小时的时间限制是为了防止被侵权方在案件审理过程中继续遭受来自侵权方的不法侵害,为了在更大程度上对被侵权方进行保护。这个规则要求人民法院在接收到被侵权方的诉求时能够立即进行审查,因为当文化产业知识产权侵权发生时,通常会出现一个止损的黄金时间段,由于知识产权案件本身的特殊属性,以及当前通过互联网媒介信息飞速传播,在侵权行为发生后越早采取救济措施,救济的效果越好,花费的成本越小。如果法院在调查过程中花费大量的时间,就会进一步造成损失结果范围的扩大和程度的加强。然而,由于文化产业涉及出版发行、电视电影、互联网络等众多领域,甚至涉及高科技前沿领域,因此认定文化产业知识产权侵权是否符合诉前禁令的适用条件,需要依托其他文化、科技领域的专业基础知识并且通过法律角度进行论证研究。其中复杂的工作要在48 小时的时限内完成,对于法官来说工作难度较大。

（二）行为保全尚未广泛应用

随着社会经济的不断发展以及知识产权在文化产业的地位、作用不断增强，与文化产业知识产权相关的案件大量涌出，在文化产业知识产权纠纷解决机制中的知识产权行为保全制度变得越发重要。但是当前的知识产权行为保全制度存在相应的弊端。一方面，虽然行为保全的目的是最大限度避免损害的进一步扩大，但因为文化产业知识产权纠纷的诉讼周期相对较长，申请人的权益并不能在长时间的诉讼周期下免遭侵害，甚至在最终的判决以后已经无法挽回、弥补。另一方面，由于行为保全尚未经过法庭的实际审判，如果发生裁定错误，就会产生较大的不利影响。与此同时，行为保全的自身特点也不能避免一些文化产业领域的经营者为了追逐一己私利而恶意申请行为保全，这无疑会扰乱整个文化市场的秩序。综上，当这些负面影响不能被有效地消除时，众多文化产业知识产权案件中，当事人使用诉讼保全救济制度的效果就无法得到保障，也就造成了诉讼保全制度尚未在文化产业知识产权案件中得到广泛应用，没有很好地发挥这一制度的价值。

六、司法鉴定技术不健全

司法鉴定是在司法过程中经常需要的辅助工作，是专门的司法鉴定工作人员利用专业技术手段，对司法过程中的需要专业技术的相关问题进行鉴定，鉴定完成后做出专业性鉴定意见的活动。文化产业知识产权诉讼过程中的司法鉴定则是基于知识产权案件自身的复杂性，为了更好地解决知识产权诉讼纠纷过程中所涉及的知识产权的专门技术性问题而进行的实证鉴别工作，是众多文化产业知识产权诉讼中必不可少的过程。

虽然文化产业知识产权纠纷诉讼过程中的司法鉴定仅是通过科学技术的专业鉴定和判断对案件审理过程中的相关法律问题进行辅助支持，并不能直接进行法律评价，但所做出的鉴定意见可为法律评价提供一定的判断依据。随着文化产业在我国经济产业布局中的范围不断扩大，我国文化产业知识产权侵权纠纷的数量也日渐增多，并且文化产业知识产权所涉及的纠纷往往具备相关领域的专业性，很难凭借一般知识进行评判，所以司法鉴定是解决文化产业知识产权纠纷案件中不可或缺的重要手段。

（一）启动过程耗时较长

根据我国当前关于司法鉴定的相关法律法规，在文化产业知识产权纠纷的诉讼过程中只有公检法才具有司法鉴定的资格，而诉讼过程中的当事人并不享有此权利。由于并非当事人直接申请，所以经常发生当事人质疑司法鉴定的判定结果，从而导致诉讼程序拖延较久的问题。而且由于文化产业市场竞争激烈，产品周期较短，所具备的经济价值也具备时效性的特征。如果司法鉴定环节花费了较多时间，就会加重被侵权人的实际经济损失。并且，由于知识产权司法鉴定程序的启动权被司法机关垄断，没有强有力的监督机制，这种模式下容易滋生权力腐败，会影响鉴定结果在案件当事人心目中的信服力。

（二）鉴定结果可信度较低

我国现有的文化产业知识产权案件中的司法鉴定还存在多次鉴定问题：一种情况是对同一鉴定事项同时交给多家鉴定机构进行鉴定；另一种情况是对鉴定结果不认同，需要再次或多次鉴定。不论是什么原因，多次鉴定都会导致鉴定结果的可信度不断降低，很难让当事人真正信服。

在文化产业知识产权诉讼过程中，要通过司法鉴定来确认的大多是对相关领域专业的科学技术类权利的辨别和证明，这种专业领域的技术问题的鉴定本身就存在一定的难度。所以，从常理上分析，适当多次鉴定对更加明确地查明事实确实有比较好的效果。但是如果没有把握好度，就会造成鉴定次数过限，不但会增加人力、物力、财力成本，而且会在很大程度上降低司法鉴定程序的公信力，削弱其作为司法鉴定具有的证明力，造成当事人对鉴定结果的不信任。另外，在司法鉴定结果中很容易出现技术问题与法律问题的混淆。因为鉴定机构并不是专业的辅助司法工作的机构，如果鉴定机构做出的法律意见结果相当于法官做出的法律问题的判断，则属于鉴定结果的越界。在文化产业知识产权诉讼过程中，判定案件是否构成侵权、相关内容是否构成商业秘密及各种权利存在与否均属于法官的判别领域，但由于法官过度依赖鉴定意见和难以理解晦涩难懂的知识产权鉴定结果内容，法官在对鉴定结果的认定过程中很容易受到来自鉴定机构所做出的鉴定意见的干扰。

（三）鉴定过程缺乏有效监督

在我国现阶段的文化产业知识产权诉讼中的司法鉴定，尚未形成从启动到出具鉴定结果的全过程监督，并且伴随多次鉴定的情况发生。多次鉴定会引发多次质疑，当事人乃至社会公众对鉴定意见的信任程度也存在不断降低的趋势。因此，在文化产业知识产权案件中，加强对司法鉴定的监督管理尤为重要。

当前我国文化产业知识产权案件司法鉴定过程缺乏合理且有力的监督主要是由于以下三方面的缺失：第一方面是行政力量的监管缺失，目前还没有完全实现对于知识产权司法鉴定的行政监管。第二方面是缺乏行业协会的监管。行业协会没有通过横向管理的方式促进对知识产权司法鉴定的行为指导和监督，没有实现行业合规管理。第三方面是缺乏司法层面的监督，造成案件当事人和其他相关人对鉴定结果的不信任。

七、严格的司法保护机制尚未形成

（一）司法保护范围创新导向不够明确

文化产业知识产权进行司法保护的最大目的是做好防止侵权行为发生的最后屏障，以及成为打击文化产业知识产权侵权行为的有力武器。所以，根据创新高度、知名程度、独创性高度、技术贡献度相应确定知识产权保护范围与强度，以是否有利于激励创新作为文化产业知识产权司法保护过程中评判保护成效的标准。但因为文化产业飞速发展，文化产品所呈现的种类也较多，并且涉及很多专业领域的技术知识，所以在司法保护过程中很难对该文化产业知识产权的创新性和技术性以及对社会经济发展的价值做出精准且高效的评估，没有通过进一步精简诉讼环节、加快审理节奏、创新审判方式等措施有效提高审判效率，使权利救济更加便捷高效。[①] 同时，对妨碍举证、恶意诉讼、虚假诉讼等行为的惩罚力度较轻，应进一步压缩恶意申请专利、商标等行为的生存空间。争取做到司法资源的优化配置，在司法过程中坚持公平、公正的前提下兼顾效率。

（二）司法保护机制不够完善

在文化产业知识产权侵权案件的司法工作中，尚未推行示范性判决，在坚持个案平衡的原则下发挥指导性案例在审判工作中的指导作用，在文化产业知识产权纠纷的多个领域尚未选择典型个案先行审理，做出示范性裁判，为其他类似案件的审理与尽快审结提供范例。与此同时，对于案件事实复杂、审理周期较长的知识产权侵

---

① 参见夏道虎：《最严格知识产权司法保护的三大核心要义》，载《中国应用法学》2021 年第 4 期。

权案件,未做到先行就权属关系、侵权认定等先决性争议做出判决,以至于不能及时制止侵权行为。随着互联网技术的不断发展,当前我国司法保护过程中还未建立中立评估机制,应充分发挥技术检索、大数据分析等专业平台和技术专家在纠纷处理中的作用,对双方当事人在诉讼中可能存在的优势、劣势,包括权利稳定性等内容进行初步评估,引导当事人理性维权。

第四节　我国文化产业知识产权社会保护存在的问题

一、文化产业知识产权保护意识不足

(一)政府官方保护意识有待提升

众所周知,良好的知识产权保护环境,是保障文化产业领域企业知识产权转化为经济价值、创造效益的前提条件,通过对掌握相关知识产权的文化产业从业企业的智力成果及其物质利益予以承认,鼓励各种创新和革新活动,为文化产业领域的从业主体提供一种安全的技术保护方法,并为这种活动创造良好的法律环境,才能让这个产业继续健康蓬勃发展。[①] 一个有效的文化产业知识产权保护制度体系,对一个国家的文化市场甚至对一个国家的文化软实力来讲是尤为重要的:其不仅能改善国内文化产业领域的商业环境,促进经济的发展;也能在一些层面上反映出一个国家的综合软实

① 参见唐晓晓:《试论我国大中型企业知识产权法律保护意识》,载《知识经济》2007 年第 8 期。

力。[①] 知识产权法是调整创造性的智力劳动而产生的社会关系的法律规范的总称。知识产权法被公认为是促进科学技术和经济发展的有力武器,也是进行国际科学技术和文化交流、发展对外贸易的工具。在我国社会主义市场经济发展过程中,建立知识产权制度,也有利于建立现代企业制度。随着社会主义市场经济结构的不断完善,文化产业在我国经济发展中的地位越来越重要,而文化产业中的核心竞争力在于创意、创新。随着人类社会步入以人工智能、云计算、大数据为标志的数字时代,诱发系统性、结构性制度失衡状态的风险使得对既有制度及其理论基础的纠偏愈加紧迫。[②] 所以,在政府层面提升对文化产业知识产权的保护意识,在全社会倡导保护知识产权的良好氛围,才能为文化产业的蓬勃发展创造良好的发展环境。

但当前我国政府对文化产业知识产权的保护意识仍有待提升。

第一,文化产业相关政策构建缺乏整体性、系统性,这会在一定程度上影响文化产业领域知识产权的保护。在文化领域,关于知识产权保护的很多政策都是在发现侵权现象比较严重后,或者在意识到知识产权保护在文化产业中的重要地位后在较短时间内紧急制定出来的,而且有权制定的单位主体较多,缺乏较好的完整性、协调性、整体性。

第二,我国政府当前对文化产业知识产权的鼓励与保护的力度还不够充分。毋庸置疑,文化产业在人们的物质需求已基本满足的今天极具发展潜力。与此同时,文化产业在促进国民经济健康发展、维护国家文化安全等方面均具有十分重要的意义。但 2021 年国家统计局公布的数据显示,2020 年我国文化产业的产值只占 GDP

① 参见冯晓青:《知识产权法学》,中南工业大学出版社 1997 年版,第 40 ~ 41 页。

② 参见初萌:《知识产权法的人本主义伦理转向——以建构主义的技术观为视角》,载《科学学研究》2022 年第 8 期。

的4.43%左右,尚属于“萌芽产业”,文化产业的创新能力依旧较低,还处在一个产业发展的初期阶段,仍需要继续加大保护和扶持的力度,仍需鼓励文化产业主体去创造新的文化产品。

目前党和政府虽然根据我国现阶段的经济发展现状和产业结构类型出台了一系列文化产业相关政策去推动文化产业从业主体增强创新能力,但对文化产业知识产权的保护力度还比较弱。这个问题主要体现在以下两个方面:一是鼓励机制不明显,难以激发企业创造力。世界上许多文化产业相对发达的国家如法国、英国、澳大利亚、日本、韩国等大都通过政府直接拨款资助、设立专项资金、组建发展基金等方式,来扶持与鼓励文化产业创造新的文化产品。目前,我国政府对一些文化产业也实行了各种扶持补贴政策,但在补贴金额、补贴方式和补贴结构等方面,与法国、英国、澳大利亚、日本、韩国等国家还存在一定差距。此外,我国政府的信贷、税收等相关政策对文化产业发展的扶持力度也不够。二是产业政策对我国文化产业知识产权的保护、支持力度不够,尚未形成完备的文化产业领域的知识产权保护体系,不能有效地激发企业创新能力,也尚未营造出一种在维护自身知识产权的同时主动尊重其他企业知识产权的良好的社会氛围。

第三,我国知识产权制度建立之初,便在短期内建立了分散式的知识产权管理体制,但是,高度分散的体制导致部门之间难以配合,效率低下、资源浪费等问题得不到解决,需要更高层级的统一协调。[①] 政策制定的主体过多,同一领域众多部门插手,制定的产业政策缺乏整体协调性。当前我国文化产业的主管部门主要由中宣部、文化和旅游部、工信部、国家广电总局、国家体育总局、国家新闻出

① 参见易继明:《新时代中国特色知识产权发展之路》,载《政法论丛》2022年第1期。

版署等众多部门组成,容易导致重叠管辖、互相推诿、政出多头等种种不良的现象,这在一定程度上不利于文化产业知识产权得到有效保护。

第四,在文化产业社会保护层面,最后一个问题就是政策变动得过于频繁,文化产业相关政策缺乏稳定性。所有产业政策都是在一定的历史条件下根据现实情况制定的。随着现实情况和历史条件的改变,相关政策也需要随之改变;这个定律在文化产业领域也不例外。只有整个产业各种政策明确,行业内的行为才会更加规范,从业者才敢去投资研发,侵权行为才会相对减少,知识产权才会得到有效的保护。但如果文化产业政策频繁变动,就会使文化产业的管理者和从业者不知如何适应。因此,文化产业相关政策也应在一定的时间范围内保持相对的稳定性。

(二)文化产业相关企业知识产权保护意识不足

当前我国文化产业企业层面对知识产权保护意识的不足主要体现在以下两个方面:

一方面体现在企业对自己本身所享有的知识产权缺乏保护意识。知识产权保护的目的不在于知识产权保护本身,而在于维护其身后隐藏的巨大经济利益。[①] 但当前文化产业领域许多中小型的企业,在创作出文化产品后常常想第一时间把该文化产品推向外界、推广到文化产品消费市场。在急迫地获取经济回报的过程中往往忽视了对自身创造成果、研发产品的知识产权的保护,造成了相关文化产品一经面世,由于其具备较高的商业价值,在利益的驱使下被其他市场竞争者所盗用。而且在文化产业领域很多规模较小的

① 参见赵丹:《企业知识产权保护研究——基于全面推进依法治国的背景》,载《山西财经大学学报》2015年第2期。

企业的职能机构、组织结构都不够完善，往往缺乏专门的知识产权管理部门或者管理人员，客观上也较难做到对自身文化产品知识产权的有效保护。

另一方面体现在企业之间的知识产权侵权行为屡屡发生。如浙江广播电视集团与咪咕视讯之间的侵权纠纷。浙江广播电视集团出品的综艺节目《奔跑吧兄弟（第三季）》具有很高的知名度和影响力，也具有极高的商业价值。侵权方咪咕视讯作为专门的网络视频提供者，在涉案作品热播期间实施侵权行为，并持续了一年多。在浙江广播电视集团向其发送律师函要求停止侵权后，咪咕视讯未予及时回应和停止侵权行为，具有侵权的主观恶意。最终杭州互联网法院认为咪咕视讯侵害了涉案作品的信息网络传播权。法院根据证据的证明效力判定咪咕视讯并未获得涉案作品的信息网络传播权，在其运营的应用平台上向公众提供了涉案10期节目的付费点播服务，使公众可以在其个人选定的时间、地点获得涉案作品，其行为属于信息网络传播行为，构成对浙江广播电视集团信息网络传播权的侵害。该案中，法院综合考虑涉案作品的知名度、制作成本、商业价值以及侵权行为的性质、主观状态、侵权情节和持续时间等因素，确定赔偿数额。首先，涉案作品及其制作者具有很高的知名度和影响力，且制作成本较高，其单期节目信息网络传播权一年授权使用费高达2333.3万元，产品冠名广告费也高达23 634万元，具有极高的商业价值。其次，咪咕视讯作为专门的网络视频提供者，在涉案作品热播期间实施侵权行为，并持续一年多，在浙江广播电视集团向其发送律师函要求停止侵权后，未予及时回应及停止侵权行为，具有侵权的主观恶意。最终法院为弥补权利人的经济损失，惩戒恶意侵权行为，做出了每期节目赔偿49.5万元，10期节目共赔偿495万元的判决。

（三）其他独立个体保护意识欠缺

由于知识产权制度建立的时间不长，全社会的知识产权保护意识薄弱，故进行有关法律的全民教育是一个紧迫的课题，目前我国相当一部分知识产权侵权行为都和缺乏这方面的意识和知识有关。树立起"保护自己知识产权，尊重他人知识产权"的良好社会风尚是一项具有战略性的长期任务。[①] 目前，除从官方角度和文化产业知识产权的相关企业增强保护意识外，其他的独立社会主体应增强对他人的文化产业知识产权的保护意识，不能随意侵犯他人的合法权益。但随着互联网的普及，以及短视频发布的便利性和可以直接或间接转化为经济效益的特性，社会上的个人主体出于故意或者并未意识到侵权的心理导致文化产业知识产权侵权行为频频发生。

当前个人在互联网领域对文化产业的侵权主要分为以下几种情形：

第一种是直接转发或者抄袭他人录制的作品，如北京互联网法院成立后审理的第一案——抖音短视频维权案，并且由这个案件引发了一个新的问题：15 秒的短视频能不能构成作品？最后法院认定涉案短视频的内容非常有创意，完全符合作品的概念，法院认定构成作品，认定抄袭他人的短视频内容也符合知识产权侵权的成立要件。

第二种是在网络上演唱、表演他人的作品，录成短视频。根据《著作权法》第 10 条的规定，著作权人享有表演权，即公开表演作品，以及用各种手段公开播送作品的权利。《著作权法》第 38 条规定，使用他人作品演出，表演者应当取得著作权人的许可，并支付报酬。演出组织者组织演出，由该组织者取得著作权人许可，并支付

---

① 参见王光全：《我国企业知识产权保护的策略分析》，载《科研管理》1997 年第 4 期。

报酬。若未经过许可就应当满足《著作权法》第 24 条规定的 12 种情形之一,即免费表演已经发表的作品,该表演未向公众收取费用,也未向表演者支付报酬,且不以营利为目的。早在 2010 年,歌手汪某与某歌手组合就因为此问题进行了维权行为,并在社会上引起了较大的关注。某歌手组合凭借翻唱歌手汪某的歌曲成名,并且在春节联欢晚会上演唱此歌曲,被歌手汪某起诉维权。虽然这种侵权方式发生的门槛较高,但在我们当下很常见的互联网短视频或者网络直播领域,很多在著作权保护期内的歌曲,网络上有人唱,还得到了打赏,但并没有经过作品权利人的授权许可,这也是一种侵权行为。

第三种侵权行为在当前的互联网平台最为常见,集中表现在把他人的视频进行剪接,也就是将他人完整的影视作品中的部分内容进行片段节选后剪辑成较短的视频在互联网平台上发布。“12426”版权监测中心发布的《2020 中国网络短视频版权监测报告》显示,仅 2019 年至 2020 年 10 月,就累计监测疑似侵权链接 1602.69 万条,独家原创作者被侵权率高达 92.9%。其中热门电视剧、综艺节目、院线电影是被侵权的“重灾区”。在电影领域,视频剪辑最先引起侵权纠纷的是胡某的案例。2006 年,他重新剪辑、配音陈凯歌导演的电影《无极》,制作成了恶搞短片《一个馒头引发的血案》。片方曾给两家传播该视频的网站寄去了律师函,认为其侵犯了《无极》的版权和名誉权。但视频作者胡某称,视频并非出于营利目的,只是个人娱乐和学习。后片方也并未诉诸法庭。在我国台湾地区,影评领域的短视频创作者谷某莫擅长将几小时的电影浓缩成几分钟的故事,如 9 分钟概括完 8 部哈利·波特系列电影。从 2015 年 2 月起,他开始在微博中上传短视频影评,基本保持 2 天一更的上线速度,凭借自己的“几分钟带你看完某某电影”迅速爆红,短短十几天涨了将近一百万个粉丝,每部短片的点击量在 100 万次左右,另外,其在相关的视频网站上也有近百万的订阅量。2017 年 4 月，他被包括电影《哆啦 A 梦》《脑浆炸裂少女》《近距离恋爱》的版权方“又水整合”、影音串流平台 KKTV、迪士尼及车库娱乐等多家公司联合诉上法庭，称他未经授权使用盗版影片改编重制，违反了著作权保护的相关法律，并且部分电影被讲得“一文不值”，影响了片商的收益。虽然大陆当前将这种视频剪辑的侵权行为诉至法院解决的案例不多，但我们打开几个当下主流的短视频平台，就会发现这种现象还是频繁出现的。

二、文化产业行业协会在保护知识产权方面存在的问题

（一）行业协会运行体制机制不健全

行业协会是同行业内自我治理的社会组织。行业协会知识产权治理的界定需要从“治理”概念入手。虽然“治理”这个概念已广泛应用于政治学、经济学、社会学和管理学等诸多学科领域的学术研究，但对治理的界定却有很多不同的观点，甚至存在一些滥用现象。[①] 实际上，治理概念最初是指定义和处理社会问题的决策制定过程。[②] 行业协会是文化产业知识产权保护在社会层面的重要依托；从治理范畴上讲，行业协会知识产权治理属于行业协会外部治理的范畴。行业协会的治理范畴包括内部治理和外部治理两部分。[③] 其中，内部治理主要是指行业协会内部组织架构和制衡关

---

① See Saner R., Toseva G., Atamanov A., et al., *Government Governance (GG) and Inter-ministerial Policy Coordination (IMPC) in Eastern and Central Europe and Central Asia*, Public Organization Review, Vol. 8:3, p. 215 – 231 (2008).

② See Vob J. P., Bauknecht D., Kemp R., *Reflexive Governance for Sustainable Development*, Edward Elgar, 2006.

③ 参见薛美琴、马超峰：《合法与有效：异地商会内外治理的策略研究》，载《公共管理学报》2017 年第 3 期。

系,[①]主要包括内部治理结构、民主选举和民主管理制度以及工作制度等。[②] 当前我国文化产业行业协会的运行体制机制上也存在较大的问题。

首先,我国现阶段的社会组织主要由两层结构构成,也就是政府间组织与经营性非官方组织。而官方、非营利性的行业协会并没有完全脱离政府成为完全独立自主的组织,因此在自己活动的空间和自主性层面上受到了很大程度的限制,也就是来自民间的社会组织更多的工作都是在依照政府的意志,并没有很好地发挥来自民间的力量、汇聚广大群众的智慧去进行社会层面的规制,在文化产业知识产权社会层面的保护效果上仍有待提升。

其次,现有的文化产业行业协会的体制建设不科学、不完善。当前,在文化产业领域政府部门不能依法而科学地将行业的社会管理职能合理地转移给行业协会,所带来的问题就是文化产业不同分支部门的行业协会仍面临很多新的困难,体现在很多方面,如职能定位方面、经费保障方面等。除文化产业行业协会自身"先天不足"外,还缺乏完备的法律保障。一些发达国家的类似行业协会之所以发育得比较成熟,能发挥出较好的行业自我约束功能,运作流程比较规范,并且发挥作用的过程中具备较强的独立性,一个很重要的原因是其具有一套完备的法律体系进行规范和管理。而当前我国文化产业行业协会尚无完备的法律法规保障其发展,这使文化产业行业协会不能在完备的法制框架内运作,受行政权力的干涉过大,始终不能摆脱政策波动和人为因素的影响。与此同时,文化产业相

① 参见杜天骄:《行业协会内部治理内涵研究》,载《青年与社会》2014 年第 12 期。

② 参见倪咸林:《行业协会商会脱钩后完善内部治理研究》,载《行政管理改革》2016 年第 10 期。

关行业协会的地位得不到来自政府和社会的认同，造成了文化产业相关行业协会的职能难以切实落实。这种模式对文化产业相关领域的行业协会乃至其他领域的行业协会发展产生了不利的影响。设立之初的行业协会是由同行业企事业单位和个人自愿组成，为了实现、满足全体会员的共同意愿，按照其章程开展活动的非营利性社会组织。但由于缺乏法律规范，并且自身体制机制不健全，当前我国文化产业相关的行业协会大多数成为"官办"组织，甚至被行政权力所操控。这种模式不利于提高文化产业相关协会在行业和企业中的威望和影响力，也降低了该行业自身在自我管理方面的效能。

（二）行业协会设立数量不够、能力不强

在总量上，现阶段我国文化产业行业协会虽然已经有中国文联、中国记协、中国出版工作者协会、中国演出协会、中国电影制片人协会等，并在各自的行业发挥重要的作用；但随着文化传播媒介的不断丰富和迭代，现阶段我国文化产业的门类日益增多、内容越发健全。根据国家统计局公布的《文化及相关产业分类（2018）》，我国的文化及相关产业共分为 9 个大类 43 个中类 146 个小类，相比 2012 年的《文化及相关产业分类》虽然才经过 6 年就又增添了互联网娱乐文化平台、可穿戴智能文化设备制造、观光旅游航空服务等较多的门类。由此可见，随着经济的不断发展、科技的日益进步，文化产业内容的日趋丰富是当前行业发展的大趋势。所以，依照多年前的文化产业分类现状所成立的文化产业相关行业协会难以满足当前门类丰富众多的文化产业在行业间进行自我约束、自我管理的要求。另一个比较严重的问题是，不但至今仍有文化行业领域内没有健全的行业协会组织，在结构上也存在不合理的现象，如同一领域不同的地域之间也存在差异。不合理表现为沿海地区行业协会发达，西部地区行业协会相对落后；经济发达地区行业协会发达，经济欠发达地区行业协会相对落后;城市文化行业协会发达,农村文化行业协会相对滞后。与此同时,由于管理模式不够科学,“一业多会”和“一地多会”的现象也常有发生。

在数量不足的同时,文化产业相关行业协会的工作能力也较为欠缺。影响行业协会工作能力的重要因素就是行业协会的工作成员。然而,行业协会的性质属于社会团体,这就意味着行业协会专职工作人员的工资、福利保险等全都要靠该行业协会的自身收入解决。在当前我国文化产业相关的行业协会中,并不是所有地区、所有门类的行业协会都具备支付这笔开销的能力。并且由于较多文化产业领域行业协会收入不稳定,该行业协会的工作人员的待遇福利也具有较强的不确定性。因此,这些行业协会对中青年高素质的求职者缺乏吸引力。所以,文化产业相关的许多行业协会的专职人员聘请的都是离退休人员。这些人员虽然在某些程度上存在工作热情高、经验丰富、专业素养好、人际关系广泛等优势,但毕竟年老体弱、精力体力不足,难以承受过重的工作,而且相比年轻从业者,缺乏对新事物的适应能力以及开拓创新的能力。与此同时,文化产业行业协会专职人员来自机关离退休人员多,来自企业的人员少,在联系企业、了解企业、贴近企业、服务企业方面必然会和在企业中有较长工作经验的专职人员存在一定差距。另外,文化产业相关行业协会的经费筹集也是当前工作中需要解决的一大难题。这个问题由几方面原因造成:一是由于科学技术不断进步发展,传播媒介、方式不断迭代升级,行业竞争日趋激烈,较多文化产业企业在激烈的商业竞争中经营状况不佳,一部分企业不能按标准足额缴纳会费。二是缺乏法规和制度等保障机制,行业协会有偿服务的收费没有标准,收费得不到保障,特别是为政府部门提供的服务得不到应有的补偿,或者补偿较少。三是行业协会在社会上的认知度较低,得不到广泛的捐助,行业协会的经费来源渠道较狭窄、单一。这些种种原因造成了文化产业领域的相关行业协会缺乏稳定的收益来维系开支,难以承担高水平管理的经济成本,进一步影响了相关行业协会的工作能力。

(三)行业协会的公信力不足

虽然文化产业领域的众多门类都设立了行业协会,并且行业协会都在或多或少地尽力履行自身的职能,但很多文化产业相关的行业协会的社会地位并不高。并且如前文所述,缺乏制度和法律上的保障,而且当前我国文化产业领域的众多行业协会成立时间不长,尚未在社会上形成自身较强的影响力。种种因素造成了人们对文化行业协会的认同度不高。

除人们对文化产业相关行业协会的认同度不高外,由于行业协会的自身属性是一种民间组织,不属于政府管理机构,而更像政府与企业之间的桥梁和纽带,所以,文化产业相关行业协会并不能像行政管理部门那样直接行使公权力。这就造成了行业协会对文化产业相关企业的影响多偏指导属性,很难具有让文化产业的从业者去遵从的强制力。

文化产业行业协会缺乏公信力,不仅仅是因为文化产业行业协会自身的原因,和我国目前的社会现实情况也有一定的关系。1949年前虽然许多力量尝试民主化改革、改良,但均未取得很好的效果。之后,虽然人民当家作主享有充分的民主与自由,但相比起商品经济更加发达、社会改革更早的发达国家,我国的社会发展还不够充分,在一定程度上限制了文化产业相关行业协会的成长与发展,也造成了我国现阶段的文化产业行业协会尚未对市场造成强大的社会影响力,远未成为一个力量雄厚的利益团体。再加上我国现阶段虽然经济取得了飞速的发展,但发展的不平衡性、不充分性仍是我们当今面对的重要矛盾。我国部分地区尤其是经济欠发达地区的很多企业尚不了解行业协会、不相信行业协会,企业的参与积极性不高,自然也谈不上公信力的问题。

综上所述,文化产业行业协会自身属性、国家对行业协会的支持程度以及当前社会环境等种种因素造成了文化产业相关行业协会要想具备强大公信力仍然任重而道远。

第五节　我国文化产业知识产权的涉外保护存在的不足

一、文化产业知识产权保护的国际形势不容乐观

在经济全球化的背景下,以中国为代表的发展中国家和新兴经济体群体性经济的快速崛起,在国际知识产权领域话语权的提升,给发达国家带来了前所未有的竞争压力。因此,发达国家开始在全球范围内推行知识产权强保护政策,并将知识产权的国际规则和相关制度的建立标准推到了新的高度,以便继续维护由发达国家建立起来的文化产业知识产权国际规则及发达国家在利益分配中的核心地位。其中,以美国为首的主要发达国家,凭借他们在文化产业知识产权保护领域的突出优势和垄断地位,在进行文化产业知识产权保护时,通过实施更为严格的文化产业知识产权保护制度,执行有利于他们的技术标准,阻挠先进技术的扩散,并打着保护本国文化产业知识产权的旗号,奉行单边主义、霸权主义和强权政治。与此同时,发达国家通过妥协、摒弃分歧等政治外交手段,形成"强强联合"的优势;通过双边、多边谈判等方式实现单边主义,在文化产业知识产权问题上威胁、制裁部分发展中国家;通过分化发展中国

家之间的利益关系,阻止发展中国家形成利益集团。[①]

以美国为例,特朗普政府执政后采取“美国优先”策略,为进一步维护自身利益和优势地位,采取贸易保护政策,通过文化产业知识产权保护措施遏制中国的发展。2017 年 8 月 14 日,美国时任总统特朗普要求美国贸易代表办公室(United States Trade Representative,USTR)对中国开展“301 调查”[②],以中国文化产业知识产权保护不力这一问题作为挑起中美经贸摩擦的重要借口。与此同时,美国意图用“美国治理”取代“全球治理”,利用美国国际贸易委员会(United States International Trade Commission,USITC)实施的“337 调查”[③]规则,对在进口的产品中侵犯美国知识产权的行为和进口贸易中的其他不公平竞争进行调查,发起文化产业知识产权贸易壁垒,打击发展中国家和新兴经济体拓宽海外市场的努力。2018 年,我国就有 84 家企业成为“337 调查”的被告,涉及中国企业案件数为 19 件,占 2018 年美国“337 调查”的 38%,专利侵权成为中国企业涉案的唯一案由。可见,文化产业知识产权问题已经超越协议和规则问题本身,逐渐成为大国利益博弈的重要工具,[④]国际形势不容乐观。

---

① 李俊、崔艳新:《新一轮国际知识产权规则重构下的中国选择——以知识产权强国建设为目标》,载《知识产权》2015 年第 12 期。

② “301 条款”源于美国 1974 年修订的《贸易法案》(The Trade Act of 1974)第 301 条,广义上这一概念包括美国《1988 年综合贸易和竞争法》第 1301 ~ 1310 节的内容,其主要在于对违反贸易协定,或采取“不正当”“不合理或歧视”行为、政策和措施的国家,实施报复性制裁措施。

③ “337 调查”是指美国国际贸易委员会根据美国《1930 年关税法》(Tariff Act of 1930)第 337 节及相关修正案进行的调查。

④ 参见李玲娟、温珂:《新形势下我国知识产权全球治理环境挑战与对策建议》,载《中国科学院院刊》2019 年第 8 期。

二、文化产业知识产权国际规则"碎片化"

目前,在全球文化产业知识产权治理体系中,形成了以关注文化产业知识产权保护、条约管理与发展问题为主的世界知识产权组织主导下的多边国际条约和以关注文化产业知识产权规则执行、实施与争端解决为主的世界贸易组织框架下的TRIPs协定的两大全球知识产权治理制度。在TRIPs协定中,明确了世界范围内对于文化产业知识产权保护的最低限度。一些发达国家(如美国、英国等)则以与发展中国家签订国际条约的方式达到使发展中国家实施超出TRIPs协定要求标准的行为,从而进一步提高文化产业知识产权保护规则的标准,扩大其范围。例如,2016年2月4日,美国、日本等12个国家在奥克兰正式签署了《跨太平洋伙伴关系协定》(Trans-Pacific Partnership Agreement,TPP)。虽然特朗普担任总统后,美国退出了TPP,但是在2018年2月,特朗普政府向美国国会提交了其任期内的首份贸易政策报告,报告的纲领之一就是谈判出更好的贸易协定,继续推动《北美自由贸易协定》(North American Free Trade Agreement,NAFTA)和《美韩自由贸易协定》的重新谈判,通过各种新的协定维护美国的利益。更高标准的文化产业知识产权规则要求,正在文化产业知识产权强国的推动下,逐渐嵌入全新的知识产权国际规则中。[①]

进入后TRIPs协定时代,文化产业知识产权全球治理体系正呈现"碎片化"发展趋势。发达国家为了寻求自身利益的最大化,开始在多边主义的框架之外寻求双边或区域话语平台,只与利益诉求相

① 参见李玲娟、温珂:《新形势下我国知识产权全球治理环境挑战与对策建议》,载《中国科学院院刊》2019年第8期。

同的国家合作,对其他国家形成壁垒,并以此逼迫发展中国家制定与本国经济水平、发展现状、科技水平不相适应的知识产权强保护规则,整个国际规则呈现“碎片化”的状态。例如,2010 年,美国、日本、欧盟等文化产业知识产权强国与地区绕开世界贸易组织和世界知识产权组织等既有的国际知识产权事务协调框架,进行小范围磋商,将主要发展中国家排除在外,达成了《反假冒贸易协议》(The Anti-counterfeiting Trade Agreement, ACTA),旨在取得更为高效的商标保护以及打击网络盗版,阻碍发展中国家的快速发展。

进入 21 世纪以来,美国与智利、哥伦比亚、墨西哥、摩洛哥、阿曼、巴拿马、秘鲁、越南等多个发展中国家签订了自由贸易协议,实现了这些发展中国家文化产业知识产权保护水准的实质提高。美国通过多边或双边协定不断分化发展中国家,使国际规则更加“碎片化”,并在此过程中逐步掌握了文化产业知识产权国际规则制定的话语权。[①]

为适应经济全球化的发展,我国也加入了《巴黎公约》《伯尔尼公约》《保护录音制品制作者防止未经许可复制其录音制品公约》《世界知识产权组织版权条约》《世界版权公约》《保护非物质文化遗产公约》等。特别是于 2012 年 6 月 26 日在北京召开的保护音像表演外交会议上通过了《视听表演北京条约》,这是第一个在中国诞生的国际知识产权条约,旨在保护表演者对其录制或未录制的表演所享有的精神权利和经济权利,该条约已于 2020 年 4 月 28 日生效。该条约的颁布极大地提升了中国文化产业知识产权事业的国际地位和北京在国际社会的知名度,但仍未打破以美国为首的西方国家

① 参见陈绍玲:《建设知识产权强国:我国面临的国际规则挑战及对策》,载《南京社会科学》2016 年第 7 期。

主导知识产权国际规则的地位。

三、文化产业知识产权海外纠纷应对不足

中国文化“走出去”战略是我国在21世纪初所提出的文化建设方针。自党的十八大以来,国家正在不断推出促进文化“走出去”的政策,《关于加快发展对外文化贸易的意见》《关于进一步加强和改进中华文化走出去工作的指导意见》《关于加强“一带一路”软力量建设的指导意见》等文件先后印发,统筹对外文化交流、文化传播和文化贸易。在中国文化企业和文化产品走向海外的同时,知识产权随之越过一国的边界,从而极易产生文化产业知识产权涉外侵权纠纷。但是,我国文化企业遭遇海外知识产权纠纷后的应诉率偏低,即使应诉,胜诉率也极低。这一问题的存在,主要有以下几个原因:

第一,专业人才欠缺。当前,我国正面临文化产业精英人才与涉外知识产权专业人才严重短缺的现实。截至2020年年底,我国共有律师51.3万人,但是能承担高端涉外法律业务的律师并不多,进入中华全国律师协会涉外律师人才库的仅有2200人,[①]特别是能够同时精通文化产业知识产权、熟悉国际规则的专业人才更是凤毛麟角。

第二,经济成本难以承担。文化产业知识产权海外纠纷除缺少优秀的专业人才外,海外诉讼审理周期长,聘请律师、出国应诉等带来的高额经济成本等都可能让国内文化企业选择放弃应诉。

第三,文化企业自身态度的消极。我国不少“走出去”的文化企业在面对国外文化企业的知识产权侵权指控时通常都持有一种消

---

① 参见张法连:《加快涉外法治人才培养体系建设》,载《人民日报》2021年3月25日,第19版。

极应对的态度:要么因为不了解国外的知识产权法律规定与诉讼制度或者担心巨额的诉讼成本而放弃应诉,要么虽然应诉,但缺乏胜诉的信心和决心,敷衍了事,不努力准备。

四、文化产业涉外知识产权司法中存在的问题

(一)文化产业涉外知识产权侵权法律适用有误

相较于一般的侵权案件,涉外知识产权侵权案件呈现案件类型新颖、审理难度较大、社会关注度高的特点。因为涉外知识产权侵权案件不仅涉及权利人与侵权人之间私主体的利益冲突,而且与国家的文化、经济与科技事业发展等公共利益相关,在法律适用方面面临复杂的利益考量。[①] 2011 年 4 月 1 日开始施行的《涉外民事关系法律适用法》第 50 条规定,"知识产权的侵权责任,适用被请求保护地法律,当事人也可以在侵权行为发生后协议选择适用法院地法律"。该条冲突规范规定了两个重要的连结点——"被请求保护地"和"当事人意思自治"。具体而言,除非当事人意思自治选择适用法院地法,涉外知识产权侵权责任适用被请求保护地法。该条规定体现了我国充分尊重知识产权"地域性"的整体态度,也顺应了当前国际上调整涉外知识产权侵权的一般趋势。但是,在我国文化产业涉外知识产权侵权案件审判实践中,法院对该条规定的适用存在一些错误:

第一,缺乏运用冲突规范选择法律的思维。2000 年《最高人民法院关于审理和执行涉外民商事案件应当注意的几个问题的通知》中指出,各级人民法院必须"严格依照冲突规范适用处理案件的民

---

① 参见石俭平:《我国涉外知识产权侵权法律适用规则及其完善——以涉外知识产权审判实践为视角》,载《电子知识产权》2019 年第 11 期。

商事法律,切实做到依法公开、公正、及时、平等地保护国内外当事人的合法权益"。《涉外民事关系法律适用法》设专门一章来规定涉外知识产权纠纷的冲突规范,以此强调在适用法律前要运用冲突规范来选择法律。但是,在我国文化产业涉外知识产权侵权案件的司法实践中,有的法官并没有运用冲突规范来选择法律适用,而是将涉外案件等同于一般国内案件,直接依据我国知识产权实体法进行裁判。

第二,对《涉外民事关系法律适用法》第 50 条规定的理解有误。有些法官虽然有运用冲突规范选择法律适用的思维,但是在司法实践中因缺乏对《涉外民事关系法律适用法》第 50 条规定中"被请求保护地"的理解与界定,经常将"被请求保护地法"、"法院地法"与"侵权行为地法"混淆,将"法院地"理解为"被请求保护地"。例如,在保罗·弗兰克实业有限责任公司诉芦淞区蓝海鹏泰百货商场商标权权属、侵权纠纷案中,法官认为本案原告向湖南省株洲市中级人民法院起诉,故本案适用中华人民共和国法律。[①] 或是未经说明直接将中华人民共和国视为"被请求保护地"。[②] 还有直接将"侵权行为地"认定为"被请求保护地"的情形。[③]

第三,错误适用法律规范。在《涉外民事关系法律适用法》颁布实施后,仍有法院适用《民法通则》(已废止)第 146 条"侵权行为的损害赔偿,适用侵权行为地法律"来选择法律,跳过《涉外民事关系法律适用法》第 50 条规定的"特别知识产权侵权法律适用规范"而根据该法第 44 条的"一般侵权责任法律适用规范"来选择法律,如

---

① 湖南省株洲市中级人民法院民事判决书,(2017)湘 02 民初 288、324 号。

② 广州知识产权法院民事判决书,(2018)粤 73 民终 35 号。

③ 参见彭思彬:《涉外知识产权侵权法律适用规范释义与完善》,载《武大国际法评论》2020 年第 4 期。

在陈某某与阿迪达斯有限公司侵害商标权纠纷上诉案中，在一审法院已经适用《涉外民事关系法律适用法》第50条选择法律的情况下，二审法院认为该案是涉外商标侵权纠纷，双方当事人均选择适用中华人民共和国法律，根据《涉外民事关系法律适用法》第44条的规定，该案适用中华人民共和国法律作为处理纠纷的准据法。[①] 涉外案件中法律适用的不准确，将不利于实践中文化产业涉外知识产权侵权纠纷的顺利解决，也不利于保护国内外文化产业的长远发展。

（二）文化产业涉外知识产权诉讼存在司法不平等

与本国文化产业知识产权相比，文化产业涉外知识产权跨越地域限制，进入其他国家或市场，往往能够为权利人带来更大的商业价值，但也更容易发生侵权纠纷。由此引发的文化产业涉外知识产权诉讼，相关裁判结果必定会影响涉案文化企业的市场份额和盈利能力，法院可能出于对本国文化企业的利益保护而做出有偏向性的裁判，这表现为司法地方保护主义。

那么，中国法院在审理文化产业涉外知识产权案件时是否会更加保护本国文化企业呢？外国学者哈里斯认为，中国法院为了避免损害被告（中国）企业的正常运行或造成裁员，往往很少判决高额赔偿金。而国内普遍认为中国司法平等保护中外知识产权。例如，最高人民法院知识产权审判庭时任庭长宋晓明指出，在涉外案件的处理中，人民法院严格实行国民待遇原则，公平、合理、依法、平等地保护中外当事人的合法权益。[②]

① 新疆维吾尔自治区高级人民法院民事判决书，(2016)新民终80号。

② 参见刘羡：《最高法：近年来受理涉外知识产权案件逐年上升》，载中新网，https://www.chinanews.com.cn/gn/2018/04-19/8495197.shtml。

但是,通过对我国司法实践中具体案件判决结果的分析,外国文化企业原告在法院判决金额、法院判决胜诉比例和被告承担受理费比例等指标上的表现显著优于中国原告。此外,法院层级越高,外国文化企业原告诉求金额越高,相比本国原告得到的判决结果越有利;地区经济对外资外贸的依赖程度越高,外国文化企业知识产权诉讼也越可能得到有利的判决结果。[①] 所以,中国法院对外国文化企业不存在司法歧视,甚至可能存在优惠待遇,反而对本土文化企业可能存在司法不平等对待。

① 参见龙小宁、李娜:《涉外知识产权诉讼存在司法歧视吗?——基于知识产权一审案例的实证研究》,载《经济科学》2021年第3期。

第五章　域外知识产权保护制度及其对我国的启示

第一节　域外文化产业知识产权协调保护的研究梳理

现代版权制度兴起的十八九世纪，正是西方工业化发展如火如荼的时候，成长的资产阶级和世俗贵族亟须他们自己的文化食粮。工业化的文化逻辑深深影响了文化商品的形式，于是衍生出“大众文化”。大众文化是标准化、低成本的艺术复制品，如电影和音乐，这些文化产品被大量生产和发行，逐渐形成了产业化。

随着西方工业化和大众文化的进一步发展，文化产业这一术语被马克斯·霍克海默和西奥多·阿道尔诺在20世纪40年代提出，二人在《启蒙辩证法：哲学断片》中专门写了题为《文化工业：作为大众欺骗的启蒙》的论文来展开对文化工业的批判。他们指出，文化工业是凭借现代科学技术手段大规模复制、传播商品化了的、非创造性的文化产品的娱乐工业体系。资本主义的生产制度下，已经建立了一个“文化产业”，在这个产业中，制造业、商业和文化艺术已经融合在一起了。[①]

英国最早提出“创意产业”的概念，认为它以创意为核心，以知识产权科技、文化为依托。布莱尔政府于1997年成立了文化、媒体和体育部，建立了英国最早的创意产业政府机构，建议业界通过知识产权发展创造就业机会和财富。1998年，英国创意产业专责小组首次对创意产业进行了定义，即创意产业是“源于个人创造力与技能及才华、通过知识产权的生成和取用具有创造财富并增加就业潜力的产业。”

文化经济学之父大卫·特罗斯比把创意产业定义为“文化产品和服务，其中包括在生产的创造力，体现了某种形式的知识产权，传达一种象征意义”，同时认为“文化产业”的含义也必须在一定程度上包含“创意产业”和“版权产业”的意义。[②]

英国经济学家约翰·霍金斯认为，创意产业是“洋葱圈”式的模型：核心圈是内容，它是版权产业最核心的中间圈层，包括故事、音乐等；知识产权主要是围绕内容的价值和运用；而合同契约则是连接权利人和其他商业人之间的纽带。他认为文化“创意产业”的产品均在知识产权法的保护范围内，知识产权有专利、版权、商标和设计四大类。知识产权法的每一种形式都有庞大的工业与之相应，加在一起“这四种工业就组成了创造性产业和创造性经济”。正是这一概念将“创意产业”和“知识产权”两者紧密联系起来。[③]

美国国际知识产权联盟采用“版权产业”的概念来计算这一特定行业对美国整体经济的贡献，可以看出该产业与知识产权保护关系密切。

美国学者、律师阿诺德·劳茨克以数字化时代为背景，通过对

---

① 参见[英]保罗·杜盖伊等：《做文化研究——索尼随身听的故事》，霍炜译，商务印书馆2003年版。

② See David Throsby, *Economics and Culture*, Cambridge University Press, 2001.

③ Howkins J., *The Creative Economy*, Penguin Press, 2001.

美国商标法和版权法的解读,指出版权和商标的买卖与授权是文化创意产业经济中最有价值、最具上升空间的一部分资产。①

虽然上述关于内涵和外延的讨论主题是文化创意产业,但基于文化产业与文化创意产业的同一性,相关研究对文化产业同样适用。这些理论都揭示了知识产权保护对于一个包含了文化、创意、知识产权的产业的发展的重要意义。

文化产业与知识产权联系紧密。“文化产业”的含义在一定程度上包含“创意产业”和“版权产业”的意义,包含创造力,体现了某种形式的知识产权,传达一种象征意义。版权和商标的买卖与授权是文化创意产业经济中最有价值、最具上升空间的一部分资产,文化创意产业通过贸易和知识产权获利,对国家经济发展,文化软实力的提高具有积极作用。

西方知识产权理论未能认识到创意产业中知识增长的开放性,过度限制的知识产权制度降低了创造性生产者之间的互动,从而减少了创意资源。② 文化具有综合性,文化的发展需要博采众长,日、美、德等国纳百家之长,其文化才能日益强盛。因此,知识产权保护应全球化,冲破地域封锁,方能鼓励创新,一国的文化才能更加繁荣。随着全球贸易的繁荣,物理国界已被打破,盗版是版权行业发展的主要威胁,因此,文化产业知识产权的保护应立足全球制度,以保护出口商的利益。③

---

① 参见[美]Arnold P. Lutzker:《创意产业中的知识产权——数字时代的版权和商标》(第 2 版),王娟译,人民邮电出版社 2009 年版。

② See Siva Vaidhyanathan, *Copyrights & Copywrongs: The Rise of Intellectual Property & How It Threatens Creativity*, New York University Press, 2003.

③ Montgomery L. & Potts J. D., *Global Reuse and Adaptation in the Creative Industries-Three Further Arguments Against Intellectual Property Based on Lessons from China*, Birkbeck Conference Paper on IP & Innovation in Creative Industriesn, 2010.

文化产业通过个人创造力、技能和天赋，开发和利用知识产权创造财富和就业潜力。核心版权产业包括电影业、唱片业、图书、杂志和报纸出版，以及计算机软件和互动游戏。但是，这些行业的进一步发展不是加大一国的知识产权保护力度就可以解决的。因为版权产业正在全球范围内进行贸易，文化产业知识产权的有效保护的关键在于每个国家在这方面的价值观与美国趋同，正如美国的电影和音乐产业的游说影响了当前的国际保护框架一样。中国的版权立法虽符合亚太经济合作组织（APEC）规范，但执行水平低下，中国的版权执法不应只合于法，还应合乎社会、政治、经济、习俗、地理、历史等因素。

但是，知识产权制度的全球化将导致西方文化居于统治地位，会威胁甚至摧毁一国的本土文化。知识产权制度全球化使本土文化得到充分开发的同时，也会有充分的禁止剽窃制度进行保护，这将导致世界知识产权组织所担忧的："如果在文化遗产上创建私有财产权，相关的文化群体和文化产业都不能在此基础上进行创造和创新……过度保护文化表达，使能作为基础的作品越来越少……后果将是，这些知识产权制度会在某一历史时刻冻结文化，拒绝给予传统人民以当代的声音。"①

网络时代对文化产业知识产权的保护提出了新要求。技术进步导致私人复制泛滥，导致知识产权侵权新危机的出现，产品的数字化引发的新问题，可以新古典主义与版权经济激励作为理论基础，通过扩大版权保护范围来解决。当然，这不适用于所有国家，因

---

① Sherman B. G. & Wiseman L., *Towards an Indigenous Public Domain?*, in Lucie Guibault & P. B. Hugenholtz eds., The Future of the Public Domain, Kluwer Law International, 2006.

为文化产业的保护力度还取决于一个民族的文化。分析软件盗版数据表明,发达国家、高收入国家盗版率低,集体主义文化国家盗版率高。

2015 年,卢西亚诺·格洛尔在报告中指出,在动荡中的乌克兰,知识产权的垄断性已经所剩无几。文化产业依靠国家财政扶持、文化产业知识产权法、地区文化的模式是可以和谐发展的,但是局部会有冲突,因为大型的文化企业正在抵制这种模式。既要服务社会公共利益,又要保护创造者权益的情况下,Luciano Gloor 建议用“公共版权许可证”来取代“保留所有权利”,并结合“CopyWrong”,将所有的知识免费为社会公众开放,只有与这些知识不同的“CopyWrong”才能获得垄断权。[①]

英国在保护文化创意产业方面,通过主管创意的文化、传媒和体育部,协调政府和社会各界力量介入文化创意产业,并通力合作。如召集网络中介和权利持有人就社交媒体、用户上传平台、数字广告、在线市场进行立法。

综上所述,我国和外国在如何保护文化产业知识产权方面的研究成果颇丰,但是没有突出文化产业中知识产权的特殊性。通过梳理研究发现,文化产业知识产权保护主体以企业为主,保护客体以著作权为主,保护方式以消极保护为主;我国文化产业存在地区发展不平衡、原创能力不足、国际竞争力小等问题;我国文化产业知识产权保护存在立法位阶低、行政保护为主、司法保护权限不足等问题。本书正是基于这些文化产业与其他产业的显著区别进行的研

---

① See Luciano Gloor, *Developing Cultural and Creative Industries in Ukraine*: *Conclusions Drawn from the History of the Economy of Culture and Actual Trends*, Conference of Cultural Activists, 2015.

究,研究的基础就从宽泛的知识产权落实为文化产业中的知识产权。

多数文献中提到的保护方法研究从制度、体系、机制不一而足,但多着眼于一般企业的知识产权保护,提出的也是普遍适用的解决对策,没有明确文化产业知识产权保护的各主体、内容、保护方式等之间的关系。而本书的研究正是要从主体、内容、保护方式等各种因素的关系入手,明确这些因素相互影响、相互作用形成的协同机制。作为文化产业核心的知识产权,特别是著作权,引起了社会的广泛关注,各国都制定了相应的法律法规来保护以著作权为核心的文化产业知识产权,各个权利主体也纷纷采用各种方法和措施保护自己的知识产权,以获取市场竞争优势和取得更大的经济收益。由于我国文化产业起步较晚,相较于其他国家和地区,在文化产业知识产权保护上稍显薄弱,笔者选取一些具有代表性的国家,如美国、日本、法国、英国等,分析其文化产业的发展历史及现状,探索其文化产业知识产权保护制度的先进之处。

第二节　美国文化产业知识产权保护制度及其对我国的启示

一、美国文化产业介绍

“版权”在英文中译为“copyright”,意为抄录或复制之权,准确地说是对复制的独占权。版权和专利、商标一样,也是一种垄断权。通常,版权所有者在法律上享有对其作品的独占和垄断权利,可进行复制并以任何方式予以改编或销售而取得报酬。美国的版权制度最为突出的特点是奉行“商业版权”说,认为版权的实质是版权人享有的排除他人为商业目的而复制其作品的专有权利。除合理使用外，在一定期间内，他人未经许可不得予以印刷、出版、改编、广播或以其他方式进行复制。在美国的传统观念上，版权实际上是一种财产权，是对作品本身这种特殊商品的所有权，因而也是一种知识产权。

一般而言，文化产业是指通过工业化和商品化方式进行的文化产品和文化服务的生产、交换和传播。它是生产文化产品和提供文化服务的行业，主要目的是满足人们的文化需求。从本质上讲，文化产业是以版权产业为核心的提供精神产品的生产和服务的产业。[①] 而美国的文化产业又被称为版权产业。美国的文化产业是在第二次世界大战以后进入快速发展阶段的，其之所以快速发展，很大程度上是因为美国将先进的科学技术运用于文化产业。这使美国版权产业的出口规模巨大，面向多个国家，其出口规模在美国各行业中排名第一。不仅如此，美国不仅发展核心产品，更打造了完整的文化产业链条，其不断进行纵向和横向的扩展延伸，使美国文化产业成为全球文化产业的“领头羊”。在此产业链中，美国的某些衍生产品的价值甚至超过了核心商品。另外，近几十年来，美国出于经济目的开发了大量文化资源，广泛运用各种经济政策，并且广泛吸纳高技术人才，促进文化产业创造出更多的商业价值，从而使文化产业为美国经济做出巨大的贡献。

美国与大多数国家不同的是，其文化产业的发展模式以市场为导向，充分发挥市场在资源配置中的基础性作用，实现文化资源自由合理的流动和配置。同时，美国政府机构中没有设立专门管理文化事业的部门，甚至在官方发布的文件和法律条文中也找不到像

① 参见凌金铸：《版权与美国文化产业》，载《皖西学院学报》2005 年第 3 期。

“文化政策”这样的字样。其主要通过法律法规和政策杠杆管理文化产业及提供政策性支持。[①] 虽然美国没有出台成文的文化产业政策,但该政策贯穿于政治、经济、社会等各种领域的政策之中,美国拥有体系健全、层次清晰的文化产业政策体系,这种体系规范着文化产业发展的道路,对美国文化产业起着引导的作用。[②] 同时,美国是世界上第一个进行文化立法的国家,其为其文化产业提供一个自下而上的宽松的外部环境和严格的法律保障体系。[③]

美国是世界上较早实行文化产业知识产权保护制度的国家之一,早在1790年,美国国会便正式颁布了第一部统一的联邦版权法,这也是美国文化产业知识产权的第一部法律。其立法精神在于通过对作者的授权,保护和促进作者从事创作的积极性,从而达到促进文化发展和科学进步的社会目标。因此,美国版权法的发展目标是以发展社会文化事业和经济利益为核心的。[④] 当然,在这样的立法精神的影响之下,美国政府在制定版权法等文化产业相关法律时,并不以保护作者的个人利益为宗旨,而以保护本国版权业的整体利益,促进本国文化事业和经济发展为目标。因此,美国版权法等文化产业相关立法都具有鲜明的美国特有的实用主义色彩。

美国的文化产业发展起步于20世纪30年代,到第二次世界大战前初步形成了文化产业的基础框架;20世纪80年代以后,美国凭借知识、技术等方面的优势,开始向世界其他国家进行文化产品的

① 参见郑迎平:《读解美国文化产业》,载《科学决策》2006年第9期。

② 参见张晓娟、马静:《美国文化产业政策及对中国的启示》,载《长安大学学报(社会科学版)》2013年第4期。

③ 参见郑迎平:《读解美国文化产业》,载《科学决策》2006年第9期。

④ 参见包海波:《试析美国版权战略与版权业发展的互动》,载《科技与经济》2004年第6期。

倾销;20 世纪 90 年代,美国出现了一批超级跨国文化产业集团,引领全球文化产业的发展。进入 21 世纪,美国文化产业的总体实力和竞争优势无人能及。[①] 美国的文化产业快速发展,其文化产品输送到世界各地,位居美国贸易出口之首。2010 年文化产业成为美国国民经济支柱型产业,文化产业的产值约占国民经济生产总值的 20%,这使其文化产业国际竞争力指数高达 71.44,排名世界第一,[②]并且占有世界文化市场 43% 的份额,在某些国家甚至能占到当地文化市场 70% ~80% 的份额。美国文化产业每年的经营总额高达数千亿美元,[③]文化产业在美国国民经济增长和就业方面发挥了重要作用。

在美国每年的商品出口项目中,视听产品的出口额总是名列前茅,它为美国国内提供了大量的就业岗位。美国 2014 年文化产品出口以电影为主,2016 年美国电影海外票房 183 亿美元,是国内票房的 1.6 倍。[④] 谈及美国电影,不得不提及好莱坞。截至 2010 年,作为世界上最大的电影生产基地,好莱坞占据了世界电影市场 92.3% 的份额,掌握了全球 50% 的票房收入。[⑤] 2017 年全球电影票房 406 亿美元,好莱坞电影公司贡献占比超过 80%。2018 年美国票房更是创下了有史以来最高的年度总票房纪录。[⑥] 好莱坞的影片内容无不包

---

① 参见杜森、刘岩芳:《中美文化产业发展现状比较与启示》,载《边疆经济与文化》2013 年第 9 期。

② 参见李浩然:《美国文化产业的发展经验及其启示》,载《人民论坛》2020 年第 3 期。

③ 参见杨利英:《美国文化霸权对中国文化建设的警示》,载《理论与改革》2010 年第 1 期。

④ 《2017 年美国影视剧行业电影视听产品进出口情况及海外用户规模分析》,载中国报告网 2017 年 10 月 20 日,http://market.chinabaogao.com/chuanmei/10202a91H017.html。

⑤ 参见王京宇、赵云云:《美国文化产业探析及对我国文化产业发展的启示》,载《东方企业文化》2013 年第 11 期。

⑥ 参见宋海东、杨学聪:《美国文化产业发展及对我国的启示探讨》,载《现代商贸工业》2019 年第 29 期。

含美国的价值观念和意识形态，其塑造了一批“英雄”角色，并且在影片的制作过程中积极加入创新技术，向世界展示自己的大国实力，在全球范围内吸引了一大批狂热粉丝。当然，美国影片的创作不仅宣传使用美国文化，还将其他国家或地区的文化与美国文化相融合，创作成新的作品，并向全球输出。

另外，随着文化产品的生产规模扩大、制造成本增加，美国大多数企业仅在国内保留核心创作，将录音制品、拷贝等具体制作工业迁移至资源丰富、成本较低的欠发达国家。此行为不仅帮助欠发达国家增加了就业，而且使美国的文化产品输入更容易被其他国家所接受。并且，美国在全世界建立跨国公司，面向世界发展自身文化产业。美国已经控制了世界上75%的电影节目生产和制作。[①] 这极大程度上促进了美国文化产业的快速发展。

出版业是美国文化产业中占比最高的行业，其主要包括图书、报纸以及杂志。自20世纪60年代开始，美国一些大型商业出版社开始逐步发展为跨国出版集团，出版社的年营业额平均增长率为3.5%，年度图书与期刊的出版种类、销售量与营业额均居世界前列。美国全国共有专营书店年营业额在20亿美元以上。[②] 2017年美国图书出版品种达到19.8万种，总销售额约为262.3亿美元。在2017年美国出版业销售收入中，有47.8%源于纸质图书。并且，2017年恰逢美国大选，特朗普凭借大选造势，出版了大量涉及选举的书籍，特朗普的上台在美国图书出版业形成了“特朗普效应”，极大地助力了美国出版业的繁荣发展。[③] 另外，值得一提的是，由于互

---

① 参见杨利英：《美国文化霸权对中国文化建设的警示》，载《理论与改革》2010年第1期。

② 参见郑雄伟：《美国榜样》，载《资本市场》2013年第8期。

③ 参见宋海东、杨学聪：《美国文化产业发展及对我国的启示探讨》，载《现代商贸工业》2019年第29期。

联网技术的发展,美国不仅拥有纸质书籍出版业,还产生了有声书行业。2017 年美国有声书销售收入高达 9.7 亿美元,其中,实体有声书销售收入为 1.5 亿美元,可下载有声书销售收入为 8.2 亿美元。①

美国电视广播业的发展大不如其影视业和出版业。但是,从 2016 年开始,电视广播业开始呈猛烈发展趋势。在广播领域,美国主要传播媒体被 50 家大公司控制,其中美国广播公司、哥伦比亚广播公司和全国广播公司三家联网,覆盖全国 90% 以上的观众。② 在电视领域,2016 年美国有线电视产业总体规模达 2300 亿美元,占美国娱乐产业产值的 33% 。2017 年美国有线电视公司在美国本土的产值就高达 1080 亿美元,其中不包括体育产业的产值。③ 美国的电视广播业也算占据了美国文化产业的半壁江山。另外,美国唱片业也很发达,截至 2010 年,全球唱片市场总值 385 亿元,美国市场就占了 37% 的份额。④ 并且,由美国公司生产的音乐唱片已占世界音乐唱片消费总量的 60% 。⑤ 美国的文化产业大大促进了其经济快速增长。

二、美国文化产业知识产权保护制度

与美国主要文化产业相关的政策、法规见表 5－1。

---

① 参见宋海东、杨学聪:《美国文化产业发展及对我国的启示探讨》,载《现代商贸工业》2019 年第 29 期。

② 参见郑迎平:《读解美国文化产业》,载《科学决策》2006 年第 9 期。

③ 参见宋海东、杨学聪:《美国文化产业发展及对我国的启示探讨》,载《现代商贸工业》2019 年第 29 期。

④ 参见王京宇、赵云云:《美国文化产业探析及对我国文化产业发展的启示》,载《东方企业文化》2013 年第 11 期。

⑤ 参见郑雄伟:《美国榜样》,载《资本市场》2013 年第 8 期。

表5-1　与美国主要文化产业相关的政策、法规

类型	文件名称	发布年份	内容
国家层面	《美国联邦宪法》	1787	世界上第一部成文宪法
	《美国联邦宪法(第一修正案)》	1789	规定了公民有言论、出版、集会的自由
针对文化产业的行业性法律	《无线电法》	1927	加强对无线电广播的管理和限制
	《通信法》	1934	成立联邦通讯委员会,负责商业广播电视台网和非商业电台、电视台
	《国家艺术及人文事业基金法》	1965	创立致力于艺术和人文事业发展机构
	《博物馆图书馆事业法》	1984	主要负责对全美博物馆进行资助
	《联邦电信法》	1996	对1934年《通信法》进行重大修改,从根本上放宽对广播、电视所有权的限制
	《国际广播法案》	1994	宣传美国价值观念,并将美国广播管理委员会升格为联邦政府机构实体
	千禧年《数字版权法》	1998	提出了"避风港原则",成为世界多国普遍采用的一个侵权责任认定规则
与文化产业密切相关的法律	《美国联邦税法》	1917	对非营利性团体和机构免征所得税,减免资助者税额

资料来源:张晓娟、马静:《美国文化产业政策及对中国的启示》,载《长安大学学报(社会科学版)》2013年第4期。

(一)美国的版权国内立法保护制度

美国政府在立法上非常重视知识产权保护,当然也包括对以著作权为核心的文化产业知识产权的保护。美国著作权的保护早在1787年公布的《美国联邦宪法》中就有规定,"国会有权保障著作家和发明人对各自的著作和发明在一定的期限内的专有权利,以促进科学和实用艺术的进步”①。1789 年,《美国联邦宪法(第一修正案)》发布,该修正案规定:“为了促进科学与实用技术的进步,国会有权赋予作者和发明者各自的对其文字作品和发明享有一定期限的专有权。”另外,该修正案还规定:“国会不得制定关于下列事项的法律:确立一种宗教或禁止信仰自由;限制言论自由或出版自由;限制人民和平集会的权利以及向政府请愿的权利。”这一规定保证了人们言论自由这一重要文化权利,也为美国文化产业发展的环境奠定了基础。② 1790 年美国国会通过了第一部《联邦著作权法》,当时的版权保护范围仅限于书籍、地图、期刊。1834 年美国最高法院以判例的形式确定了未出版的作品受到普通法的保护。经过 1835 年、1870 年和 1909 年的修订,美国著作权法的保护范围已扩大到所有作品。虽然美国出台了系列版权法修正案,但其早期的版权制度是有条件的、低水平的版权保护制度。之所以这样说,原因有二:一是美国版权法规定只保护著作权人的财产权,不保护其精神权利;二是作品必须经登记注册才能被保护。此外,美国长期实行版权保护的单边主义,一直不对外国的作品提供版权保护。为了实现这一目标,美国通过“印制条款”来阻止外国版权产品的流入,强化对本国的印刷业的保护。这项条款后来被移植到美国的版权法中,一直沿用到 1986 年。③

著作权国际保护条约《伯尔尼公约》于 1886 年制定和签署。围绕《伯尔尼公约》,美国政府在 19 世纪晚期逐渐形成了关于著作权

① 李平:《美国知识产权制度的历史发展》,载《求是学刊》2002 年第 2 期。

② 参见张晓娟、马静:《美国文化产业政策及对中国的启示》,载《长安大学学报(社会科学版)》2013 年第 4 期。

③ 凌金铸:《版权与美国文化产业》,载《皖西学院学报》2005 年第 3 期。

保护的立法体系和政策制度。那时,大多数国家都制定了著作权法,且都是围绕《伯尔尼公约》进行的。美国著作权立法的重大事件发生在 1965 年至 1976 年。1976 年美国国会的立法机关开始对著作权法进行重新修订,与《伯尔尼公约》相一致,规定无论发表与否,均实施单一的联邦版权法保护,但是到了 1978 年 1 月 1 日该修订后的著作权法才正式实施,这是因为那时美国还不是《伯尔尼公约》的成员方。直到 1989 年美国才正式成为《伯尔尼公约》的成员方,1990 年美国的著作权保护法才与《伯尔尼公约》更加接近。此后几十年,美国根据国家利益和企业竞争的需要,对版权法陆续进行了大大小小 26 次修改与完善,其中,最重大的一次修改发生在 1998 年。随着科技的进步与发展,为适应信息数字化技术的发展,美国国会通过了千禧年《数字版权法》,这次修改使电影、录音录像制品、计算机软件等与科技密切相关的内容成为版权客体,并且日益成为美国版权法保护的重点内容。此后的其他修改既涉及著作权的实体规定,又包括著作权的管理等程序,逐渐扩大了保护范围,加大了保护力度。①

总之,1976—2000 年,为了适应时代的发展需要,加强知识产权保护,美国先后出台了一系列重要的法律法规。1980 年颁布实施了《计算机软件保护法》,美国成为最早采用版权制度来保护软件知识产权的国家。1982 年通过了《反盗版和假冒修正法案》,加大了对电影和录音制造业版权侵权行为的处罚力度。1984 年颁布的《唱片租赁修正法案》,授予了唱片版权所有人禁止唱片出租的权利。1990 年《视觉艺术家权利法》颁布后,对“作品完整权”的保护有了直接的

---

① 李平:《美国的知识产权保护制度对我国的启示》,载《世界经济与政治论坛》2003 年第 2 期。

法律依据,其也是第一部对精神权利进行保护的立法。1992 年通过的《关于版权侵权的刑事处罚的修正案》将重罚范围扩展到所有零售价超过 2500 美元的版权作品,并且降低了重罚对复制数量的要求,同时更加严厉制裁重犯或再犯的侵权行为。1997 年通过了《反电子盗版法》,严厉打击了受版权保护的知识产权和假冒商品的在线交易。1998 年通过的《版权期间延长法案》,将个人著作权保护期从著作人终生及死后 50 年延长至 70 年,公司版权保护期从 75 年延长到 95 年。同年,正式制定并启用的《跨世纪数字版权法》是目前影响最大的版权保护法规,其修改了"权利穷竭"原则,增加了录音制品的公开表演权,同时对版权管理信息的法律保护的权利内容和法律责任做出了全面的规定,扩展版权人的权利内容,实现数字化版权保护。此外,值得一提的是,2005 年颁布了《家庭娱乐和版权法》,加大了对图书知识产权保护的刑事处罚力度。

通过对版权法不断地进行修改和完善,美国的版权制度已经成为世界各国版权法中规定较为详尽、立法技术较高、保护范围较为广泛的知识产权制度之一。当然,除文化产业相关的法律法规外,美国政府还通过制定和执行其他领域的法律,如《反托拉斯法》《保护中小企业法》《美国联邦税法》《合同法》《公司法》《反垄断法》《消费者权益保护法》等,来保护文化产业自由竞争,限制垄断,为生产主体的正常生产经营创造外部条件,以此建立健全的文化产业法律体系,保障文化产业的发展,进而推动美国经济快速发展。

通过立法和政府相关政策的出台,美国逐渐构建了比较完善的著作权保护制度。首先,明确了著作权的概念、对象和取得条件。美国著名作家和辞典编纂家韦伯斯特主张一个人根据自己的理想所创作的作品应当作这个人的财产看待,而应当受到保护,这样才能鼓励每个人源源不断地创作。①

从版权保护的对象来看，版权法诞生之初，其权利客体仅限于文字印刷作品，但之后随着技术的进步和社会的发展，版权权利客体呈不断扩张趋势。现行版权法列举了七类应受保护的作品：(1)文字作品；(2)音乐作品，包括歌词；(3)戏剧作品，包括音乐；(4)哑剧和舞蹈作品；(5)绘画、雕刻和雕塑作品；(6)电影和其他视听作品；(7)录音制品。当然，这种分类并非绝对的。1980年，美国修订版权法时，认定计算机程序为一种特殊作品而给予版权保护。因此，版权法保护的范围非常广泛。除一般作品的作者外，像电影制片人、歌曲作家、雕刻及雕塑家、歌唱家、漫画家、舞蹈与建筑设计家，以至电子计算机程序的设计人都受版权保护。依照美国版权法的规定，作者可以许可他人使用自己的作品，其版权可以继承或转让。由此，其他合法使用人、继承人和受让人同样受到版权保护，如使用人根据原作引申创作的演绎作品也是版权保护的对象。

作品取得版权保护必须具备两个条件：第一，具有原创性，即作品为作者本人的独立创作，而非抄袭、剽窃；第二，必须以物质形式将作品固定下来，即必须将作品固定在一种有形的形式中，如书籍、磁带等。

其次，有明确的著作权登记和保护期限制度。美国注重版权的登记注册。虽然现行版权法中"自动保护主义"已经取代了"注册保护主义"，版权的取得不以注册为要件，但未向版权局注册和呈交过样本的作品，如果权利受到侵犯，版权人向法院提起侵权和损害赔偿的诉讼时，不能证明版权归属，很难赢得侵权诉讼，版权得不到最有效的保护。

---

① 何家弘主编：《当代美国法律》，社会科学文献出版社2001年版。

关于版权保护的期限,美国前后几部版权法变化较大。1790年美国版权法规定的保护期限只有14年,其后在版权法的发展历程中,美国的版权保护期限一再延长。1831年美国国会将受联邦版权保护的作品保护期限延长到了42年,1909年修订版权法时又将保护期延长到56年。1976年《版权法》采纳《伯尔尼公约》对作品保护期限的计算方法,即版权保护期限为作者有生之年加死后50年。作者死后,版权通常归于他的家属。保护期限届满后,作品便进入公有领域,成为公共财富,任何人都可以自由使用而不再受版权保护。

之后,美国和欧盟竞相延长版权保护期限。1993年,在欧盟将版权保护期延长为作者有生之年加死后70年后,美国的版权权利人开始游说国会,要求将美国的版权保护期延长。1998年美国国会终于通过了《版权扩张法》(Sonny Bonno Copyright Term Extension Act)。该法在保留1976年《版权法》基本内容的基础之上,将已有作品和将来作品的保护期都延长了20年,即版权保护期限为作者有生之年加死后70年,并且从历史上来看这已经是美国第11次延长版权保护期了。

最后,美国通过立法强化知识产权内容的保护。目前,大多数国家把版权分为经济权利和精神权利两部分。其中,经济权利是指作者和传播者通过授权他人以某种形式使用作品,从而依法获得经济报酬的权利。而精神权利主要是指作者通过创作表现其个人思想情感与品格的作品,从而获得名誉和维护作品完整性的权利。在美国的版权制度中给予作者的经济权利绝对保护,但是没有法定权利形式保护作者的精神权利。尽管没有立法保护,但也不影响精神权利的形成与发展,在实践中,美国另辟蹊径以破坏名誉罪、违反正当竞争罪等方式对作者的大部分精神权利进行保护。①

(二)美国版权保护的救济制度

“无救济则无权利”,权利总是和救济相互依存、相辅相成的,没有救济的权利是“镜中花、水中月”,有名无实。权利体系中的实体权利和程序中的救济权利是相互依靠的。版权实体权利和救济权利也是如此,如果版权人的专有权利在受到他人侵犯时,法律中的救济制度缺位,会出现他们的损失无从得以补偿、利益也无从得以保障的现象。在文化产业相关知识产权受到侵害时,美国秉承“无救济则无权利”的知识产权保护理念,实施了较为完善的知识产权救济制度。版权救济制度一般分为公力救济和私力救济两种。公力救济是指当权利人的权利遭受侵害时,利用司法、行政等公权力对其实施的一种救济,其中行政救济主要针对版权侵权同时损害社会公共利益的行为,行政机关主要承担调解人的角色,最终还需要司法救济兜底。由于公力救济的事后性和高成本性,版权人已不再满足于仅仅通过公力救济的方式保护自身的专有权利,他们转而寻求其他的救济途径,也就是私力救济。这里主要分析美国公力救济制度中的三种救济制度。

首先,民事救济制度。在美国,版权民事救济的手段比较多,实践中司法系统也在一系列的判例中不断创造新的手段,这主要得益于其“救济优于权利”的救济模式。美国版权法中规定的救济方式主要有法院禁令、侵权物品扣押和处置、损害赔偿和侵权所得、诉讼费和律师费等。总体来看,版权侵权的民事责任承担形式可以分为两类:第一类:排除类民事责任。从民事责任承担形式来看,法院禁令属于此类,旨在使物权恢复到原始圆满状态。法院禁令是指法院

① 参见冀宗儒:《民事救济要论》,人民法院出版社2005年版。

以发布禁止令的形式要求侵权人停止侵权。美国的法院禁令有临时性禁令和永久性禁令两种类型,前者较为常见。第二类:补偿类民事责任。赔偿损失是典型的补偿类民事责任,旨在弥补权利人因权利受到侵害而遭受的损失。按照美国版权法的规定,侵权诉讼中版权人可以要求侵权人赔偿其实际损失以及侵权人从侵权行为中获得的但未计入前述实际损失中的利润。

另外,美国版权法还规定了"诉讼费和律师费":"在任何根据本法规定进行的民事诉讼中,法院可酌情决定允许由除美国或美国官员以外的任何一方当事人负担全部诉讼费。除本法另有规定外,法院还可裁定将合理的律师费作为诉讼费的一部分偿还胜诉一方。"① 此举有效避免了由于维权成本过高许多版权人放弃司法救济的问题,充分体现了对版权人利益的尊重。

其次,刑事救济制度。美国是世界上较早采用刑法对版权进行保护的国家之一,经过不断发展和完善,其在版权保护方面起到了越来越重要的作用。美国版权刑法保护的重要特点是刑罚日益严厉。具体表现在三个方面:一是将适用较重刑罚(25 万美元罚金与 5 年监禁的这一法定定刑幅度)的范围从录音、影片或音像作品扩展到所有零售价超过 2500 美元的版权作品;二是降低了对适用较重刑罚的法定刑幅度的侵权复制品数量的要求,只需复制或发行 10 份以上,就可能受到严厉的制裁;三是对重犯或再犯的侵权行为规定了相对更为严厉的制裁措施,最多可判处 10 年监禁。

最后,行政救济制度。从美国的版权管理体制来看,版权局只负责宏观政策的制定而没有直接司法和执法权力,版税仲裁法庭只

① 参见美国《版权法》第 550 条。

负责仲裁版税支付等问题也没有直接司法和执法权力。[①] 美国版权法律对版权人提供的行政救济极其有限，究其原因，在于其认为版权实质上还是私权利，行政权力不宜过多地介入。

（三）美国版权保护的限制制度

版权的地位和效力并不是完全不受约束的，对版权进行适当限制同样是必须的，其中比较典型的是合理使用制度和非自愿许可制度。

1. 合理使用制度

合理使用，在英文中译为"fair use"。版权法调整作者、所有者、使用者和公众之间的作品创作和利用关系，版权制度的最终目标在于促进人类文明的发展和进步，而不是对知识的个人垄断。因此，在保护作者和版权所有者合法权利的同时，美国版权法又确立了"合理使用原则"，以对版权进行一定的限制。只要是基于正当理由使用作品，如使用目的合法、使用分量对原作的影响不超过合理的限度，就不构成对版权的侵犯。

合理使用原则是由判例长期演进而逐渐成文化的，美国早期的版权法对此并无规定。在侵权诉讼中，被告大都以其为合理使用作为抗辩手段。美国现行《版权法》第 107 条首次对合理使用原则明确加以规定，"为了作品的评论、注释、新闻报道、教学（包括为提供教学使用的大量复制、学习或研究）等目的，对于版权作品的合理使用（包括以影印、唱片或任何其他方式的复制）并非侵害版权"。合理使用是对作品的自由使用。合理使用原则是法律对版权所有人权利最重要而且应用最为广泛的限制。这一原则富于弹性，能够针对各种具体案件灵活运用。总的说来，个人学习、研究以及教学需

---

① 傅勇：《中美网络版权侵权制度之比较研究》，湖南大学 2012 年硕士学位论文。

要利用作品包括其他非营利性的复制并不构成对版权的侵害;文艺批评、学术创作对他人作品的引用,包括直接引用或者将原意改写等可以不经过原作者的许可,但应注明出处并不超过一定的字数限制。

实践中,判断使用是否合理要视具体的案件事实而定。比如,2000 字的文章里引用了 200 字可能是不合理的,而20 000字的文章中引用了15 000字反而是合理的。根据美国现行版权法的规定,法院在判定对某作品的使用是否属于合理使用时,应当考虑四个因素:(1)使用的目的与性质,包括此种使用是否属于商业性质抑或出于非营利的教学目的;(2)版权作品的性质;(3)被使用部分的数量及其与整个作品关系的重要程度;(4)使用对版权作品潜在市场或价值的影响。

2. 非自愿许可制度

版权的非自愿许可制度是相对于权利人和使用人通过自由协商并签订许可使用合同的自愿许可而言的。“非自愿”一词在法律层面的意思是指不依当事人意愿的行为或状态,因而这种许可所允许的使用行为不需要经过权利人的同意。在版权领域,非自愿许可一般有两种情形:第一种是使用者直接依据法律规定而使用,无须经过申请和审批程序,即学理上所称的法定许可,又称“法定许可证”制度。它是一种在特定情况下可以不经许可而只需向版权人支付报酬的作品使用制度,因为这种许可并不是版权人主动追求而是由法律直接规定的结果,所以对他们来说是非自愿的。本质上来说,他人这种未经许可而使用作品的行为对版权人行使版权专有权利构成了限制。第二种是随着美国文化产业的快速发展,《伯尔尼公约》对版权保护的原则和标准已经不能满足美国的需求,因此美国同时采取双边和多边机制,积极谋求美国文化商品的国际市场。

一方面,美国利用《1988年综合贸易和竞争法》中的“301条款”,迫使其他国家加强对美国版权的保护。美国要求外国政府对美国的知识产权提供有效保护,保障依赖于知识产权保护的美国人公平而有效地进入外国市场。同时美国利用“337条款”阻止侵犯美国的知识产权的产品进入美国市场。[①] 另一方面,从1986年开始,美国利用《关税与贸易总协定》乌拉圭回合谈判的机会,全力推动建立与国际贸易相关的国际版权保护体制和机制。

1994年WTO成员达成了TRIPs协定,其独特之处在于它将知识产权的对象都纳入了国际贸易法的体制之中,迫使许多过去对国际知识产权保护没有兴趣的国家不得不接受它,否则就不能享受WTO带来的自由贸易的利益。因此,TRIPs协定已成为最具影响力的知识产权保护协议。[②] 其达成和实施,不仅使美国日益强大的文化产业获得了广泛有效的国际保护机制,而且大大提高了国际保护版权的整体水平,为越来越多的国际版权纠纷建立了争端解决机制。[③] 进入21世纪,随着科技水平的进一步提高,美国认为TRIPs协定已经不能满足其知识产权国际保护的要求,于是开始寻求新的知识产权国际保护的机制,双边自由贸易协定被认为是一种有效的途径。美国可以避免在WTO框架内达成共识的困难,更有可能让对方接受美国的知识产权保护标准,同时有利于强化美国在国际知识产权规则制定中的领导权。[④] 另外,当前知识产权国际保护的主要法规,如TRIPs协定、《世界知识产权组织版权条约》等是在以美国为首的西方国家坚持下纳入国际法体系的。美国还曾经成功地

---

① 杨红军:《浅析美国知识产权国际保护》,载《法制与社会》2008年第26期。

② 包海波:《试析美国版权战略与版权业发展的互动》,载《科技与经济》2004年第6期。

③ 刘锦宏、闫翔:《透析美国文化产业发展战略》,载《经济导刊》2007年第9期。

④ 杨红军:《浅析美国知识产权国际保护》,载《法制与社会》2008年第26期。

运用 WTO 仲裁机制打破了加拿大维护本国期刊市场的贸易保护壁垒,也曾多次试图在 WTO 的谈判中将自由贸易的范围扩大到包括电影电视节目在内的娱乐服务领域。[①] 美国文化产业的知识产权保护制度,为其文化产业、经济快速发展在国内提供了较为完善的法律保障,在国际开辟了广阔的发展空间。

三、美国文化产业知识产权保护制度对我国的启示

美国文化产业的发展得益于其健全的版权保护制度,其为产业发展提供了强大驱动力。而版权作为文化产业的核心价值和知识产权的重要组成部分,已经渗透到新闻业、广播影视业、网络服务业、广告业、计算机软件业等各行各业。对此,美国将版权管理交由版权局负责,并且美国绝大多数涉及版权物品和版权服务的公司均设有独立的机构直接从事版权作品的销售并获得收入,版权保护意识渗透到创作、生产、销售、转让的各个环节。同时,版权产业的就业规模已经接近制造业和保健与社会救助业。[②] 此外,美国为了强调知识产权的重要性,制定了版权法,并直接将其文化产业称为版权产业。我国文化和旅游部可以统筹规划并组织实施文化产业的发展战略,推动文化产业快速发展。同时,应当建立健全文化产业法律体系,大力推进知识产权保护,高度强调知识产权的重要性。我国文化产业的涵盖范围大,涉及领域广,若没有完善的法律法规进行规制,文化产业的发展将会受限。因此,我国需要制定一部文化产业法,加之其他配套的法律法规、司法解释等规范性文件,形成符合我国国情的文化产业法律体系。

---

① 李雅丽:《美国文化产业:发展模式、产业政策及启示》,载《海南金融》2018 年第 11 期。

② 郭建磊:《对美国文化产业的反观与思考》,载《东岳论丛》2006 年第 1 期。

虽然近年来我国对于知识产权的重视和保护程度逐渐提升，并且为了适应技术的发展，我国于 2020 年修正了《著作权法》《专利法》等与知识产权保护相关的法律，但我国对于保护知识产权、打击盗版侵权的力度仍需加大。互联网的发展给传媒产业的知识产权保护，特别是版权保护，提出了许多新的课题。为了适应数字网络和科技的发展，我国应当加大行政执法力度，发挥海关、工商、公安、扫黄打非、文化和旅游等部门联合打击侵权盗版行为的优势，形成综合治理、齐抓共管的反盗版态势；大力惩治和打击重点地区、重点行业的假冒和盗版行为，情节严重者，一经查实，不仅要给予权利人足够的赔偿，甚至可以作出惩罚性赔偿，还要加大对侵权者的刑事处罚力度。同时，需加强版权的司法保护。[①] 将仅在北京、上海、广州设立的知识产权法院普及到全国各地的省会城市，同时建立独立的知识产权审判制度。除此之外，还需要激发权利人自我保护的法律意识，使尊重他人版权、保护自己版权的意识深入人心。版权所有者、经营者应进一步增强版权保护意识，积极合理地运用法律手段与技术手段打击侵权与盗版，[②]以此保护权利人的合法权益，维护文化市场秩序，促进我国经济的发展。

在国际上，美国对知识产权的保护始终坚持实用主义的态度，根据不同的经济阶段而采取不同的保护措施，以促进国家经济利益为出发点和最终目标。我国在知识产权战略制定和实施的过程中，一定要牢牢把握住国家利益的最终目标。在面对外国的打压和针锋相对时，我国应当坚定自己的知识产权保护立场，并且应当

---

① 韩洁、谭予涵、谭霞等：《美国版权战略对我国文化产业发展的启示》，载《重庆工商大学学报（社会科学版）》2009 年第 1 期。

② 韩洁、谭予涵、谭霞等：《美国版权战略对我国文化产业发展的启示》，载《重庆工商大学学报（社会科学版）》2009 年第 1 期。

尽量争取在 TRIPs 协定的框架范围内解决国际知识产权争端。此外，美国之所以要推行如此高水平的知识产权国际保护，是因为其需要通过此来维护其知识产权的国际竞争优势地位，使其成为世界上最具创新活力的国家。由此可知，我国应当建立健全并认真落实有效的知识产权保护制度，保护权利人的自主创新成果，政府通过政策扶持和资金支持，鼓励权利人创造创新产品，保障其享有知识产权。同时，充分发挥企业作为创新主体的优势地位，提高我国企业的国际竞争力，从而促进我国在国际贸易中取得更多利益，推动我国综合国力的提升。

在文化产业知识产权协同保护机制的法律框架方面，中美两国均已形成了相对完整的法律保护体系，其中美国经过了从 1790 年《联邦著作权法》、1790 年《版权扩张法》到 2000 年《数字版权法》的发展，我国则以全国人大常委会颁布的《著作权法》为核心，以国务院颁布的《计算机软件保护条例》和《信息网络传播权保护条例》等行政法规、国家版权局、原信息产业部颁布的《互联网著作权行政保护办法》等部门规章、最高人民法院颁布的若干司法解释为必要补充，共同形成版权法律制度体系。然而与美国的文化产业知识产权协同保护机制相比，我国还存在一定差距。

首先，完善版权保护立法。美国版权保护的一个突出特点就是立法的不断完善。以美国 1790 年颁布的第一部版权法为例，至现今实行的 1976 年《版权法》，100 多年的时间内经过了大大小小 26 次修改，与当时的时代相适应，版权保护范围不断扩大，使版权人的利益得到最有效的保护。我国应该借鉴美国经验，吸收发达国家的立法成果，引进知识产权的国际条约的规范与标准，不断完善我国版权保护制度的建设。

我国当前的版权法律制度还存在一个操作性不强的问题，很多法律条文形同虚设,在司法实践中也令审判人员感到无所适从。目前,我国版权法律制度在立法结构方面存在篇章结构设置排列不合理的问题,以《著作权法》为例,该法中将“权利的限制”作为第二章“著作权”中的一节,给人的感觉是权利限制只是专门针对著作权而将邻接权排除在外,然而事实并非如此。因此,在立法过程中,应当着重考虑可操作性,少用原则性、提倡性、宣示性的条款,相关权利义务的设定力求列举或者具体明确,内容清晰并具有针对性。另外,在作品保护范围立法上应当适当扩大,著作权保护期限也可以适当延长。

其次,在我国文化产业知识产权救济保护的行政和司法保护救济制度中,可以借鉴美国的做法,坚持以“知识产权是私权”的理念,在文化产业知识产权受到侵害时,应当利用民事救济制度和刑事救济制度,加大对著作权的保护力度。在民事救济方面,提高侵权损失赔偿额度;在刑事救济方面,加大刑事罚金和延长有期徒刑期限,以此来威慑和打击知识产权侵权者,切实保护知识产权权利人的合法权益。同时,基于版权实质上还是私权利,我国应当减少知识产权方面的行政执法,尽量使行政权力不要干预和介入知识产权。

最后,实行版权侵权的间接责任制度。在司法实践中,很多时候版权人追究直接侵权人的责任以实现对权利的维护几乎不具有可行性,于是确立版权侵权间接责任制度变得迫切而必要。目前,我国规定了网络服务提供商、侵权软件持有者、故意规避技术保护措施的技术服务人员等几类特殊主体构成共同侵权并承担相应责任的情形,可以认为这是我国版权法律制度对版权侵权间接责任规则的简单尝试。但事实上,我国法律明确要求为他人的版权侵权行为承担间接责任的主体也仅限于上述几类,对于其他没有直接实施版权侵权行为的第三人究竟在何种条件下需要为他人的直接侵权行为承担责任的问题,很多情况下无法在我国版权法律制度中找到明确的解答,这就可能导致法官在法律适用中出现困难,影响判决的统一性。[①] 因此,为了更充分地保护版权人的利益,使其遭受侵权损害时能通过追究与侵权行为有密切关系的第三人的责任得以补偿,借鉴美国司法救济制度间接责任制度,在未来版权立法中系统确立版权侵权间接责任规则,这不仅是司法实践中版权保护的内在要求,也符合法理中公平和正义的原则。

第三节　日本文化产业知识产权保护制度及其对我国的启示

一、日本文化产业介绍

对于文化产业,联合国教科文组织提供的官方定义是:按照工业标准生产、再生产、存储以及分配文化商品和服务的一系列活动。《文化蓝皮书:国际文化产业发展报告》为“文化产业”所下的定义引用率最高,即通过从事广告、出版、媒体、唱片、演艺和电视及无线电广播等业务的公司而生产文本、符号及相关产品的产业。文化产业一般称为“内容产业”,在有些资料中,也叫作“创造产业”[②]。在堪称“文化资源大国”的日本,有关文化产业的定义认可度较高的是日本经济产业省(2009)做出的解释,即“在逻辑或者语言上比较难以说明‘想要传达的’,通过影像、音响等技术向他者传递,这就是所谓

① 参见左佳:《完善中国环境规制法律体系研究》,辽宁大学 2009 年博士学位论文,第 76 页。

② 赵政原:《日本拓展文化产业的经验及对我国的启示》,载《世界经济与政治论坛》2008 年第 5 期。

的内容，而内容的制作和流通这种商务形式则构成了内容产业”。在日本数字内容协会发布的数字内容市场规模与内容产业结构变化调查研究中，内容产业被进行严格划分：一是按照承载媒介，可划分为由通过各种各样的传媒进行流通的影像、音乐、游戏、动画、声音、文字等表现要素构成的信息内容和以数字形式记录下来的数字内容；二是按照类别，可划分为影像业（电影、动漫）、音乐业、游戏业、出版业（图书、教材、动漫书刊）等。从发展态势来看，动画片、游戏软件与音乐产品在目前的日本最具国际影响力与竞争力。①

日本的文化产业范围广泛，主要包括音乐业、电影业、动漫产业、出版业、广告业、体育用品产业、旅游业、教育培训业等方面。日本是全球第二大音乐市场，每年能创造出近30亿美元的产值。2006年国际唱片产业协会的统计数据显示，日本唱片产值达到4619亿日元，约合34亿美元，占全球唱片市场的17%，仅次于美国的36%；在亚洲，日本则占据了85%以上的市场份额。据日本文化科学研究所的调查，2010年日本音像光盘的市场规模达到了5307亿日元。日本电影业于2008年在宫崎骏的带动下攀上了历史新高峰，本土片占有高达59.5%的市场份额。2009年，受美国金融危机和全球经济衰退的影响，日本虽然出现了发达国家中最为严重的经济危机，但电影市场却继续保持了2008年的良好状态。2010年，日本电影市场进一步扩大，全年票房总额超越2207亿日元。

动漫产业若计算其他相关衍生产品，已经成为日本的第二大营利性支柱产业。日本的文化消费占家庭消费的30%左右，是世界上报纸发行量和个人订报量最多的国家。根据《文化软实力蓝皮书

---

① 参见汪帅东：《日本文化产业发展模式及路径研究》，载《东北亚外语研究》2018年第3期。

(2010)》的调查结果,日本2010年市场规模为12.641万亿日元,占全球市场份额的10%。2010年,日本经济产业省发布了《面向文化产业立国》白皮书,提出将文化产业作为21世纪的主打产业,进一步促进了文化产业的繁荣发展。从数字出版的具体实践来看,2010年以后日本数字出版市场规模逐渐扩大,数字出版产业逐渐形成。据日本《电子书籍商业调查报告书》统计,日本电子出版市场规模在2010年达到了656亿日元(约合35亿元)。其后,电子出版市场规模则逐年增长,2012年之后,速度明显上升。根据2015年的最新统计,2013年日本电子出版市场总额为939亿日元(近50亿元),2014年在此基础上又增长了35.5%,达到1266亿日元(近65亿元)。[①]而据日本出版科技研究所发布的数据,2015年日本电子出版市场总额已增长到1502亿日元(约75亿元)。与此形成对比的是,日本传统纸质出版物市场开始萎缩。据《日本经济新闻》报道,2015年日本纸质出版物的销售额连续11年下滑,较2014年同比减少5.3%,其中图书销量为7419亿日元(约371亿元),杂志为7801亿日元(约390亿元)。可见,2010年以后,日本数字出版发展迅速,产业规模不断扩大,逐渐成为日本出版产业的重要力量。

二、日本文化产业知识产权保护制度

(一)日本文化产业知识产权保护国内立法制度

日本对文化产业知识产权的保护从19世纪初开始。1869年,明治政府颁布了《出版条例》,规定"出版图书者受官家之保护,享有专卖权"。出版之前,出版者需将"书名、著述者、出版人的姓名、住

① 参见《日本2015纸质出版物市场创最大减幅》,载日本经济新闻中文网,http://cn.nikkei.com/industry/tradingretail/17997-20160126.html。

所、书中之大意”等向政府提出,并规定这种专卖权的保护至作者去世时为止。我们可以看出,政府对专卖权的保护是有条件的:第一,必须是官家许可的出版物;第二,出版者必须要履行提交审查、交纳样本等手续。由此看来,作为日本著作权法先驱的《出版条例》并不是现代意义上的著作权保护,政府限制言论自由的目的多于保护出版物的目的。

1875 年,日本对《出版条例》进行了修订。重大的修订是将给予出版者的“专卖权”确定为 30 年,并明确规定这种“专卖权”叫作“版权”。版权的概念在日本被正式使用就是从该条例开始的。“版权”一词是福泽谕吉从英文 Copyright 翻译过来的。但是,当时版权的含义仍旧停留在版本专卖的水平上,与现代意义上的版权还相去甚远。

到了 1887 年,日本的著作权制度才发生了深刻的变化。明治政府颁布了《版权条例》,它把《出版条例》中属于版权保护的部分完全独立出来,在版权产生方式上一改之前的“特别许可”方式,改为“登记”方式,并且延长保护期限至作者去世后 5 年或登记后 35 年止。此后,明治政府又陆续颁布了《脚本乐谱版权条例》和《摄影作品版权条例》,扩大了版权的保护范围。1893 年,明治政府将 3 部条例合为一体,以《版权法》的形式公之于世,这是日本的第一部版权法,从此结束了条例时代。

1899 年,日本加入了《伯尔尼公约》,颁布了《著作权法》,与国际著作权法保护制度接轨;随着现代科学技术的飞速发展,到了 20 世纪 60 年代,日本对《著作权法》进行了全面的修订,颁布了现行《著作权法》。与旧法相比,延长保护期限至作者去世后 50 年,权利范围增加了邻接权部分,废除了“翻译权 10 年保留”制度(著作权人在其作品出版 10 年内无人翻译出版,翻译权自动消灭),强化了著作权中人身权的内容。

进入21世纪后，为顺应文化产业的发展，日本于2004年制定新的立法《促进文化产品创造、保护和有效利用法》保护文化产业。本法规定的“文化产品”是指电影、音乐、戏剧、文艺、照片、漫画、动画片、游戏软件及其他文字、图形、色彩、声音、动作、影像或它们的组合物，或通过计算机提供它们的程序，由人的创造性活动产生的有关教养或娱乐范围内者。本法的主要内容为：第一，基本理念方面，规定关于推进促进创造、保护及有效运用文化产品对策，必须以贡献于提高国民生活，有利于创造多样性文化作为核心而开展。第二，国家、地方公共团体及从事文化产品制作人的责任义务方面，规定加强联合及法制上的措施。第三，基本对策方面，规定推进关于领先技术研究开发。第四，振兴文化产品经营的必要对策方面，规定构建为谋求通过多样方法筹措资金制度、侵害权利救济措施。

为确保文化产业的繁荣发展，21世纪以来日本又陆续修改了著作权法。2003年以后日本对其著作权法进行了重大修改，主要包括以下内容：

1.2003年著作权法修订。第一，将电影作品的保护期从发表后50年延长到发表后70年。著作权法上的电影作品不仅是剧院用的电影，还包含动画、影像、游戏软件的影像等。第二，规定在侵害著作权时，设置更加充实的司法救济制度。在侵害著作权的诉讼中，需要权利人自己举证侵害行为和损害额，但是，伴随作品利用形态的多样化产生举证困难。为减轻权利人举证责任，规定对侵害行为在被告否认原告主张是侵权物时，被告负有明示自己行为样态的义务，对损害额可以将侵权人销售侵权物数量作为权利人销售量，该数量乘以每件正品单位利益计算损害额。第三，为应对教育信息化，扩大未经作者许可可以利用作品的范围。例如，在上课过程中学习使用、进行复制,在远程教育中开展教材公众信号传播,在利用国际互联网考试中进行公众信号传播等,增订为可不经著作权人许可而可利用的作品。

2.2006年著作权法修订。第一,重新评估进行广播即时转播制度。面向日本全面过渡到地面数字广播,日本人期待的即时转播IP立体声双声道广播,预定在2006年年末开始即时转播。为谋求顺畅实现即时转播,在一定的范围内限定表演者权利,同时,通过扩大有线广播经营,对通过有线广播的即时转播,将报酬请求权赋予表演者。第二,为视、听觉障碍人士传播录音图书、为专利和药政审查行政程序必要复制,决定适应时代变化采取权利限制措施。为确保著作权保护的实效性,将出口盗版行为作为取缔的对象。第三,为与本年已先修订的专利法等规定的刑责平衡,并为加强其惩罚侵犯著作权罪,再次提高侵犯著作权行为的刑罚。

3.2009年著作权法修订。第一,在以私人使用目的进行的复制中,复制权及于知道事实而进行接收侵害著作权的自动公众传播的数字方式的录音或者录像。第二,在日本国立国会图书馆,代替图书馆资料的原件,为供公众使用,在认为必要的限度内,可以制作电子记录本;从事关于视觉或者听觉障碍人士福祉事业的人和由政令规定的人,专门为供视觉或者听觉障碍人士之用,在认为必要的限度内,可以通过将文字改为声音或者将声音改为文字等方式进行复制;美术或者摄影作品原件的所有人,不侵害著作权人的转让权或者出租权而拟进行该原件的转让时,为供转让的申请用,可以进行复制或者向公众传播这些作品;在营业上,将自动公众传播装置供他人传播之用而开展活动的人,在认为必要限度内,可以将进行可传播的作品记录到记录媒体上;国际互联网信息检索服务经营者,在认为必要限度内,可以将已可传播的作品记录在记录媒体上,以及使用该记录和信号源识别标记一起进行自动公众传播；为用电子计算机进行作品信息分析，在认为必要的限度内，可以记录在记录媒体上；在电子计算机使用作品时，为顺畅并高效地进行信息处理，相关主体在认为必要的限度内，可以将作品记录在电子计算机的记录媒体上；在著作权人或者著作邻接权人下落不明时，提出文化厅长官裁定制度申请的人，在提存了文化厅长官规定数额的担保金至出现该裁定结果之间，可以按照申请裁定的使用方法使用该作品；对著作权登记原簿、出版权登记原簿及著作邻接权登记原簿，可以用磁盘制作其全部或者一部分。

4. 2014 年著作权法修订。该修正案的最大亮点是对著作权保护范围的扩大，在主体、客体、内容方面都有体现。在权利主体方面，由实物出版者扩大到电子书籍出版者；在权利内容方面，由实物出版物扩大到电子媒体出版物，包括电子书、光盘书等；在权利内容方面，由实物复制权扩大到数字复制权①。为了保护数字音乐版权，日本政府在《著作权法》修改中加入并确定著作权人和邻接权人网络传播的权利，力保数字音乐的网络传播进入良性循环状态。②

日本现行的版权制度与传统的大陆法系版权保护并不完全相同。(1)日本在版权归属上总的原则是在一般情况下，版权的原始所有人只能是作者本人。但《版权法》第 15 条又补充规定：如果作者是个雇员，他的作品又是为职务而创作，该作品又是以雇主名义发表的，该作品的版权应归雇主所有。(2)在保护作者的精神权利

---

① 高昊、陈佳沁、金莲姬：《基于版权保护的日本著作权法修正案的出台》，载《编辑之友》2016 年第 11 期。

② 盛尚坤：《论 MP3 网络音乐作品的著作权保护》，华东政法大学 2008 年硕士学位论文。

方面,日本不承认作者享有“收回权”。(3)日本不承认艺术作品的作者享有版税追续权。(4)日本版权既可以部分转让,也可以全部转让。日本版权的获得不要求任何固定形式或标注,口头作品也能获得版权。总而言之,这是为了应对互联网高速发展对新兴权利的保护问题,以确保数字出版权的保护得到落实。

此外,关于著作权保护期限,日本曾做过多次修改,1970 年著作权法将保护期限延长至作者终生及其死亡后 50 年。在此之前,曾做过 4 次修订,分别延长至作者终生及其死亡后 33 年、35 年、37 年和 38 年。为了加入《跨太平洋伙伴关系协定》,日本于 2016 年再次修改《著作权法》,拟延长至作者终生及其死亡后 70 年。2016 年 11 月 10 日,日本众议院已经通过该法案。

在版权登记制度方面,日本著作权法规定了真名登记、首次发行或者发表的登记、著作财产权的登记、出版权和邻接权的登记。同时规定,这种登记具有推定登记事项为真的效力,著作财产权的变动的登记具有对抗第三人的效力。基于计算机软件的特殊性,日本在著作权法外单列了一个关于计算机程序的登记办法。①

为规范对著作权和邻接权的保护,以及规范相关从业人员的从业行为,日本于 2000 年 11 月 29 日颁布了《著作权与邻接权管理事务法》,此法于 2001 年 10 月 1 日开始实施。该法是日本著作权领域的一项重要法律。它共分 7 章,依次是总则、登记、业务、监督、使用费规则的协商与裁定、杂项、罚则,最后还有一个附则,涉及法律实施,无关实体。按照附则规定,该法开始实施的同时,施行了 60 余年的《著作权中介事务法》被废止。可以说,日本著作权立法史上的这一变革,标志着日本著作权管理因应数字技术的变化,迈出了重要

---

① 李雨峰:《版权登记制度探析》,载《知识产权》2008 年第 5 期。

的一步。[①]

通过上述著作权立法的演进和不断完善，日本形成了较为完善的著作权保护法律制度。这些制度突出表现在以下几个方面。

1. 较为详细地规定了著作权主体、保护对象与取得条件

著作权的主体即作者，创作作品的人。日本实行“作者推定制度”，即在向公众提供或者展示作品时，将其姓名或者名称或者代替其真实姓名的众所周知的笔名、略称等作为作者姓名表示的人，推定为该作品的作者。[②] 此规定简化了作者在行使著作权时需提供的证明程序，只需证明自己与作品的署名者是同一人即可，可以提高诉讼的效率。此外，日本著作权对继承人、继受人以及国家是否享有著作权没有做出相关的规定，但它明确规定著作权可以全部或者部分转让，但人格权是专属于作者的，不可转让，即著作权作为一种财产性权利可以转让于他人，他人通过合理转让的方式成为著作权的新的主体同样受到著作权法律的保护；但人格权由于具有人身专属性的特征，不能随其他权利一同转让。

著作权保护对象方面。日本著作权中的作品主要包括：(1)小说、剧本、论文、演讲以及其他文字作品；(2)音乐作品；(3)舞蹈作品、哑剧作品；(4)绘画、版画、雕刻以及其他美术作品；(5)建筑作品；(6)地图或者具有学术性质的设计图，图标、模型以及其他图形作品；(7)电影作品；(8)摄影作品；(9)计算机程序。[③] 除上述作品外，还明确了对二次作品、编辑作品以及数据库作品的保护。二次作品是指通过翻译、编曲、改变形式、改编成剧本、拍摄成电影或者

① 宋慧献、周艳敏：《因应时代的著作权管理制度的革新——日本〈著作权与邻接权管理事务法〉评介》，载《知识产权》2002 年第 5 期。

② 参见日本《著作权法》第 14 条。

③ 参见日本《著作权法》第 10 条。

其他改编方法创作的作品,相当于我国著作权中的演绎作品。

著作权取得条件方面。除要求作品的独创性和可复制性外,还明确了作品要求是作者思想或者情感的表现,将体现作者个性化特征的“思想”作为作品的构成要素。此外,还明确了作品的范围属于文学、科学、艺术和音乐领域。

2. 规定了明确的著作权内容

日本《著作权法》认为著作权包括人身权利和财产权利。其中,人身权利被称为“作者人格权”,作者人格权包括发表权、姓名表示权、保持作品完整权三项权利。在发表权方面,日本特别规定了“推定作者同意发表”的制度,在下列三种情况下推定作者同意发表其作品:(1)转让尚未发表的作品著作权时,通过行使著作权将作品提供或者提示给公众;(2)转让尚未发表的美术作品或者摄影作品原件时,通过展览美术作品或者摄影作品的原件将作品提示给公众;(3)在电影作品的著作权属于制作者时,通过行使著作权将该作品提供或者提示给公众。此外,作者将尚未发表的作品提供给行政机关、独立行政法人、地方公共团体或者地方独立行政法人也被视为作者同意发表。[①] 推定作者同意发表制度主要是为了解决在著作权转让的情况下容易产生的发表权纠纷问题。

在姓名权方面,日本《著作权法》明文规定了作者姓名可以省略的情形。这主要是由于著作权有多种使用方式,有时署名也意味着要承担一定的义务,或者有时没有署名的必要性,因此按照作品的使用目的和方式,可以省略著作人的姓名。[②]

在保持作品完整权方面,日本《著作权法》特别强调了保护作品

① 参见日本《著作权法》第 4 条。

② 参见日本《著作权法》第 19 条第 3 款。

标题的完整性。因为在通常情况下,人们大多关注对作品内容完整性的保护而忽略标题,但标题是了解一篇作品的“窗口”,也是经过作者反复思考和斟酌提炼而成的,也应受到著作权法律的保护。

此外,为促进文化产业发展,日本通过立法为文化产业知识产权的发展提供了行政、经济、社会氛围等支持,主要有文化产业行政指导、资金税收投融资、地区支持、信息公开、国内外消费市场培育等。在发展和推进日本法律规定中有“行政指导”的行为模式,强调政府的主导作用。文化产业法律法规中主要体现为通过制定发展规划、推进计划等来引导市场主体从事文化产业活动。主要包括支持文化产业活动的创造、运用;支持文化产业发展的技术;支持公平交易以及奖励为文化产业的发展做出贡献的主体。日本文化产业主要包括由新闻出版广播电视电影、文化艺术、信息产业、观光业等细分行业的相关法律,以及知识产权法等单行法、专门法为基础构成的体系,建立的主要制度可以分为市场准入制度,知识产权创造、运用与保护制度,各种支援制度,地域文化产业发展制度四类。市场准入制度可以分为市场主体准入、文化商品生产准入、投放市场准入等。市场主体准入制度分为三种,第一种为自由主义,即不设置条件可以自由进入。在新闻、出版的市场准入中采取自由主义,而且不设立审查制度。第二种为准则主义,也被称为登记准则主义,即需要具有一定条件,但只要符合条件即可以经过注册登记进入特定市场。旅游观光业采用此模式。第三种为核准主义,即不仅要求具备一定条件,而且要求经国家有关部门进行批准。广播电视行业采用此模式①。可见日本对于文化产业配套制度的建设较为完善,且从文化产业发展的不同阶段进行规制。对相关主体进入文化

① 参见饶世权:《日本文化产业法律制度及其启示》,载《出版科学》2016 年第 2 期。

市场也有不同的门槛,且根据各个行业的特殊性进行了不同程度的限制,以规范市场准入,促进文化产业的健康发展。

最后,日本在文化产业人才培养方面也有相应的立法制度,为文化产业人才的发展提供了制度保障。日本重视人才培养支持,为建立国际化的人才培养体系采取了多种措施。在国内层面,体现在其支持研修活动、确保研修成果的发表机会、完善文化艺术相关的大学和教育研究机构等。促进文化创意类企业与国内设有相关专业的大学合作,共同培养文化创意产业人才,让学生与社会接轨。在国际层面,与国外知名大学进行联合培养,一方面鼓励国内艺术家去海外留学,为艺术家提供留学、研修的机会和资金;另一方面吸引海外优秀人才到日本学习与工作,为日本文化创意行业注入新的血液和新的理念。如放宽文化创意产业相关人才的入境条件,以及表彰对日本文化创意行业做出贡献的海外人员等。① 此外,实行信息公开制度以保证信息对称,方便市场主体的活动。相关立法有《文化艺术振兴基本法》《内容创造、保护与运用促进法》《高度信息通信网络社会形成基本法》《观光立国推进基本法》等。国内消费市场培育制度主要体现在《文化艺术振兴基本法》、《内容创造、保护与运用促进法》第 16 条、《高度信息通信网络社会形成基本法》第 15 条等。这些均规定了要通过宣传、演示等方式,让国民理解和关心文化产业的创造、运用与保护以促进文化产业的发展。在国际市场培育中体现为资助世界文化艺术活动,支持参加文化艺术国际交流、文化艺术国际会议等,让日本文化艺术在国际上发声。同时,在国际上推进日语的调查研究和知识普及,增强外国人对日本文艺术

① 李晓峰、冯紫薇:《日韩文创产业发展对广东文创产业国际化的启示》,载《广东经济》2019 年第 11 期。

的理解[①]。

（二）日本文化产业知识产权保护救济制度

在著作权保护方面，日本有较为完善的著作权侵权救济制度。这些制度包括民事救济制度、刑事救济制度和行政救济制度。

第一，民事救济制度。在著作权侵权发生时，作者、著作权所有者、出版权所有者或著作邻接权所有者，对侵犯作者人格权、著作权、出版权或著作邻接权的人或有侵权之虞的人，可请求侵权者停止侵权或采取预防措施，并请求侵权者销毁构成侵权行为之物或通过侵犯行为制成之物以及专供侵权行为使用的机械器具。[②] 在侵权人的侵权行为存在故意或者过失的情况下，作者或者著作权所有人可以请求赔偿损失，[③]并且法律规定了较为明确的赔偿金额。加强保护作者死后的人格权。日本《著作权法》第60条规定，即使在作者死亡后（包括自然人的死亡和单位的解散），将其作品提示或提供给公众的人，亦应同该作者在世时一样，不得有侵犯该作者人格权的行为。但是，其行为性质、程度等因社会情况的改变等认为其行为不损害该作者的意愿时，不在此限。[④] 此外，还规定了有关合作作品被侵权的救济，体现在日本《著作权法》第117条。合作作品的各作者或各著作权所有者，可不经其他合作作者或其他著作权所有者的同意，提出停止侵权或采取预防措施的请求或对侵犯其著作权带来所持份额的损害提出赔偿请求，并可请其偿还所持相应份额的非法所得。此项规定也适用于与共有有关的著作权或著作邻接权遭

① 肖东发、张文彦、于文等：《借鉴国外出版创新经验，提升我国文化软实力（三）——日本出版创新与文化软实力》，载《编辑学刊》2012年第4期。

② 参见日本《著作权法》第112条。

③ 参见日本《著作权法》第114条。

④ 参见日本《著作权法》第116条。

受侵权时。对未署名或署假名的作品有关权利的保全体现在日本《著作权法》第 118 条。对于未署名或署假名的作品，为了保全该作品的作者或著作权所有者的权益，发行人可用自己的姓名提出停止侵害、恢复名誉、保护已死亡作者的人格权等请求，或提出与侵犯该作品的作者人格权或著作权有关的损害赔偿的请求，并可请求偿还非法所得。此外，日本《著作权法》单独为版权人恢复名誉进行了规定，确保侵权人对订正、恢复版权人的名誉或声望采取适当措施。

第二，刑事救济制度。日本《著作权法》第 8 章（第 119 条至第 124 条）"罚则"对严重侵害社会公共利益或者社会经济秩序以致触犯刑法构成犯罪的侵权行为规定了刑事制裁措施和刑事诉讼程序，总结起来有以下两个特点：一是对部分侵权行为实行不告不理原则。未署名或署假名的作品可由其发行人提出告诉，告诉后方予处理。这些犯罪行为有：侵权盗版行为，以营利为目的将自动复制机用于复制致使侵权行为，侵害作者人格权的行为，以发行为目的的进口侵权作品行为，违法程序作品的使用行为，擅自改变权利管理信息等的行为，回流唱片的平行进口行为，将商用唱片未经许可复制并发行的行为，违法秘密保持命令的行为。二是双罚制。日本《著作权法》第 124 条规定，对法人的代表人和法人、自然人的代理人，除处罚行为人以外，对其法人的代表人和法人、自然人的代理人也给予相应的处罚。日本著作权犯罪行为认定范围较大，主要表现在犯罪涉及的范围较大，同时，规定认定著作权犯罪"不以营利为目的"。另外，日本侵犯版权的犯罪有期徒刑最高可判 10 年，而且罚金数额也非常高，处罚力度较大。

第三，行政救济制度。日本的行政救济极具特色，主要表现在行政调解上。由于著作权纠纷案件数量大而且琐碎复杂，若每件纷争当事人都告诉至法院以求获得处理，无疑大大增加了法院的工作量,无法适应实践的需要。因此,日本《著作权法》专设一章,即第6章"纠纷处理"规定了著作权纠纷调解组织和行政调解程序。

为了谋求通过行政"调解"解决与著作权有关的权利纠纷,日本文化厅特别下设"著作权纠纷调解委员会",委员由文化厅长官从具有著作权和著作邻接权的工作经验和专业知识的人中委任,每一案件不得超过3人。当事人在发生著作权纠纷时可向文化厅长官申请调解并参照实际花费交付受理费,若双方当事人均同意接受调解,文化厅长官将案件托付委员调解;若一方不同意,或者文化厅长官认为案件性质不属于调解范围的,可不托付委员调解;委员认为案件调解无望时,可中止调解。调解终了时,委员必须向文化厅长官报告调解情况。

日本国家面积较小,地区之间交通快捷方便,联系也十分便利,因此在版权的跨区域保护方面做得较好,而且不同部门之间的协调与合作也比较普遍。此外,日本作为一个法治发展比较成熟的发达国家,行政执法方式完善,而且执法人员素质高、业务能力强、具有较高的自觉性,在执法力度方面取得了较好的效果。

(三)日本文化产业知识产权保护的限制制度

各国在加强知识产权保护的同时,也会适度限制知识产权,以防知识产权滥用侵犯他人和社会的合法权益。日本文化产业发展中对著作权的限制制度主要有合理使用、法定许可和强制许可等制度。

1. 合理使用制度

日本对合理使用行为并没有设立一个整体的标准概括,而是采取了列举方式,主要包括:为教育和学习目的的使用;时事评论的转载、公众集会上的演讲;博物馆、档案馆等对作品出于保存理由的技术性复制;室外公共场合作品的临摹、摄像;将听觉作品转换成文字形式进行复制，计算机程序在使用的必要限度内的复制，以及出于立法和行政目的对作品的使用等。[①]

2018年2月，日本政府向国会提交了《著作权法》修正案。同年5月，日本参议院全体会议表决通过了新修改的《著作权法》，并于2019年1月1日和7月1日起正式实施。该修正案涉及的合理使用内容有：(1)允许互联网和高科技企业可以不经过著作权所有者同意直接使用著作物；(2)制定与教育信息化对应的权利限制规定；(3)完善残疾人信息访问机会的权利限制规定；(4)关于促进存档利用的权利限制规定的整备。其中第1条与日本现行的《著作权法》大相径庭，以往日本《著作权法》规定，在复制或者传输作品时，必须取得著作权人的同意才允许使用。新法律新增设了一条叫作“灵活的权利限制条款”，规定互联网企业、教育工作者或者其他领域的有利于社会发展的个人或者团体可以不通过著作权人的同意直接使用。此次修改代表了日本在著作权法的合理使用制度的又一次探索。

2. 法定许可制度

法定许可，又称非自愿许可，是通过法律明确规定，他人使用相关的作品不需要获得著作权人的许可，但应当按规定支付报酬。据此标准，日本《著作权法》中有关法定许可的情形有：(1)教科书上作品的登载。依照日本《著作权法》第32条的规定，出于学校教育目的，在认定的必要限度内，可在教科用书上登载已发表的作品。但是欲在教科用书上刊载作品的人，不仅要将此意通知作者，还要按文化厅长官每年规定的数额向该著作权所有者支付补偿金。文化厅长官做出前款规定的补偿金数额的规定后，以官报公布这一规

① 参见日本《著作权法》第30条至第49条。

定。此处的教科书包括经文部大臣的审定或以文部省的著作名义发表的教科用书及其教师辅导用书、高中的函授教学用书。(2)私人录音录像。日本《著作权法》第30条第2款规定,为个人使用目的用数码录音录像机器作为记录媒介复制作品的,须向作者支付一定数额的补偿金。此乃供个人或家庭使用目的而允许自由复制的另一个例外。(3)为制作放大版教科书而复制。弱视儿童由于视觉上的障碍,无法使用通常的教科用书,为了保证他们正常接受教育和学到知识,有必要制作字体较大的放大版教科书,日本《著作权法》第33条之2规定的就是这个问题。依照此条款,把普通教科书的全部或者大部分进行放大复制,应当通知教科书的发行人,在此前提下,如果制作放大版教科书带有营利的目的,则有义务支付一定的补偿金。如果放大复制的只是普通教科书的一部分或一小部分,则既不需要通知原教科书的发行人,也不必支付补偿金。为放大版教科书提供电子或磁性记录的人,可以在必要的限度内利用该作品。(4)学校教育节目的广播。为了学校教育,可以在为学校播放的节目中广播已发表的作品或者在接收广播的同时对接收内容进行再传播,并可将作品登载于该广播节目用的教材中。但是按此规定使用作品的人,需在将此意通知作者的同时,向著作权人支付一定数额的补偿金。(5)作为试题的复制。为了入学考试或审定考核他人的学识、技能,在认定的限度内,可以已发表的复制并作为考试或考核的题目。但是,如果这种复制以营利为目的,则必须向著作权所有者支付相当于通常使用费数额的补偿金。

总而言之,在法定许可方面,日本规定的范围较小,大都是已经发表的作品为学校教育目的而使用的情形,如在教科书上登载已发表的作品;为了供由于视觉障碍、发育障碍以及其他障碍而使用在教科书上登载的作品存在困难的儿童或者学生学习之用,放大复制使用在已发表的教科书中作品的文字和图形;为了学校教育,在学校的播放节目或者有线播放节目中,播放或者有线播放已发表作品;为了入学考试或者其他技能考试或者检测,将作品作为考试或者检测的问题进行复制或者公众传播等。①

3. 强制许可制度

日本《著作权法》第2章第8节从第67条到第74条详细列举了“根据裁决使用作品”的强制许可的范围、程序及付费方法等。强制许可可用于以下三种情形:(1)著作权人不明或经过努力仍然不能与其取得联系;(2)对作品的广播,与著作权人未能达成协议或无法进行协议时;(3)对于录制在商用唱片上的音乐作品要用于其他商业用途,但与著作权人未能达成协议或无法达成协议时。以上三种情况,可以在得到文化厅长官的裁定、支付了文化厅长官所决定的补偿金的条件下利用。2009年《著作权法》修改,有关强制许可增加了一条有关“申请中的作品使用”的内容,作为第67条之2。该条文规定因著作权人不明或经过努力仍然不能与其取得联系而向文化厅长官申请裁决的,从申请开始至文化厅长官做出裁决或者做出不给予裁决的处分这段时间内,若交纳一定的担保金便可以使用作品,直至文化厅长官做出裁决或者做出不给予裁决的处分。但是,著作权人明确表示拒绝出版或者使用的除外。

综上所述,在日本《著作权法》中,强制许可针对的是已经发表的作品和商业录音制品。已经发表的作品在著作权人下落不明或经过努力仍无法与其取得联系的;播放组织与已发表作品的著作权人未达成播放协议或者无法进行协议的;商业录音制品在国内销售满3年,希望得到该商业制品中的著作权人许可将音乐作品重新进

① 参见日本《著作权法》第67条至第69条。

行录音制作的人,与著作权人未达成协议或者无法进行协议的,他人在上述三种情况下可以通过文化厅长官的裁定并在支付一定的补偿金后使用该作品。[①]

(四)日本文化产业知识产权保护的国际制度

在国际知识产业保护方面,日本努力向国际标准看齐。日本陆续加入《伯尔尼公约》《巴黎公约》《世界版权公约》《世界知识产权组织版权条约》《世界知识产权组织表演和录音制品条约》。[②] 日本通过向国际标准看齐,加大了对知识产权的保护力度,这有利于激发相关主体的创新意识和创新能力,使创新财富在社会中充分涌流。为使知识产权制度与国际接轨,以适应新技术发展的要求,日本不断地对知识产权法律进行修改。尤其是在 1994 年以后,随着 TRIPs 协定的生效以及日本、美国在知识产权协议上达成的共识,为在国内实施这些协定和协议,日本对《不正当竞争防止法》《著作权法》《关税定率法》等法律进行了全面的修改。在区域文化产业知识产权保护方面,日本政府还通过双边协定的方式谋求知识产权的国际保护,如 1994 年日本与美国签订的《日美新经济伙伴关系框架协议》;2012 年 1 月日本同新加坡签订的《日本和新加坡新时代经济伙伴关系协定》等。[③]

同时,在文化产业知识产权国际协调保护方面,日本积极寻求在有关国际组织中发挥重要作用。首先,积极加入亚太经合组织。日本外务省在 1994 年举行的 APEC 部长会议上提出了“进步伙伴机制”(Partners for Progress Mechanism),并于 1995 年在 APEC 部长

① 参见日本《著作权法》第二章第八节。

② 参见杨和义:《文化产业知识产权保护的经验借鉴》,载《改革》2009 年第 6 期。

③ 参见闫星:《日本知识产权国际保护战略——兼论对东亚区域经济合作的影响》,载《亚太经济》2005 年第 3 期。

会议上被正式采纳。在日本提出的具体实施计划中,知识产权的国际合作被作为首要目标。按照实施计划,日本已向泰国、马来西亚等成员方提供有关专利申请的计算机技术、TRIPs 协定培训课程等。其次,成为世界知识产权组织成员。日本于 1975 年加入了世界知识产权组织。1987 年日本特许厅和 WIPO 合作共同开展了信托基金计划(Funds-in-Trust Arrange-ment),该计划的经费由日本政府向 WIPO 捐赠,用于提升亚太地区国家的知识产权保护意识和资助这些国家的知识产权保护制度的建设。自 1987 年捐赠了第一批 3000 万日元的资金以来,日本历届政府又不断地追加资金,目前日本政府对该计划的年度资助金额已经达到近 2 亿日元。再次,成为世界贸易组织成员。自美国在 1973 年的东京回合中提出将知识产权问题纳入关贸总协定的议题以来,日本积极地支持美国的谈判立场。在有关 TRIPs 协定的一系列谈判活动中,日本始终要求将知识产权的国际保护与贸易问题挂钩,并积极地与欧美各国协调谈判立场,共同促成了 TRIPs 协定被纳入 WTO 框架。最后,积极加入国际保护知识产权协会(AIPPI)。由于认识到 AIPPI 在推进《巴黎公约》实施方面的重要影响,日本自加入该组织以来就积极地与其开展合作,于 1956 年成立了国际保护知识产权协会日本分会(AIPPI-JAPAN),并协助 AIPPI 在日本召开了两届国际大会。此外,日本还在 AIPPI 框架下积极与相关国家开展知识产权保护对话和交流。

为了加大对海外盗版市场的打击力度,日本在"知识产权战略大纲"中指出,"不能忽视国际市场上的技术、设计、品牌的仿造,或音乐、电影、广播节目、游戏软件的非法复制。此时,政府必须最大限度地行使 TRIPs 协定等中所认可的权利,对侵权国家的中央和地方政府采取得力措施"。该规定表明日本政府认识到海外侵权现象的严重性,必须通过加大处罚力度来遏制海外的侵权现象。[①] 这一点对我国也有一定的启发价值,在中国,盗版的现象层出不穷,盗录、盗映的视频在市面上广泛传播。若对此现象不加以整顿,势必会引发一系列侵权诉讼以及挫伤权利人的创造性。对国内市场和国际市场的盗版现象都应当进行严厉的打击,增加违法成本,使犯罪分子不敢进行盗版。在社会上也要形成维护版权的意识,尊重他人的劳动成果。

三、日本文化产业知识产权保护机制对我国的启示

自1990年《著作权法》颁布,经过30多年的发展与完善,我国已经逐步建立起一套符合国情和社会经济发展的著作权法律保护体系,为我国各类文化作品的创作和传播提供了坚固的法律支持和良好的环境保障。但在肯定成绩的同时,我们也要认识到我国文化产业知识产权协同保护机制与日本存在一定差距,在分析日本文化知识产权协同保护机制的基础上,结合我国实际情况,可以从以下几方面进行完善。

(一)完善著作权的民事保护制度

版权是民事权利的一种,具有民事权利的一般特征。在版权的民事保护、行政保护和刑事保护三种保护方式中,民事保护是最主要的方式。在司法实践中一般通过民事诉讼保护自己的合法权益。根据日本著作权侵权救济的司法实践和相关立法规定,我国应从以下几个方面完善著作权民事侵权保护制度。一是著作权侵权发生时,权利人可以采取适当预防措施阻止侵权行为。二是作者死后,

① 闫星:《日本知识产权国际保护战略——兼论对东亚区域经济合作的影响》,载《亚太经济》2005年第3期。

当其作品受到侵权时,应当加强对作者人格权的保护。三是借鉴日本的做法,对于著作权侵权损害赔偿,采取的是“推定赔偿法”,将版权人正常行使版权所得的收益与侵权人实施侵权行为所得的收益结合起来确定赔偿的数额。此外,应当明确侵权人除了要对版权人的实际经济损失进行赔偿外,对版权人造成精神损害的,如损害了版权人的名誉、信用等,也应当赔偿相应的精神损失。四是借鉴日本《著作权法》关于单独为版权人恢复名誉的规定,在我国著作权立法修改中,规定督促对“消除影响”和“赔礼道歉”的执行制度。通过强制侵权人在报纸、杂志等媒体进行消除影响和赔礼道歉,可以挽回版权人的声誉,对保护版权人的人格权保护具有十分重要的意义,而且通过在媒体上公开发表的方式也可以对舆论产生正确的导向,对其他正要实施侵权的行为人产生警醒的作用。

(二)完善著作权的行政保护制度

行政保护也是版权保护的重要途径之一,是指通过国家行政机关对比较严重的侵犯版权的行为给予行政处罚和制裁,从而达到打击侵权行为、维护版权人权益的目的。

一是借鉴日本的行政救济制度,可以先行试点在地方制定地方性法规规定“行政调解”制度,在实践中,组建“著作权纠纷调解委员会”,在试点效果好的基础上,逐渐上升到国家立法,并在全国推广适用。

二是推行著作权跨行政区域保护的部门协调机制。在实践中,版权侵权行为通常不会只发生在一个地区,经常是跨省区,甚至跨国界。我国在这方面略有欠缺,除一些综合治理中的联合执法外,版权的行政执法存在不同地域的部门之间各自为政的现象。此外,我国进行版权行政执法的部门比较多,行政权力不集中,而且各行政部门之间合作较少,在打击侵权行为、保护版权人权益等方面效率不高,容易导致相互推诿或重复执法等。因此,版权行政管理部门应当加强不同区域不同部门之间的合作与协调。例如,建立网络信息平台,在各行政管理部门内部设立信息查询平台,共享侵权案件的信息及执法措施等,同时要加强相互之间的协商与分工,避免推诿扯皮等,提高行政执法的效率。

三是提高行政执法人员的综合素质。版权行政保护的效果取决于行政执法的效果。日本在这方面的执法效果比较好,而我国在版权行政保护执法过程中,还存在少数执法人员徇私舞弊、玩忽职守的现象,严重妨碍了版权行政保护的执法力度和效果。因此,行政机关要注重加大行政执法的力度,提高行政执法人员的综合素质。第一,可以创新完善执法的方式方法,如利用网络建立反盗版举报平台,加大对举报盗版人员的奖励;完善管理部门自身的技术装备,及时发觉侵权问题并迅速进行查处等。第二,还要加强行政执法监督,建立高素质的执法队伍,明确各部门之间的执法分工。加大对现有执法人员的执法培训力度,提高执法人员的业务能力,并设置监督部门加强对执法人员的监督,防止徇私舞弊、玩忽职守现象的发生。

(三)完善著作权的刑事保护制度

借鉴日本刑事救济制度的做法,在我国著作权刑事犯罪处罚中,实行"双罚制",除处罚行为人外,也对其法人的代表人和法人、自然人的代理人给予相应的处罚。我国《刑法》只规定了 4 种行为中的部分行为构成犯罪,保护范围明显过于狭小。可以适当扩大著作权的刑事保护范围。可以借鉴日本将对著作权的刑事保护直接写入《著作权法》的条文中,适当增加著作权犯罪行为的种类,明确著作权犯罪的罪名,为打击犯罪提供法律依据。此外,在规定著作权犯罪中,删除"以营利为目的"的限制。依据日本著作权法,应受刑法处罚的侵害著作权的犯罪行为大都没有规定以营利为目的,可以将“故意”作为侵权的主观要件,这样在实践中更具有可操作性,更有利于打击犯罪。同时,加大著作权犯罪的处罚力度。针对目前日益猖獗的侵害版权犯罪,我国有必要加大刑罚处罚力度。日本侵犯版权的犯罪有期徒刑最高可判至10年,罚金数额也非常高,处罚力度较大,而相比较我国《刑法》对此的处罚力度较小。

我国设置了有期徒刑、拘役刑和罚金3种刑罚来惩治侵犯版权犯罪,总体上来讲,这样的刑罚配置是比较合理的,但是仍有不足之处。首先,罚金刑是作为附加刑适用的,而不能作为主刑,对于具有贪利性的版权犯罪来说,罚金刑的适用应当适当强化,加强对犯罪人财产的剥夺,才可以使其受到应有的惩罚,对其他欲进行此类犯罪的人也可以起很好的震慑作用。其次,上述3种处罚方式对于打击版权犯罪来讲过于单一,还可以适当增加其他的非刑罚处罚措施。根据我国《刑法》规定,对犯罪分子违法所得的财物都应当予以追缴或者责令退赔。但该条只是一个概括性的规定,对侵犯版权犯罪来讲可操作性不够强。因此,在侵犯版权犯罪的处罚条文中可以适当增加追缴其赃物、将违法所得退赔给版权人等措施,以加大处罚力度,达到更好的社会效果。

(四)完善文化产业知识产权人才培养机制

在推进知识产权文化保护过程中要重视对专业人才的培养,因为该项工作综合性、专业性较强,需要高素质和高能力的人才来应对。要加强在高校中对学生的培养,旨在形成综合能力强、素质过硬的人才。树立师生的创新意识,注重理论联系实际,避免脱离实践的书本教学。同时,注意引进海外人才进行交流学习,毕竟中国在知识产权保护方面的水平仍达不到一些发达国家的保护力度。应当对国外培养人才的方式取其精华,弃其糟粕。此外,高校的领导也应当重视知识产权,将知识产权作为提高学校竞争力的核心因素。在日本,大多数领导认为一所大学的知识产权制度的立足点,就在于顺应既有的知识产权架构,探寻本校知识产权发展的有限空间,把保护创新和激励创新置于学校发展战略的重中之重,特别是把保护学校研发活动中产生的科技创新成果当作提高学校竞争力的武器之一。在这种氛围下,大学的各部门和各研究室都充满了知识产权创造的积极性和活力。[①]

借鉴日本对文化产业知识产权人才培养实践经验,在国内层面,培养和激励更多的人参与文化创意产业发展事业;建立文化创意企业与高校和科研院所的合作,共同培养文化产业知识产权人才,做到理论与实践有机结合,促进我国文化产业的快速健康发展。在国际层面,一是吸引国外文化产业优秀人才到中国学习和工作;二是鼓励更多的学生和艺术家到国外去学习,学成后回国,为我国文化创意产业的发展注入更多的新鲜血液。

同时,要通过宣传、演示等方式,让国民理解和关心文化产业的创造、运用与保护以促进文化产业的发展。在国际市场培育中,体现为资助世界文化艺术活动,支持参加文化艺术国际交流、文化艺术国际会议等,让中国文化艺术在国际上发声。同时,在国际上推进汉语的调查研究和知识普及,增强外国人对中国文学艺术的理解。当前中国文化在国际的影响力逐步扩大,许多国家也设立了孔子学院来传播中国文化,这对扩大中国文化的影响力是一种有效途径。国家应增大对此举的支持力度,扩大对文化输出项目的资金支持力度,树立中国标签和中国形象,发挥中华文化深远持久的影响

---

① 高燕梅、王景:《日本高校知识产权发展的经验与启示》,载《昆明理工大学学报(社会科学版)》2014 年第 6 期。

力，深入挖掘中国传统文化与当今时代相契合的连结点，推陈出新，使中华文化获得更广泛的影响力。

第四节　法国文化产业知识产权保护制度及其对我国的启示

一、法国文化产业介绍

法国强调文化产品不同于一般商品的“文化”属性，强调政府对本国文化产业的理性规划。[①] 早在16世纪，法国便开始了对文化产业的资助与管理。在被认为是法国第一位文艺复兴式君主弗朗索瓦一世统治时期，法国颁布了本国历史第一部图书版本备案法令——《蒙彼利埃敕令》，以及确立法语官方地位的《维雷·科特莱敕令》。而由国家最高统治层将文化作为一项全国性事务进行管理是从17世纪路易十四统治时期开始的。此时教会对社会生活的影响力有所下降，法国中央政府掌握了文艺创作的审查权，加上路易十四国王将自己确立为文化艺术的保护者，鼓励、资助艺术家和作家进行创作，成立了大批全国性的专业艺术机构，如音乐学院、美术学院等，由此使法国迅速成为欧洲的文艺中心，也因此奠定了法国文化大国的地位。即使是在政局动荡的大革命时期，法国中央政府仍坚持实施有利于文化产业发展的政策。在此特殊期间，文物的保护和破坏催生了“民族遗产”这一概念，同时设置了三个重要的国家文化机构——国家档案馆、国家图书馆和中央艺术馆，其形成了国家干预文化的最初雏形。从拿破仑一世到第二帝国，虽然政体频繁

① 田珊珊：《法国的文化政策：一个基于民族文化视角的研究》，载《法国研究》2010年第2期。

更替,但历届政府均注重文化事业。到了第三共和国时期,法国文化政策致力于艺术的公共服务,并且提出从精英文化走向大众文化的前景。在维希时期,法国强调了政府在文化领域内的角色,并把文化政策写进宪法。在第四共和国时期,政府主要精力都投入到战后重建上,无暇顾及文化产业,使文化产业陷入低谷。

从严格意义上来说,法国的文化产业政策是在法兰西第五共和国成立之后才得以建立健全的。在此之前,法国没有一个完整的文化产业政策。1959 年,法国文化事务部成立,是法国历史上第一次将文化事务集中在一个专门的部门,其由著名作家安德烈·马尔罗任部长,兼文化事务专员。1959 年 7 月 24 日法令明确表明:“文化事务部部长的任务是让人类的作品,尤其是法国的作品被大众所认知,保证让我们的文化遗产在更大的舞台上有更多的欣赏者,鼓励艺术作品的创作和艺术思潮的更大丰富。”[①]马尔罗充分履行职责,在保护遗产、普及文化方面做了大量工作,他的系列文化政策都体现了“福利国家”特点,并且在马尔罗的努力下,文化政策成了法国的重要国策之一。但此时的文化事务部没有足够重视整个文化产业。第二次世界大战后,法国开始制定指导性的五年计划,从第四个五年计划开始,文化便被列入五年计划的国家总体战略中,其将文化遗产保护列为首位,并且鼓励增设大型的文化中心。第五个五年计划倾向于设备、硬件场馆投资。第六个五年计划鼓励企业、文化团体积极参与推动文化的发展,同时鼓励地区文化的发展,保护文化遗产不再被列为首位,但学校在文化中更应当处于首

---

① Martin L. La démocratization de la culture en France. Une ambiton obsolete?. In Démocratiser la culture. Une histoire compare des politiques culturelles, sous la direction de Laurent Martin et Philippe Poirrier, Territoires contemporains, mouvelle série-5-mis en ligne le 18 avril 2013.

要地位。在此期间,成立了文化发展委员会,其职责是管理公共事业中的所有文化事务。第七个五年计划更加注重视听媒体。1981年,法国左派当权,文化政策发生了巨大的改变。这一时期修建了卢浮宫、音乐宫等国家级大型文化工程。1982年5月10日法令重新定义了文化事务部的任务,“允许所有的法国人培养他们的创造力,自由审视自己的天分,自由选择艺术培训;保护和保存国家、地方、社会的文化遗产;鼓励艺术作品和艺术精神的创造和他们的推广;为法国文化与世界其他国家和地区文化的自由对话做出贡献”①。第八个五年计划在文化政策上有社会党的方针,强调文化平等,发展多元文化和文化工业部门,以加强法国文化在世界上的地位。第九个五年计划把文化政策的重点放在三个方面:(1)学校和教育(让青少年掌握一定的文化概念,以便其终身能够从中得益);(2)工作场所(根据生产模式,从社会关系与文化价值取向中得益);(3)新的信息技术(在日益增长的对外交往中确认民族文化的特性)。② 1993年,法国右派当权,文化政策进行了三个方面的改进:区域文化管理优先;公众文化培养;法国文化在世界的传播。2000年以后,文化政策主要集中在三个方面:鼓励文化的多元化;鼓励文化对公众的可进入性;加深文化的地方分权。③ 从20世纪90年代开始,法国政府便开始重视文化产业的发展,增加文化投资,依靠文化产业的发展解决就业问题,促进法国经济发展。此时文化产业的重

---

① Martin L. La démocratization de la culture en France. Une ambiton obsolete?. In Démocratiser la culture. Une histoire compare des politiques culturelles, sous la direction de Laurent Martin et Philippe Poirrier, Territoires contemporains, mouvelle série-5-mis en ligne le 18 avril 2013.

② 肖云上:《法国的文化政策》,载《国际观察》1999年第6期。

③ 杨卫武、向微、庄新美子:《法国文化产业政策的发展演进研究》,载《都市文化研究》2015年第1期。

要性凸显了出来，也就使文化产业成为法律必须保护的重点领域，建立健全文化产业知识产权保护法律体系，也成了造就法国文化产业大国地位的基础。

与美国相同的是，法国也较早就意识到文化产业能对国民经济增长产生重大积极影响。由于政府的重视和大力扶持，法国的文化产业也是相当的出类拔萃，2013 年法国文化产业营业额总量已达到 746 亿欧元，其中直接营业额达 614 亿欧元，占比约 82.3%；间接收益达 132 亿欧元，占比约 17.7%。总营业额的 80% 源于创意、生产、发行等核心环节，20% 是与绘画、造型艺术、音乐、表演、电影、电视、广播、电游、图书、报刊等密切相关的服务性收入。与此同时，文化产业 60 多种职业共吸收了 120 万名从业人员，占全国总就业人数的 5%。[①] 文化产业的发展极大促进了法国国民经济增长和国内就业增加。

具体而言，法国是图书生产、销售和出口大国，其图书业位居文化产业的首位。据法国全国出版协会统计，法国图书出版行业年营业额高达 25 亿欧元；2003 年法国出版和再版各种图书 4 万多种，营业额达 25 亿欧元。[②] 当然，法国拥有众多的出版社，但是其多为家庭式的小型出版社，近几年，通过不断地兼并收购，法国拥有了众多大型出版集团，其中，10 家大型出版集团出版数量占据了法国图书出版总量的 40.6%；8 家图书发行公司控制了 90% 的市场。与此同时，法国非常重视图书的出口。据法国海关和出版联合会统计，2002 年法国图书出口总额为 6.268 亿欧元，比 1999 年增长了 4.2%。其中，欧洲是法国图书出口的第一大市场，占法国图书出口总额的 57.3%。北美是第二大市场，占 17.7%。并且法国向法语发

① 张宇：《法国文化产业的发展及其启示》，载《文化产业研究》2016 年第 2 期。

② 于平安：《居法国文化产业首位的法国图书出版业》，载《中国出版》2005 年第 1 期。

达国家的图书出口额增加比较多。比利时、瑞士和加拿大是法国图书的主要海外市场，占法国 2002 年图书出口总额的 46.8%。[①] 另外，法国政府为了促进纸媒的发展，向其发放大量补贴，使法国纸媒的主要收入来源不再是用户的订阅，而是政府的扶持基金。此举使法国全国有 136 种法文日报，全年发行总量达 90 亿份[②]。

同时，法国也是电影大国。2015 年，法国影院观众人次高达 2.06 亿，名列欧洲各国之首[③]，并且早在 2002 年法国就拥有了 133 家电影制片公司。[④] 电影业拥有如此成效着实离不开法国政府的财政资助。早在 1948 年法国政府就颁布了政府令，规定国家对电影业的生产、发行和放映等各个环节给予扶持性资助，这大力促进了法国电影业的发展，提高了其文化软实力和国际竞争力。同时，法国深厚的文化底蕴和法国人民较高的文化素养使法国成了全世界纪录片和动画片制作公司数量、电影节数量最多的国家，其以多元化、包容化以及广泛化的形象面向世界市场。另外，法国为了更加有效地保护本土文化，对电台和电视台进行资金扶持，有效限制国家电台、电视台播放的节目，通过国家管控，传播本国文化产品。

法国花了相当大的财力、物力和人力发展本国文化产业。一方面，法国非常注重人才的培养，在国内基础教育阶段便开设了一系列与文化艺术相关的课程，以培养孩子的创新能力。同时，法国以自身的文化魅力加上出台各种优惠政策，吸引其他国家或地区的优秀人才。在巴黎每年举办的时装周参加者中，来自外国的设计师占

---

① 于平安：《居法国文化产业首位的法国图书出版业》，载《中国出版》2005 年第 1 期。

② 何农：《法国文化产业为何兴旺》，载《光明日报》2003 年 11 月 18 日。

③ 刘杰、胡春凌：《生生不息的文化活力——法国文化产业发展现状与趋势》，载《世界文化》2017 年第 4 期。

④ 何农：《法国文化产业为何兴旺》，载《光明日报》2003 年 11 月 18 日。

巴黎时装秀全部设计师的1/3，而米兰时装秀的外国设计师仅占7/100。[①] 由此可知，法国在对外国人才的吸引力和号召力方面要更胜一筹。另一方面，法国为了全民了解高雅文化，举办了各种各样的艺术节、展览活动等，法国文化事务部2003年活动统计数据库录有650个艺术节和800个博物馆组织的1600个展览。[②] 当然，在法国参加这样的高雅文化活动不是一件奢侈的事情。由于有政府的补贴，法国剧院的票价都不算贵，完全在法国人民的承受范围内。并且法国拥有较为健全的文化基础设施建设，法国的博物馆从很早就开始向大众公开，无须购票。这使法国更能有效保护本土文化，促进文化产业发展。另外，法国的文化遗产也是数不胜数。在法国所拥有的丰富的历史文化遗产中，列入联合国教科文组织发布的《世界遗产名录》的就有38处，列为国家文化遗产的共有约44万处，这些名胜古迹散布在法国的各个角落，每年吸引超过8000万名世界游客。[③] 法国政府面对如此庞大的参观人数，很早便意识到需要对文化遗产进行保护，这使法国成为世界上首个通过立法来保护文化遗产的国家。同时，法国每年会投入大量的精力、采用先进的科学技术对文化遗产进行保存和修复。由此可见，法国文化产业的发展还会带动旅游业的发展，以此促进法国的经济增长。

二、法国文化产业知识产权保护制度

（一）法国文化产业知识产权保护国内立法制度

法国是比较早重视知识产权发展和保护的西方发达国家之一。

---

① 张宇：《法国文化产业的发展及其启示》，载《文化产业研究》2016年第2期。

② 何农：《法国文化产业为何兴旺》，载《光明日报》2003年11月18日。

③ 张宇：《法国文化产业的发展及其启示》，载《文化产业研究》2016年第2期。

为了促进文化产业的发展，法国制定了较为完备的文化产业知识产权发展和保护的法律制度。就文化产业和文化产业知识产权的发展，法国在制定法律法规时，始终坚持独到的文化产业立法原则。这些原则主要包括“文化民主”原则、“文化保护”原则和“文化特殊”原则。

1.“文化民主”原则

法国对文化产业的管理模式虽然是集约式管理，但其却在民主式地推广和普及文化。“文化民主”是一个文化普及概念，即法国认为文化与教育一样，是每个公民所享有的基本权利。无论是国内发展还是国外传播的文化，都不应当被权力所垄断，也不应当被资本或市场所支配。在法国，民主的思想从大革命时期起就被运用到文化领域中，这种“文化民主”原则的成熟最根本的体现就是法国公民文化民主权利的实现，即全体民众真正成为文化遗产的拥有者和文化产品的享用者。① 此外，为了践行“文化民主”原则，法国政府实施了将资金和设施等分散到全国各地的文化产业中，以保障公民平等享有文化权利，缩小地区之间的文化水平差距。同时，政府采取博物馆、展览馆免票政策，鼓励支持社会组织和个人参与文化活动，并且强调艺术教育平等，加强艺术学校管理等措施，以辅助法国文化产业的法律法规，共同保障公民文化权利，提升国民文化素质，以促进法国经济发展。

2.“文化保护”原则

由法国的文化产业政策可以得知，法国一直以来都是一个注重文化产业的国家，尤其是重视对传统文化的保护和对文化认同的培养。法国政府一直很关注文化与国家形象之间的密切关系，在国内

---

① 蔡武进、彭龙龙：《法国文化产业法的制度体系及其启示》，载《华中师范大学学报（人文社会科学版）》2019 年第 2 期。

不断加大对文化继承和发展的扶持力度。自法国政府成立文化事务部以来,法国逐步建立起一套适宜的文化政策和比较完善的文化产业保护法律体系,其中关系民族传统、民族凝聚力与国家形象的文化遗产始终是法国文化政策的核心。因此,"文化保护"原则既包含法国文化产业政策中政府管控、扶持文化的基本特征,也蕴含法国坚守文化传统、保护民族文化的文化自信。①

3."文化特殊"原则

"文化特殊"原则包含了"文化例外"与"文化多样性"两个原则,其要求文化保护与文化产业对内能够更加注重历史价值和社会效益,对外能够用文化与其他国家在世界舞台上进行外交博弈。"文化例外"作为法国国内奉行的原则,正式被国际社会所认可是在1993年10月举行的法语国家共同体首脑会议上,由40多位国家元首和政府首脑通过的决议指出:"文化产品不能等同于其他工业产品和服务产品,所有属于精神文化的产品应当置于世界贸易谈判的范围之外。"②在2001年联合国教科文组织大会上,法国又提出了"文化多样性"的概念,其认为每种文明和文化都是在特定的地理环境和特定的人群中产生和发展的,特定国家和民族的文化异质性应获得国际社会的广泛尊重和全人类的共同保护。③其实,"文化多样性"是"文化例外"的延伸。世界各地的文化必然有发展时间长短的差距,但是无高低贵贱之分,应当"尊重差异、包容多样",抵御全球化背景下"文化标准""文化霸权主义"等的威胁。

---

① 蔡武进、彭龙龙:《法国文化产业法的制度体系及其启示》,载《华中师范大学学报(人文社会科学版)》2019年第2期。

② 蔡武进、彭龙龙:《法国文化产业法的制度体系及其启示》,载《华中师范大学学报(人文社会科学版)》2019年第2期。

③ 夏国涵:《法国文化产业的国家战略》,载《才智》2013年第31期。

同时,法国以法律的形式来宣扬“文化特殊”原则,获得了世界上绝大多数国家的认可和支持,对其也具有极大的借鉴意义。

法国历史悠久、底蕴深厚,其对文化产业立法极为重视,通过立法,不仅为法国文化产业发展提供了优秀的文化资源基础和先进的法律制度保障,而且促进了法国经济社会的发展,巩固了法国文化在世界上的地位。目前,法国在文化产业领域没有制定统一的文化产业法典,其采用的立法模式是相对分散的单行法结构,在文化遗产、图书出版、广播电视、新闻传播、艺术教育等各个文化行业,依靠文化产业单行法来进行具体的调整与规制。[①]

自第五共和国成立以来,法国政府在文化领域先后颁布了一系列的法律(见表5-2)。在文化遗产方面,1962年出台了《保护及修复历史遗迹法》、1967年颁布了《古迹保护法》、1977年实施了《建筑法》、2002年发布了《博物馆法》等。在图书出版行业,1981年颁布了《图书单一价格法》,法国通过此法对整个图书出版行业进行全面调控,对经营苦难的图书机构和作家提供经济支持,还通过自助图书馆的方式来降低公民读书的成本、培养全民阅读的习惯、保障公民阅读的权利。1981年出台了《出版自由法》、1986年制定了《交流自由法》等。在法语的语言保护上,1994年,议会通过了文化事务部时任部长杜蓬提出的《法语使用法》,规定禁止在公告、广告和电台、电视台播送节目中使用外语,要求在法国境内出版的出版物必须有法语的概述等。在广播电视领域,法国在1974年颁布了《电台和电视法》,并于1982年、1986年对其进行了修改。在新闻传播领域,法国在1984年颁布了《新闻法》。在知识产权领域,法国不仅在1957

① 蔡武进、彭龙龙:《法国文化产业法的制度体系及其启示》,载《华中师范大学学报(人文社会科学版)》2019年第2期。

年颁布了相当于法国版权法的《文化艺术产权法》,还在 1992 年将本国 23 个与知识产权有关的单行法规整理汇编成统一的《知识产权法典》,成为世界知识产权领域的第一个专门法。在文艺教育方面,法国国民议会于 1987 年正式投票通过了《艺术教育法》,其颁布极大促进了法国艺术教育与文化普及在全国范围的均衡发展,保障了公民享受艺术教育的基本权利,并且重视全民艺术文化素质的提升。在数字文化发展上,法国于 2010 年颁布实施《创新与互联网法》用于打击网络非法下载,保护知识产权、规范网络环境,2012 年《文化例外 2 号法》旨在保护数字时代创作者权益、鼓励文化创新、促进网络文化共享等。

表 5－2　法国文化产业相关法律结构示意

文化产业法律分类	类型	具体法律名称
文化产业单行法	文化遗产	《保护及修复历史遗迹法》《古迹保护法》《建筑法》《博物馆法》
	图书出版	《图书单一价格法》《出版自由法》《交流自由法》
	广播电视	《电台和电视法》《视听产品保护法》
	新闻传播	《新闻法》
	语言保护	《法语使用法》
	文艺教育	《艺术教育法》
	知识产权	《著作权法》《文化艺术产权法》《知识产权法典》
	数字文化	《创新与互联网法》《文化例外 2 号法》
相关法	财税支持	《文化赞助法》《电影资助法》《预算法》
	人才扶持	《文化宪章》
	文化管理	《外省化法》

资料来源:蔡武进、彭龙龙:《法国文化产业法的制度体系及其启示》,载《华中师范大学学报(人文社会科学版)》2019 年第 2 期。

除此之外，法国在文化的各个领域都颁布了相关法律，对本国的文化产业进行法律保护。例如，法国于 1974 年颁布了《文化宪章》为促进青年艺术家和当代艺术的突破性发展提供了保障。1982 年颁布了《外省化法》推动了文化管理的“分权化”与“民主化”，让文化活动、资金和设施从巴黎流动到全国各地，促使巴黎与外省的文化资源均衡分布，进而保障地方和基层享受文化资源的民主权利。1996 年发布的《视听产品保护法》规定所有广播电视节目中欧洲内容不得低于 60%，至少 40% 的时间必须播出法语节目，国外节目不得超出 40%；音乐作品须有 40% 以上使用法语。2003 年修订通过的《文化赞助法》，依靠财税政策支持文化产业的法案，为法国文化产业的发展提供了有效的资金支持渠道。2004 年通过颁布了《遗产法典》来对本国的文化遗产进行法律保护。由此可见，法国拥有比较完备的文化产业法律保护体系。

当然，值得一提的是法国文化产业在知识产权方面的立法保护。法国在 1791 年颁布的《表演权法》和 1793 年颁布的《复制权法》中将文学和艺术产权称为“最神圣的所有权”。[①] 1857 年法国制定了世界上第一部成文的《商标法》。1957 年颁布了《著作权法》，其颁布全面提升了法国著作权的保护水平，该法不仅保护作者包括追续权在内的财产权利，还保护包括追悔权和收回权在内的精神权利；在著作权的使用，如出版合同、表演合同等方面，为了保护作者的利益免受损害，法律甚至规定了很多限制性的规定。1985 年的修改将软件作为作品纳入著作权保护，并增加了对邻接权的保护，尤

① 黄晖：《法国：全球知识产权保护的楷模》，载《中国知识产权报》2007 年 4 月 18 日，第 8 版。

其是大量增加了著作权和邻接权集体管理方面的内容。[①] 此外，1994 年法国在修改《知识产权法典》时，"龙格法"通过增加司法警察可以主动查扣、法人须承担侵权刑事责任、判处侵权人停业、剥夺侵权人商事选举资格、没收侵权物品、累犯加倍处罚等一系列措施，有效地震慑和打击了知识产权犯罪。

通过前述著作权立法的演进和不断完善，法国形成了较为完善的著作权保护法律制度。这些制度突出表现在以下几个方面：

（1）法国版权法保护的客体。法国《知识产权法典》中规定的受法律保护的原始作品分别是：①书籍，手册以及其他关于文学、艺术，科学的文字作品；②演讲，演说，讲道，辩护词以及其他同类性质的作品；③戏剧和音乐剧作品；④舞蹈作品，技艺表演，马戏杂技，哑剧以及其他对文字作品的表演形式；⑤有词和无词的音乐作品；⑥电影作品以及其他由一系列动作影像构成的，有声或无声的音像作品；⑦绘画，油画，建筑，雕塑，雕刻以及石版画；⑧刻印和印刷作品；⑨摄影作品以及以类似摄影技术拍摄的作品；⑩实用艺术作品；⑪插图和地图；⑫与地理、地质解剖图、建筑、科学相关的平面图，草图，三维立体图；⑬计算机软件以及制作计算机软件的相关文档；⑭季节性服饰工业作品。[②]

法国保护版权的客体具有本国特色。巴黎素以时尚、浪漫闻名于世界，法国的文化艺术产业十分发达，站在世界前列，其服装产业以及相关的时尚产业尤为突出。为满足法国人民的艺术创作的需求，同时打击各种假冒仿制奢侈品的出现，法国《知识产权法典》将实用艺术和季节性服装产业列入版权保护客体范围之内。其中，实

① 黄晓霞：《法国知识产权和〈法国知识产权法典〉》，载《科技潮》2000 年第 3 期。

② Andre R. , Bertrand,《Droit D'Auteur》,*Dalloz*,2011/2012,p. 162.

用艺术是指那些既能满足人们的实用需求,又能满足人们的审美需求,融科学与美学、技术与艺术为一体的作品,一般包括建筑、工艺(或工艺美术)、书法等。服装就是一种常见的实用艺术作品。法国《知识产权法典》规定:季节性服饰工业制品被视为智力作品,由于时尚的要求,特别新颖或用于高档服装的特别面料视为季节性服饰工业作品。①

另外,与我国相比,法国强调对标题的保护。标题是作品的名称,可以称为整个作品的“灵魂”。标题对作品来说具有很重要的作用,对公众来说有很强的引导作用,所以作者一般都会在作品的标题上下足工夫。法国《知识产权法典》将标题列为一个与作品分开的单独的客体作为保护,且标题若想受版权保护必须具有独创性,即通用名词等不能作为受保护的标题。而在我国并没有强调对标题的保护,标题被包含在作品中统一受版权保护,但近年来作品标题被他人冒用或作品被抢注为商标的情况屡有发生,侵害了作者的权利。笔者认为,虽然和作品本身相比,作品标题的独创性较弱,但标题同样是作者智力劳动的成果,在日后立法中可以考虑将标题单独列为版权的保护客体。

除此之外,法国《知识产权法典》中并没有明确规定不受版权法保护的作品,可见其对作品的保护采取了一种极为宽松的态度。我国对客体的保护态度则是一种宽紧相结合的态度,在承认所有作者都就其作品享有版权的同时也严格规定行使版权不得违反宪法、法律,不得损害公共利益。

(2)法国版权立法规定的版权权利主体。法国《知识产权法典》未明确规定作者的含义,表述为“作者仅对作品的创作这一事实即

① Andre R., Bertrand,《Droit D'Auteur》, *Dalloz*, 2011/2012, p. 164.

可享有专有权利”。第121条第1款规定作者“享有各种依附于人身的权利”“作者的姓名受到尊重”。据此,在法国法律中规定只有自然人才有资格成为作者。值得注意的是,根据法条理解,法国规定作者就其创作的事实享有版权,并没有规定作者必须是法国“公民”,我国《著作权法》明确规定作者是创作作品的“公民”。相比之下,法国版权法作者的范围比我国著作权中作者的范围宽了很多,这样一来保护的主体和客体范围也就宽泛得多。

在作者身份的确定上,法国采用推定作者的方法。法国《知识产权法典》第113条第1款规定:“无相反证据证明,在公布的作品上署名的人即视为作者。”由此看来,版权人无须举证证明自己享有该权利,只要发表的作品上是谁的名字,谁就享有版权。

法国《知识产权法典》还根据作品类别的不同,将不同形式作品的作者认定也做了列举,如第113条第7款明确规定,如无相反证据证明,编剧、场景、对白、导演、作词作曲者被视为影视作品的共同作者。

(3)法国版权立法规定的版权权利内容。法国版权法规定的版权权利内容包括精神权利和财产权利。版权精神权范围主要包括作者有权使用其姓名、作者身份和作品得到尊重、发表权、反悔权等。作者有权使用其姓名权即我国著作权法中规定的署名权,作者身份和作品得到尊重即我国著作权法中规定的保护作品完整权。法国发表权的规定也与我国相差无几,作者就一件作品的发表权只有一次。法国还禁止了发表权滥用,作者不得以享有发表权为由拒绝发表作品。这里“不得拒绝”的情况是指发表作品作为作者一种必须履行的义务,如作者和出版社签订撰稿合同或作品连载合同,作者须在规定期限内完成作品将其发表,不得以“发表权”对抗“合同义务”。[①] 法国版权法与我国著作权法最大的不同在于规定了作者的反悔权。法国《知识产权法典》第 121 条第 4 款规定:“即使作品已经出版,作者仍然有权撤回。但作者必须先给予现任的出版商相应的补偿。如果作者在行使后悔权后决定重新出版其作品,他须优先考虑之前的出版商和原始的条款。”根据法条理解,行使该权利的两个条件是:事先补偿放弃出版权的出版商;作者行使后悔权后欲再次出版其作品,应该在不改变之前的条款的情况下,优先授权之前本有出版权的出版商出版其作品。法国还限制了反悔权的范围,其中第 121 条第 7 款规定了反悔权不适用于计算机软件和以访谈为内容的音像作品,第 214 条第 1 款规定了“唱片发行后,演唱者和制作人不能禁止其在公共领域流通”。这表明邻接权中不存在后悔权。

后悔权作为一种精神权利,目的在于充分尊重作者的创作,最大限度地保护作者对其作品享有的发表权和修改权,这一点是很值得肯定的。而法国规定这一权利的前提是法国版权的管理制度较为成熟,而在我国,著作权集体管理制度建立不久,相关法律法规尚不成熟,作者要以个人身份独自行使这一权利比较困难。

法国版权法规定的版权权利人的财产权主要包括开发利用权、使用确定权、转卖报酬权、翻译权、改编权、汇编权、出租权等。开发利用权,包括表演权和复制权,与我国著作权法规定相似。使用确定权,是指作者授权他人开发利用自己作品并严格限制其开发利用范围,授权人要在该范围外开发利用该作品需要经作者再次授权,并支付给作者一定费用的权利。我国著作权法中并未规定此项权利。笔者认为,这一权利完全可以由民法中合同内容的相关规定进

---

① Andre R., Bertrand,《Droit D'Auteur》,*Dalloz*,2011/2012,p. 231.

行保护，但法国将使用确定权作为作者的一项财产权利专门规定出来，可以看作对一般法的具体化，更加有力保护作者的开发利用权。转卖报酬权，是指作者从其作品的转卖行为中获得报酬的权利，规定于法国《知识产权法典》第 122 条第 8 款，“（获得报酬）是作者在其作品各种转卖过程中不可转让的一项权利”。换句话说，有转卖，作者就有报酬。但作者行使该权利有一定的限制。首先，作品范围限制。转卖报酬权只适用于绘画艺术和雕塑性艺术作品，包括油画、素描、石版画、雕刻、雕塑、照片、建筑设计图、印刷艺术品。其次，转卖人限制。如果一件作品通过专业艺术市场的中间人转卖给非专业人，或者该专业艺术市场中间人既是一件作品的转卖人又是买受人，作者不能从转卖行为中获得报酬。最后，出售价格限制，报酬数额计算的百分比根据实际中前一次出售价的不同而发生变化，第一次出售时售价低于10 000欧元的除外。转卖报酬权的规定在一定程度上反映法国文化产业的发达，是法国国情的需要。我国的现行著作权法中并没有该项权利的相关规定，这可能与我国现在艺术作品转卖尚未形成产业有关，但随着国民文化艺术生活的丰富和我国文化产业的不断发展壮大，类似转卖报酬权的财产权是可以预见的。翻译权、改编权、汇编权、出租权，这几项权利在法国《知识产权法典》中并未做出肯定性规定，但我们可以根据第 12 条第 4 款的禁止性规定，即“未经作者或作者权利的继承人的同意，任何对作品的部分或全部的表演或复制行为都是违法的。用任何手段方法对已有作品进行翻译、改编、汇编同样适用该条款”，推定出作者享有翻译权、改编权、汇编权。出租权规定在第 122 条第 6 款和第 213 条第 1 款，除此之外无明确定义。与其相比，我国《著作权法》中明文规定著作权人享有这几项权利，并对这几项权利进行了定义，充分保护作者的财产权。

(二)法国文化产业知识产权保护的救济制度

法国《知识产权法典》采取了概括定义的方式,在实践中判断行为是否侵权时,通常将第 122 条第 4 款"所有未经作者授权而对作品进行全部或部分的表演或复制都是违法的,该条同样适用于对作品翻译、改编、汇编"与第 122 条第 5 款版权限制情形列举内容相结合,并且在判断侵权时,不区分主观善意恶意或者侵权数量多少。当权利受到侵权时,法国版权法规定了相应的救济制度。

1. 民事救济

法国在重视加大文化产业知识产权保护力度的同时,也极度关注对知识产权保护的救济。当然,最主要的救济途径是向法院提起诉讼。法国知识产权民事纠纷案件专属于大审法院管辖,如不服大审法院的判决,可以向上诉法院提起上诉。[①] 除知识产权所有人主动提起诉讼外,法国《知识产权法典》还赋予了大审法院主动采取措施的权力,例如,已故作者的代表人明显滥用或无故不行使发表权的,大审法院可采取一切适当之措施;软件主要用来非法使用受文化艺术产权保护的作品或制品的,大审法院院长通过紧急程序,可采取任何符合现有技术的必要措施,并辅以逾期罚款规定,以保护该权利。

民事救济主要有赔偿损失和对盗版物的处理。法院在确定赔偿数额时必须考虑直接的经济后果,包括利润损失,即由侵权方获得的对作者或版权所有人的权利和精神造成损失所得的利润,法院在权利人自愿申请的情况下,确定的损失或利润不得低于权利人正式授权使用作品应该获得的版税。如果申请人能够说明侵权

① 《国别环境——法国》,载中华人民共和国商务部网 2022 年 12 月 3 日,http://ipr.mofcom.gov.cn/hwwq_2/zn/Europe/Fra/J_remedy.html。

人的经济状况可能危及损害赔偿和利益，法院可命令查封嫌疑人的动产和不动产，依法常见的包括查封他的银行账户和其他资产[①]。对盗版物的处理。在权利人申请的情况下，法院对侵犯著作权邻接权和数据库制作人权利的制作成品，用于存储从数据库非法摘录作品的载体，用于制造盗版作品的非法的材料或仪器进行没收或永久性销毁。法院还可以命令以任何适当的措施宣传审判结果，包括将全文或摘编公布报纸上或用于公众通信服务网络线路上。法院还可以命令全部或部分没收销售仿冒作品的收入返还给演绎作品作者或数据库制作人。[②] 对计算机软件和数据库假冒作品的扣押要经大审法院院长的批准，由大审法院院长下令扣押非法制作的假冒品、用于非法生产传播计算机软件和数据库的物资设备以及相关文件。

2. 刑事救济

当版权人的权利受到严重侵害时，法国版权法规定了相应的刑事救济措施。这些措施包括查封扣押、罚款处罚、对犯罪的商家的处罚和对犯罪的自然人的处罚等。《知识产权法典》第 335 条第 4 款规定了司法警察有权对非法复制录音制品和影像作品，样品，非法制造或进口的物品，以及不利于技术和信息保护的产品、仪器、设备、组件或设施进行查封扣押；盗版作品无论是在法国境内还是在法国境外发行，行为人都要被处以 3 年监禁和 30 万欧元的罚款。出口或进口仿冒品也将被处以相同的刑罚。当前述的犯罪行为是有组织的，对于行为人的刑罚增加至 5 年监禁和 50 万欧元的罚款。

---

① 黄小霞：《法国知识产权与〈法国知识产权法典〉》，载《科技潮》2000 年第 3 期。

② 张耕、施鹏鹏：《法国著作权法的最新重大改革及评论》，载《比较法研究》2008 年第 2 期。

对犯罪的商家的处罚。法院可以责令永远或暂时关闭销售仿冒作品的商店的全部或一部分,一次暂时关闭的期限为5年以上。暂时关闭不得终止或中止和雇员的劳动合同,也不得给有关雇员造成经济损失。如永久封闭造成的人员辞退,商家除支付雇员津贴和遣散费,还要按照劳动法支付相应的损害赔偿金,不支付上述款项的将处以6个月的监禁和3750欧元的罚款。[①]

对犯罪的自然人的处罚。犯罪的自然人必须自费撤回所有商业渠道中的被法院认定的仿冒品,以及用于或将用于实施犯罪的物品。法院责令没收所有或部分唱片、影音作品的仿冒品以及其他的非法复制品,法院可以下令销毁没收的物品,但不能损害作者的利益。法院还可以根据《刑法典》的规定下令将处罚结果公布于众。仿冒者如果再犯,将处以双倍刑罚,对法人的刑事处罚与自然人相同。

3. 其他救济途径

文化产业知识产权保护救济方面,法国《知识产权法典》并不是把法院作为唯一的救济途径,而是赋予了某些政府部门和社会组织等以权力,使其与法院形成多种救济渠道,从而更好地保护知识产权所有人的合法权益。

首先,行政部门参与的知识产权保护救济。例如,法国《知识产权法典》赋予了海关部门相当大的司法权力,海关管理部门依著作权或邻接权所有人的书面请求及按行政法规规定的条件附上的权利证明,可在其检查范围内扣留申请人指控侵权的货物。与此同时,法国政府在诉讼中也扮演重要角色,例如,已故作者的代表人明显滥用或无故不行使发表权的,负责文化的部长尤其可以诉请法院采取措施;除任何有正当理由起诉之人,负责文化事务的部长在没

① 何崇润编译:《法国著作权法简介》,载《现代法学》1992年第6期。

有已知的权利继承人、无人继承或继承人放弃继承时,其可向司法机关起诉。

其次,社会组织参与的知识产权保护救济。法国《知识产权法典》还规定了某些组织也可以成为诉讼中的原告,比如,报酬收取及分配协会是正规成立的民事公司,为维护其负有法定职责的权利有权起诉;正式成立的职业维护组织,可提起诉讼以维护其章程规定的权益;在有检察官或受害人公诉的情况下,国家电影和动画中心可以被赋予民事诉讼方的权利。法国《知识产权法典》还赋予了某些机构组织以解决知识产权争端的权力,比如,在无法获得有关交互操作的必要资料时,任何软件公司、任何技术系统制造商以及任何服务的运营商,均有权要求网络作品传播与权利保护。高级公署在尊重各方权利的基础上,确保现有系统和服务的交互操作,并从技术措施的权利所有人处获取有关交互操作的必要资料;进行复制或表演受保护的、为残障人士改编的作品或制品的、法典述及的法人和向公众开放的机构,可向高级公署提起任何有关及数字文件格式传输印刷文本的争端。

最后,文化产业知识产权保护救济的调解员制度。法国建立了较为完备的调解员制度,为解决因有限、同步、完整、不加改动转播权的许可产生的纠纷,可以在不影响有关各方诉权的情况下,按照行政法院法规的规定设立调解员进行调解。

(三)法国文化产业知识产权保护限制制度

法国在版权权利限制制度分类上和我国有很大的不同。法国为了尽可能降低美国等其他国家对国内的文化产业造成的威胁,采取了非常严格的保护措施,拥有非常健全的保护制度,因此对于保护的限制相对较少,这也展现了法国支持民族文化、保护本国文化的特点。法国《知识产权法典》规定了合理使用的内容,比如,作品发表后，作者不得禁止仅在家庭范围内进行的私人和免费的表演等；如系软件合法使用人按其用途使用该软件所必需，则无须征得作者许可；表演艺术者的表演在一作品或一试听纪录片的一段主题事件中只具有附属性质时，该表演艺术者不得禁止复制及向公众传播其表演；以职业目的购买录制载体的，亦不应支付个人复制报酬。同时，法国《知识产权法典》在著作权领域规定了两种法定许可类型，即在公共场所(非娱乐场所)直接传播、广播或者同时以有线方式传播以营利为目的而出版的录音制品；为个人使用之目的，复制录音制品或录像作品，报酬由录制媒介的制造商或进口商一次性支付，如为其自己使用，相应款项可退还。[①] 除此之外，法国《知识产权法典》还加入了关于国际保护限制和权利穷竭的内容，包括在符合法国参加的国际公约规定的情况下，经咨询外交部后查明某国对在法国首次发表的作品，无论以何种方式未给予充分有效保护的，在该国首次发表的作品不得享有法国著作权立法之保护；在欧洲共同体(欧盟)成员方或欧洲经济区协定成员方的领土上，由权利人或经其同意将数据库的有形复制品首次出售后，在所有这些成员方控制该有形复制品转售的权利即告穷竭。虽然法国文化产业知识产权保护限制制度不够丰富，但这足以体现法国坚持"文化保护"原则，不断加大对国内文化继承和发展的扶持力度。

(四)法国文化产业知识产权保护的国际制度

除比较完善的国内文化产业知识产权保护体系外，法国在国际上也是文化产业知识产权保护的先行者。早在 1883 年法国就签订了《巴黎公约》，开辟了工业产权国际保护的先河。1963 年法国签订

① 孙帆：《论国际知识产权保护中的著作权限制制度》，中国政法大学 2010 年硕士学位论文。

了《斯特拉斯堡公约》,提出的创造性标准奠定了欧洲专利的基石。1972 年《伯尔尼公约》最新文本在法国巴黎修订,这也足以体现法国文化产业知识产权在国际中的地位。

与此同时,随着经济和文化全球化的进程加快,在全世界范围内很多国家的文化产业都遭到了来自其他国家和地区文化商品的威胁,法国也不例外。但是法国采取了非常严格的贸易保护措施以保护本国的文化市场不受其影响,并且取得了非常好的效果。法国有自己的知识产权保护理念和制度,故其在国际上也是积极对话,多次在欧盟和国际贸易的大会中,为制定合法平等的公约而发声。法国在 1993 年的关税与贸易总协定乌拉圭回合谈判中,强调电影及其他视听产品的"文化"属性,坚决反对美国把"文化"列入一般服务贸易范畴,主张运用国家手段支持民族"文化"的创造和生产,保护本国文化的独立性,并且提出"文化不是一般商品""文化例外"的新概念,拒绝了美国的要求。[①] 此外,法国更是直接推动了欧盟颁布保护欧洲视听工业的《共同行动纲领》,有效地保护了欧洲国家的民族文化不被外来文化产品吞噬。在 20 世纪末展开的《多边投资协定》中,法国也坚持"文化例外"的特殊性原则。而在 2001 年和 2003 年的联合国教科文组织大会上,由法国主要推动发表和颁布的《世界文化多样性宣言》和《保护文化多样性国际公约》,都在以法律的形式承认文化的特殊性,保障各国拥有决定本国文化政策的权利,以应对经济全球化带来的文化和语言单一化的威胁。此后在 2013 年,法国在《跨大西洋贸易与投资伙伴关系协定》首轮谈判中,继续坚持"文化例外"原则。当然,法国也非常注重对其他国家的知识产权保护,重视知识产权的国际合作。例如,法国与包括中国在内的许多

① 夏国涵:《法国文化产业的国家战略》,载《才智》2013 年第 31 期。

发展中国家建立了商标、专利的联合工作组；在国际条约的适用上，法国的《知识产权法典》还特别规定禁止超国民待遇。

三、法国文化产业知识产权保护制度对我国的启示

放眼世界，知识产权的重要性越发凸显。我国文化产业知识产权发展起步较晚，法律保护体系不够健全，应当向法国这样一个与我国同属大陆法系的国家学习，不断完善文化产业知识产权保护制度，加快我国文化产业知识产权保护的进程。首先，我国应当整合文化产业知识产权保护管理部门，充分发挥政府职能，完善知识产权保护救济制度，最大限度地维护权利人的合法权益。目前，我国知识产权局负责著作权等的申请管理和保护，同时文旅部、海关、公安等多个部门也都在参与知识产权保护管理，导致行政资源分散，在很大程度上削弱了我国文化产业知识产权保护的力度。因此，我国应当借鉴法国经验，不断加快文化产业知识产权部门之间的资源整合，以适应不断发展和变化的国际文化产业知识产权发展形势。[①]同时，对于我国来说，要利用和探索一切有利于自身发展的模式。作为单一制国家，地方服从中央的模式，造就了我国文化产业的发展要依赖于中央政府对于文化产业的扶持与推进。因此，我国应该实行政府主导型模式。[②] 充分发挥政府职能，使其与法院和社会组织等形成合力，共同对文化产业知识产权保护提供救济途径。其次，从各国的经验来看，每个国家对于文化产业的理解都不尽相同，并且各国都在根据本国文化发展的特色来制定文化产业知识产权

---

① 耿超：《法国知识产权管理与保护对我国的借鉴和思考》，载《国有资产管理》2007年第5期。

② 卫霞：《政府主导型文化产业立法的域外启示——以法国和韩国为例》，载《甘肃理论学刊》2019年第2期。

保护法律制度。我国也应当结合中国特色社会主义、中华民族特性和文化发展现状等来制定文化产业知识产权保护法律制度。最后，法国较早引入了著作权集体管理，这使传统民法意义上个人的意思自治、合同自由原则受到一定的限制，向着一种更为复杂的集体协商机制转化。但不可否认的是，集体管理对于节约成本、提高作者议价能力和降低维权费用有着不可替代的作用，互联网条件下的著作权管理和保护只会进一步求助于集体管理模式。[①] 我国虽然也有《著作权集体管理条例》，但是在具体实践中并未充分发挥其作用，故我国应当学习法国大力发展著作权集体管理模式，以期更好地促进文化产业知识产权保护。

我国的权利限制制度分为合理使用和法定许可，而法国则是先概括地将权利受限制的情况分为 9 种，其列举内容和我国法定许可和合理使用内容大部分相似，但权利限制范围比我国更加广泛。如法国《知识产权法典》规定了对数据库的使用的权利限制可以在合同允许范围内，这充分体现了法国在版权权利限制方面的与时俱进。除此之外，法国对滑稽模仿秀、模仿作品、漫画以及同类作品中的版权权利限制的规定也是值得借鉴的。我国规定的权利限制的客体大都是文字类作品，而且规定较为泛泛，没有具体到某一类作品形式。所以，我国《著作权法》在规定著作权权利限制制度时可以向法国借鉴，考虑在不损害版权人的权利的情况下扩大权利限制范围，细化权利限制的方面，更加全面地保护版权人利益。

在侵权行为定义方面，法国《知识产权法典》并没有明确列举出属于侵犯版权的行为有哪些，只是概括提出“对作品进行全部或部分的表演或复制都是违法的”，可见其对侵权行为的惩罚态度是相

---

① 黄晖、朱志刚：《法国知识产权法典·法律部分》，商务印书馆 2017 年版，第 32 ~ 33 页。

当严厉的。我国在《著作权法》中将侵权行为分别列出，还清楚地分为应当承担民事责任和行政责任的侵权行为，规定更加细致准确。

在刑事救济方面，法国直接将刑事处罚内容写入法典中，我国的《著作权法》中并无关于著作权刑事犯罪和刑事处罚的具体规定，而是直接规定在刑法当中。这体现了两国在立法思想上的不同，法国偏向于集合所有内容为一体的法典形式，模糊部门法制作之间的界限，我国的立法则有着清楚的部门法界限。

对比来看，法国对侵权行为的处罚程度严苛于我国。从法典规定中可以看出，其应承担民事责任的侵权行为和应承受刑事处罚的行为，都给予了侵权者以沉重的经济处罚，而且在罚款或罚金的数额上都给予了明确的规定，并没有给法官自由裁量的空间，虽然这样的处罚对那些小额犯罪的侵权者似乎有些不公平，但能起到很好的警示作用。我国对侵权者的态度则相对宽松，在计算赔偿数额时，对于既无法确定权利人的损失又无法确定违法所得的，对侵权人的赔偿数额被限定在 50 万元以下，但在实际中，随着犯罪规模的加大，50 万元对很多侵权人来说都只是杯水车薪，又如何能起到警示作用呢？应该加大对侵权者的处罚力度，提高罚款或罚金的法定数额限度。根据国情不同，可以考虑在版权侵犯猖獗的领域内尝试做定额规定。

法国是在法治建设与文化建设相统一的基础之上推动文化产业发展的，并且法国相当重视对文化产业的知识产权保护。作为与法国背景相似的我国，同样是文化底蕴深厚、历史悠久的大国，也都同样拥有丰厚的文化资源和先进的法治思维。故我国应当借鉴法国经验，将法治和文化有机结合，促进二者协同推进，充分发挥法治的优势和力量，推动文化产业快速发展。当然，更要加强知识产权保护，推动发展加速。具体而言，我国应当推进我国文化产业法律体系与文化产业政策体系的协调发展，在适时推动重点文化产业领域单行法的制定和出台的同时,也要推动文化产业政策的科学化发展,保持立法与政策的同步性。同时,由于文化产业门类丰富,较为庞杂,所以仅仅拥有《文化产业促进法》这一部法律对文化产业进行调整是远远不够的,还需要制定更多的法律法规。并且应当对文化产业的知识产权保护进行立法,以完善我国文化产业的法律体系。

当然,创新是生产的第一动力。国家的创新首先是文化的创新。法国文化产业之所以具有生生不息的活力,源于其对创新文化的不懈追求。我国应当以《文化产业促进法》等文化产业法的制定为突破口,以引入多元力量的文化管理制度建设为基础,以文化产权保障为核心,以文化人才扶持为关键,全面推进文化产业创新激励法律制度之构建。① 同时,法国将保护民族传统文化作为文化产业法,乃至整个文化政策法规体系的基本原则,其是在充分尊重和保护传统文化的基础上进行的创新,故我国应当在加强传统文化法治保护的基础之上,用法律制度引导和促进现代科技与传统文化理性的结合、引导和促进其他行业和产业与文化资源有效融合,并且应当面向世界,博采众长,加强与其他国家或民族更多的交流、借鉴和融合,以此促进文化产业发展。这也正如中共十九大报告中所强调的一样,要推动中华优秀传统文化的创造性转化、创新性发展。

此外,法国相当注重对本土文化特征和文化传统的保护,具有独特的文化魅力和国家形象。近年来,我国文化产业发展迅速,我国的国家形象也在发生着改变。此时我国应当加大宣传传统优秀文化,树立文化自信,同时调动社会组织和个人共同参与文化建设的积极性,以提升我国的文化软实力和国际竞争力。同时,法国也

① 蔡武进、彭龙龙:《法国文化产业法的制度体系及其启示》,载《华中师范大学学报(人文社会科学版)》2019 年第 2 期。

很注重对高雅文化艺术的普及。法国对高雅文化艺术的宣传与普及，看似纯粹的公益性文化事业，实际上公民文化素质的提升间接带动了公民文化消费水平的提高，这无疑有助于文化市场的培育和拓展。[①] 我国应当以此为鉴，采取法国的低票价制度鼓励公众与高雅文化近距离接触，最大限度地降低参与高雅艺术的门槛，以此满足我国公民不断增长的文化需求，提高文化消费水平。

法国虽然历经多次世界战争、区域战争的侵蚀，以及全球化、多元化的冲击，但法国文化依旧保持着它旺盛的生命力。并且法国政府始终如一地坚持“文化民主”原则、“文化保护”原则以及“文化例外”原则，同时认为知识产权保护是文化发展的“保护膜”，坚持在国内外建立健全文化产业知识产权法律保护体系。法国也相当注重对其他国家文化产业的知识产权保护。与美国不同的是，法国采用的是以政府干预为特征的文化产业发展模式，其将文化放在极高的地位，认为文化关乎国家形象、国家安全等。

---

① 杨卫武、向微、庄新美子：《法国文化产业政策的发展演进研究》，载《都市文化研究》2015 年第 1 期。

第六章　我国文化产业知识产权保护的完善对策

过去我国文化产业知识产权保护主体以企业为主,保护客体以著作权为主,保护方式以消极保护为主。就文化产业发展而言,我国文化产业知识产权存在地区发展不平衡、原创能力不足、国际竞争力弱等问题;就法律保护而言,我国文化产业知识产权保护存在法律位阶低、行政保护为主、司法保护权限不足等问题。知识产权保护力度对文化产业发展具有正向影响。进入数字时代,作为引领国民经济的文化产业,若要在未来获得进一步的发展,必须注重知识产权保护机制的建设,加强文化产业知识产权的保护。

国务院要求全面加强知识产权保护,强调要统筹推进知识产权"严保护""大保护""快保护""同保护"。文化产业知识产权保护同样需要践行这一理念。我国文化产业知识产权保护机制的完善,不仅要在立法方面加大保护力度,提高侵权成本;而且要在行政和司法方面加强综合执法和司法保护,深化行政执法与刑事司法衔接;还要积极构建协同保护机制,强化社会保护,包括强化知识产权信用监管、增强文化产业知识产权保护意识、建立专业人才支持体系等。

第一节 我国文化产业知识产权立法保护的完善

一、面向立法，构建“全覆盖”法网

我国是历史悠久、文化底蕴深厚的大国，拥有丰富的文化资源。应当充分发挥法治的优势和力量，加强文化产业知识产权保护立法，推动文化产业快速发展。一方面，要保持立法与政策的同步性，在制定出台调整重点文化产业的单行法的同时，也要注重文化产业配套政策的制定与实施，推进文化产业法律体系与文化产业政策体系的协调发展。另一方面，由于文化产业种类丰富，表现形式多样，仅仅用《文化产业促进法》这一部法律来调整是远远不够的，应当构建“全覆盖”法网，促进我国文化产业知识产权保护法律法规的体系化。

（一）著作权保护

我国以全国人大常委会颁布的《著作权法》为核心，以国务院颁布的《计算机软件保护条例》和《信息网络传播权保护条例》等行政法规、版权局颁布的《互联网著作权行政保护办法》等部门规章、最高人民法院颁布的若干司法解释为必要补充，已经建立起了一套符合我国国情和社会经济发展的著作权法律保护体系，为我国各类文化作品的创作和传播提供了坚固的法律支持和良好的环境保障。但在肯定成绩的同时，我们也要认识到我国文化产业知识产权保护与国际社会尤其是一些发达国家仍存在一定差距，有必要结合我国实际情况进行完善。

1. 完善版权保护民事法律制度

版权是民事权利的一种，具有民事权利的一般特征。版权保护有三种方式：民事保护、行政保护和刑事保护，其中民事保护是最常

用的方式。在司法实践中,文化产业权利主体一般通过民事诉讼保护自己的合法权益,因此完善相关民事法律制度是首要任务。

著作权法上,首先,应明确文化产业知识产权的权利主体,使法律的保护具有可操作性,尤其是比较复杂的情况。比如,传统文化,其权利主体应该是创造、持有和传承传统文化的个人或族群,可以采用“先创造、传承人,后社群、民族”这一顺序来确定权利主体。《著作权法》保护的客体虽然是有作者的作品,但是一些无法知晓创作者的传统文学艺术作品也应该被纳入其保护对象。其次,要对权利内容进行界定。权利保护的核心依然包括财产性权利,对于以某种传统文化为内容的产业进行私权利益的界定和保护也是有必要的。在给予传承人以作者权利保护的同时,也应当考虑社区等作为手工艺持有群体的利益。当然,除财产性权利外,文化主体享有的署名权、保护作品完整性、传播权、经济利益分享权等人身权利亦应受到保护。此外,考虑文化产业信息内容的制作、传播、复制成本低等自身特点,对利用互联网进行的知识产权侵权行为问题进行规制时,为协调权利主体、作品使用者及运营商、服务商的关系,应明确规定互联网各方的权利义务、互联网文化纠纷的解决程序、互联网侵权的救济措施等。

与发达国家的文化产业知识产权保护机制相比,我国还有一定的不足。以美国为例,美国经过了从 1790 年《联邦著作权法》、1790 年《版权扩张法》到 2000 年《数字化版权法》的发展,已形成了相对完整的法律保护体系。美国是世界上最早进行文化立法的国家,其为文化产业的发展提供了一个自下而上的宽松的外部环境,同时构建了严格的法律保障体系。[①] 美国版权保护的一个突出特点就是立

① 郑迎平:《读解美国文化产业》,载《科学决策》2006 年第 9 期。

法的不断完善。美国第一部版权法颁布于1790年,历经26次修改,如今施行的是1976年《版权法》。在这100多年间,为与时代相适应,美国版权法的保护范围不断扩大,为版权人的利益提供了有效的保护。经过多次修改和完善,美国的版权制度日趋成熟,已经成为世界上最具有代表性的版权制度之一。除完善的版权制度外,美国还通过完善《合同法》《公司法》《反垄断法》《反托拉斯法》《保护中小企业法》《联邦税法》《消费者权益保护法》等其他领域的法律制度中的相关规定来保护文化产业的有序发展。可以向美国这样在文化产业领域知识产权保护较为成熟的国家学习,吸收其立法经验,引进知识产权国际保护的规范与标准,不断完善我国版权保护制度。

我国当前的版权法律制度还存在一个可操作性不强的问题。很多法律条文形同虚设,在实践中处于非功能状态。这种条款较多的时候会转向负功能,因为没有指导价值的条款数量太多,实际上浪费了立法资源。因此,在版权立法中,应当尽量少用原则性、提倡性、宣示性的条款,多制定更具有可操作性的条款,并且对于权利义务的设定和分配应当力求内容清晰、具体、明确或者通过列举的方式表达。此外,在立法结构方面,我国版权制度还存在篇章结构设置不合理的问题。在《著作权法》中,将“权利限制”放在第二章“著作权”中,仅作为该章的一节呈现。如果用体系解释的方法,很容易得出权利限制只是针对著作权而非针对邻接权的结论,然而立法者的意图却非如此。我国的权利限制制度包括合理使用和法定许可。法国的版权制度将权利限制的情况分为9种,大部分内容和我国法定许可和合理使用的内容相似,但权利限制范围比我国更加广泛。我国在规定著作权权利限制时可以向法国借鉴,扩大权利限制范围,细化权利限制内容,更加全面地保护版权人利益。另外,在著作权保护期限上可以适当延长,在作品保护范围上,应当适当扩大。

2. 加大保护力度,提高侵权成本,推动知识产权“严保护”

在文化产业知识产权保护立法方面,应当进一步完善侵权责任法律制度,健全侵权惩罚性赔偿制度,大幅提高侵权成本,落实知识产权“严保护”。从知识产权保护实践来看,传统文化权利人,比如,传统技艺持有人或者持有核心技术的文化企业,遇到侵权问题时习惯于寻求行政庇护,不太愿意选择司法救济途径。在司法实践中,版权人因为举证困难,很多时候通过司法途径追究直接侵权人的法律责任难以实现,因此通过司法途径维权几乎不具有可行性。所以,建立版权侵权间接责任制度尤为必要。目前,我国法律明确要求为他人的版权侵权行为承担间接责任的主体仅限于网络服务提供商、侵权软件持有者、故意规避技术保护措施的技术服务人员等,对于其他没有直接实施版权侵权行为的第三人是否需要承担责任以及在何种条件下需要承担责任在我国版权法律制度中并未有明确的规定,这就导致法官在法律适用中面临适用困境,也会影响判决的统一性。因此,为了更充分、更有效地保护版权人的利益,建议借鉴美国司法救济制度中的版权间接责任制度,在版权立法中明确规定版权侵权间接责任规则。此种方式不仅符合法理中公平和正义的价值取向,也顺应司法实践中版权保护的内在要求。

我国应从以下几个方面完善著作权民事侵权保护制度。首先,应当明确规定著作权侵权行为发生时,权利人可以采取适当措施阻止侵权行为。其次,应当加强对作者人格权的保护,作者死后其作品受到侵权时也应提供法律救济。再次,可以借鉴日本的做法,在著作权侵权损害赔偿方面采用“推定赔偿法”,根据版权人正常行使版权所得的收益和侵权人实施侵权行为所得的收益一起确定赔偿数额。同时,明确侵权人除对版权人的实际损失进行赔偿外,还要对给版权人造成的精神损害承担相应的赔偿责任。最后,可以借鉴日本《著作权法》中单独为版权人恢复名誉的规定,在我国版权立法中,增加督促"消除影响"和"赔礼道歉"的执行制度。通过强制侵权人在报纸、杂志等媒体上赔礼道歉,消除影响,挽回版权人声誉。这一做法不仅对保护版权人的人格权有十分重要的意义,而且可以对舆论产生正确的引导,对其他正要实施侵权行为的人产生警醒的作用。

(二)商标权保护

完善商标权法律制度能够使文化产业的商标保护更加体系化。首先我们需要认清文化品牌塑造与文化产业发展的密切联系,认识到加强对文化商标的保护刻不容缓。我国《商标法》对传统文化商标的注册程序、商标保护和侵权救济做了详细规定,增加了声音作为商标的申请注册种类和关于商标审查时限的规定,通过加强对驰名商标的保护以及兼顾商标申请和使用的合理与公正等来规范商标代理行为,简化了针对商标注册争议的异议制度并进一步遏制商标被抢注的行为。此外,加上《商标评审规则》《集体商标、证明商标注册和管理办法》《商标法实施条例》《驰名商标认定和保护规定》等一系列与之相符的商标法规,为当下文化产业的发展提供了较为体系化的商标法律制度保护。

我国现行《商标法》应增加更加明确的禁止商标恶意抢注和相关规范商标代理活动的条款,来弥补新增的诚实信用条款、禁止抢注明知他人在先使用的商标等不具有操作性的条款的不足。现行《商标法》虽明确规定使用在先商标有一定影响的时间标准是在后商标申请日,并在原使用范围内可继续使用,但是没有明确这种使用范围是地域范围还是商标类别范围。以传统文化为例,传统工艺具有很高的地域性,因此登记地理标志的方法可以为传统工艺提供有效保护。

鉴于商标保护对于传统文化及其产业发展有着重要的意义，我国在立法中或可考虑建立“传统文化商标援助制度”，设置专门的机构对传统文化产业的商标申请、注册、续展、维权等方面进行特别指导或培训。商标权的消极性保护在无形中降低了商标侵权的门槛，不能使权利人逃离商标动辄被抢注的被动地位，使需要获得主动知识产权保护的文化产业发展战略需求得不到满足。而且，证明商标和集体商标因自身的功能和特性使其在地理标志保护中无法起到主导作用，只能处于补充性的次要地位[①]，明显不利于权利持有人为集体或群落的传统文化之产业的商标权保护。因此，有必要充分发挥现行法律的作用，特别是利用《商标法》促进普通商标和地理标志商标的注册。

（三）专利权保护

我国专利权制度为文化产业提供了严格的专利授予和保护门槛。文化产业发展的原动力离不开核心技术的不断创新。我国《专利法》对专利的授予条件、专利的申请、审查等程序性问题、专利的期限保护、侵权救济等做了细致严格的规定，传统文化的技术持有人作为权利主体可以据此提出专利申请。此外，《专利法实施细则》《专利强制许可办法》《专利实施许可合同备案管理办法》等与之一并构成更加严格的专利知识产权保护制度体系。

我国专利权的授予对于文化产业的保护存在门槛过高问题。以传统文化为例，针对专利权“三性”的条件，许多传统文化产品在民间已广为流传，新颖性几乎不复存在，有些传统文化产品也难以

① 参见董炳和：《知识产权制度研究——构建以利益分享为基础的权利体系》，中国政法大学出版社2005年版，第284页。

证明专利权要求的具有实质性的创造性，所以，传统文化产品在内的专利"申请难"现象非常普遍。与商业秘密保护相比，专利权保护存在保护期限短、技术要求高、成本高、技术公开等弱点，相当多的传统文化产业创新产品或服务的权利人或持有人，并没有足够能力来实现专利申请和专利维护，并且极易与知识产权私权保护的宗旨相冲突。譬如，因公开核心技术而损害传统文化主体的既得利益及其传承人的后继利益。

建议以专门立法形式对传统文化产业提供特别保护。具体列明不适用《专利法》保护的传统文化形式，如宗教信仰、祭祀物品等；在保护期限上，也应当延长传统文化的保护时限，对于那些符合拥有重要产业核心技术标准的传统文化可以进行永久性保护；除此之外，大多数传统技艺难以达到专利保护的"三性"要求，在立法上应考虑对传统文化、技术等的保护可以适当放宽新颖性、创造性、实用性的标准。

（四）商业秘密保护

建议在商业秘密立法中以 TRIPs 协定为参考，明确传统文化商业秘密的知识产权性质，扩大传统文化保护的主体和客体范围，延长保护期限，对其构成要件详细规定，强化侵权的法律责任，包括民事责任和刑事责任，使传统文化作为商业秘密能得到兜底条款式的基本保护。其中，基于对传统文化保护的经济意义和社会价值，对于他人利用"反向工程"取得传统文化相关技术等行为，应将其定为违法行为，给权利主体造成损失的，应承担相应的侵权民事责任乃至刑事责任。

将传统技艺作为公共知识或者商业秘密进行保护可能存在"短板"。相当数量的传统技艺正逐渐消亡，但它们拥有巨大的经济价值和文化价值，也是传统文化的重要组成部分；现存的传统技艺虽有良好的发展前景,但对其法律保护力度不够,尤其是知识产权保护畸弱,正严重制约其产业化的高速发展,并危及历史传承。如果传统技艺无偿对外公开流传,加之社会群体对该知识的使用无须付出任何代价的隐性条件,及其较有形财产更快捷的流播速度[①],这时必然严重损害传统技艺公开前权利主体的利益,这是不公平的。从这个角度来看,相对于公共知识,对传统文化以商业秘密的方式予以保护似乎更为合理。[②] 商业秘密的保护成本较低、期限不受限、无强制“三性”要求、核心技术不要求公开等特性为传统技艺的保护提供优势条件。正如有的学者所言,“传统住民对于其符合专利申请条件的知识,或其虽不符专利性条件但具有重要价值的知识均可以选择以商业秘密手段予以保护,对于传统族群内仅极少数人持有的知识以商业秘密保护不失为一种更合适的替代性选择”[③]。

（五）反不正当竞争法保护

对文化产业补充性地予以反不正当竞争法的兜底保护具有可操作性,包括对传统技艺及其手工艺品的虚假宣传和虚假表示进行严格规制等。中国文化市场繁荣的背后,虚假宣传和虚假表示行为屡见不鲜,司法实践中,应当对反不正当竞争法相对抽象的原则性规定予以细化,考虑结合消费者权益保护法等其他法律法规,使传统文化产业创新发展所衍生出的商品和服务及时得到依法保护。

---

① 参见崔国斌:《传统知识保护的困境》,载国家知识产权局条法司编:《专利法研究(2002)》,知识产权出版社 2002 年版。

② 参见张冬、尹若凝:《黑龙江传统文化产业创新中的知识产权风险防范》,载《黑龙江社会科学》2015 年第 2 期。

③ 参见浦莉:《遗传资源与相关传统知识的民法保护研究》,人民法院出版社 2009 年版,第 155 页。

二、面向传统，加强对民族文化的保护

我国是历史悠久的文明古国，拥有丰富多彩的文化遗产。非物质文化遗产是文化遗产的重要组成部分，是我国历史的见证和中华文化的重要载体，蕴含中华民族特有的精神价值、思维方式、想象力和文化意识，体现着中华民族的生命力和创造力。保护和利用好非物质文化遗产，对于继承和发扬民族优秀文化传统、增进民族团结和维护国家统一、增强民族自信心和凝聚力、促进社会主义精神文明建设都具有重要而深远的意义。对于包括传统文化在内的文化遗产的保护，已经引起国际社会的普遍关注，特别是引起了发展中国家的高度关注。

（一）民族文化知识产权的国际保护

联合国教科文组织于1970年11月14日通过了《关于禁止和防止非法进出口文化财产和非法转让其所有权的方法的公约》，1972年11月16日通过了《保护世界文化和自然遗产公约》，2001年11月通过了《世界文化多样性宣言》，2003年10月17日通过了《保护非物质文化遗产公约》，2005年10月20日通过了《保护和促进文化表现形式多样性公约》。世界知识产权组织与联合国教科文组织于1976年共同制定了《发展中国家突尼斯版权示范法》；1982年7月2日通过了《保护民间文学表达形式、防止不正当利用及其他侵害行为的国内法示范法条》，对于民间文艺表达这种传统文化的保护提出了明确的要求；2000年9月世界知识产权组织第26届大会成立了知识产权与遗传资源、传统知识及民间文艺政府间委员会（IGC），专门负责讨论与遗传资源、传统知识和传统文化相关的问题。TRIPs协定理事会也将传统知识和民俗文化的保护纳入了谈判议题。

为了加强对包括传统文化在内的文化遗产的保护,我国已经先后批准和加入了许多相关的国际公约,包括《关于禁止和防止非法进出口文化财产和非法转让其所有权的方法的公约》《保护世界文化和自然遗产公约》《保护非物质文化遗产公约》《保护和促进文化表现形式多样性公约》等;也先后制定了一系列相关的法律、法规和行政规章,主要有《文物保护法》《文物保护法实施条例》《传统工艺美术保护条例》《国务院办公厅关于加强我国非物质文化遗产保护工作的意见》《国务院关于加强文化遗产保护的通知》《世界文化遗产保护管理办法》等。我国一些省市也颁布了涉及保护传统知识的地方性法规,如《云南省民族民间传统文化保护条例》《贵州省民族民间文化保护条例》《云南省丽江纳西族自治县东巴文化保护条例》《淮南市保护和发展花鼓灯艺术条例》等。

大多数发展中国家都把包括传统文化在内的文化遗产作为发展文化产业的宝贵资源加以保护。各国对于传统文化的立法均未选择严格限制他人使用传统文化,而是侧重于对其进行有效管理。管理手段主要表现在排他权的设定和反不正当竞争方式,即不禁止他人对作品的使用,但是仍给予原权利人权利,以此限制他人实施相关行为及收益。对传统文化的知识产权保护需要注意的是要审慎立法,严格执行,明确作品的主体,不宜做过多的限制,也要注意对保密信息的管理,以做到周全保护,还应严格反对不正当竞争行为,避免误导和欺骗性的使用。

美国等文化输出国基于自身较强的文化创新能力,极力推行高标准的知识产权保护,而拒绝为传统文化提供保护。相比之下,发展中国家、部分发达国家等文化输入国则要求维系本国传统文化、部族文化的多样性,力争建立和完善传统文化国际保护机制。文化多样性保护强调的是文化表现形式的独特性、多元性的文化特征。

同时,各个民族应该享有维护自身文化尊严与文化自由、参与文化生活与选择自由、文化表达与传播平等文化权利。

传统文化自身的复杂性体现在同时具有文化和经济资产的双重性质,一方面,传统音乐、设计、礼仪、表演、口述史、符号和标志等传达社会的信仰和价值观,这体现了其文化身份;另一方面,传统文化产业是体现传统文化经济资产性质的主要形式,富有经济价值。传统文化自身的复杂性使传统文化权利具有公私权兼具的特点,结合产权经济学分析,对传统文化的制度保护应当强调多种手段相配合。如果直接设立传统文化私有财产权,限定权利主体外任何人不能在传统文化的基础上创新,恐将打击文化进步,而且完全以自然法的视角认定其财产身份可能会忽略公权保护。

(二)民族文化知识产权的国内保护

在我国的文化实践中,民族文化包括民族民间流传的诗歌、音乐、舞蹈、戏曲、绘画、说唱、谣谚、剪纸、皮影、刺绣、编织、印染、服饰、首饰、雕刻、工具、器具、建筑、标识以及特定的文化区域或场所等。在形态上,它除有形的主要部分外,还包括无形的部分,即那些依附于个人、群体存在的非物质形态化的部分,如口传文学及语言、传统表演艺术、传统工艺技能、传统民俗节庆、传统知识、特定的文化场所或空间等。①

民族民间文化中的物质文化遗产资源部分,是看得见、摸得着的有形资源,可以通过注册商标或国家拥有产权等办法进行保护但非物质文化遗产资源部分是一种技艺或能力,多为口头流传、无文字记载,在历史长河中有可能传承、发展、变异或消失,不确定成分

① 参见黄晓:《产业化视角下的贵州民族民间文化资源保护》,载《贵州社会科学》2006 年第 2 期。

较大,具有动态特征,因而保护难度较大。民族文化资源由于是群体智慧的结晶,现有以私权为主的知识产权理论和制度难以满足民族民间文化资源的保护需求。资源产权的不明确,容易导致文化资源被任意使用,也极易出现文化的变异和资源的流失。这方面在非物质文化遗产资源上体现得较为突出。

在抓紧传统文化立法的同时,我国政府采取了一系列措施抢救、保护传统文化,并取得一定的成效。在20世纪50年代初,我国政府已经开始组织力量抢救、挖掘我国的民间文学艺术。2000年4月,国家文化部正式启动"人类口头和非物质文化遗产代表作"的申报和评估工作;2003年1月,文化部、财政部、中国文联和国家民委等部门联合启动中国民族民间文化保护工程。民族文化对于中国而言,不仅是丰富的文化遗产资源,而且有巨大的市场潜力,发展前景十分广阔。要想使文化产业在中国得到充分的发展,必须加强对民族文化的法律保护,不仅要充分利用已有的知识产权制度进行保护,而且应该充分重视建立和完善相关法律制度,保护传统知识和传统文化。①

民族文化资源由于其脆弱性、权属公有性等特点,更容易遭到侵权,也就更需要加强知识产权保护。在利用知识产权进行文化资源保护时,首先,必须明确什么才能算"知识"。人们今天对知识的认识主要还是从实用的角度出发,事实上有许多现存的传统文化对环境生态和文化生态都是有用的,由于我们认识的有限性,难以意识到这些也是"知识",而这些传统知识有许多长期以来被拒绝在知识产权的大门之外。其次,要明确"谁拥有"这些知识,谁将成为这

---

① 参见李顺德:《中国的文化产业应该加强法律保护》,载《河南社会科学》2007年第4期。

些文化资源的合法拥有者。再次,“谁在使用”这些知识,是这些知识的拥有者,还是文化产业开发的运营者,抑或个人兴趣爱好者等。最后,“谁获利”的问题,如果这些知识权属人以外的其他人利用该知识获利,应当如何对其进行规范呢?民族文化的知识产权保护是一个很复杂的问题,在利用民族文化资源进行产业化运作过程中,不仅要对产业的终极产品进行保护,还要在形成产品的整个过程、各个环节实施知识产权保护,才能解决资源的拥有者和权属者获益的问题。民族文化资源开发利用的最终目的是要让资源的拥有者受益。但谁受益、如何受益,这是很难评估的。可以尝试采取基金的形式,因为基金是公众所有的,所有的获益可以归为公有,然后再重新分配。

民族文化资源的知识产权保护需要采取不同的手段。民族文化资源的物质文化遗产保护,可以利用现有的法律,多视角地寻求保护的合法性,如对名胜古迹申请商标注册,保护旅游文化资源品牌,防止被他人抢注。对于非物质文化遗产的保护,就需要采取多级保护措施,在完善的保护机制下进行。如国家层面、政府执行层面、社区层面等,在不同的层面范围里,都有自我的拥有权和使用权,做到责权利分明,涉及哪部分的利益,哪一层就有知情权和表决权。尤其是在社区层面,由于他们生活在民族民间文化资源的土壤里,日常生活中都在使用,已经习惯了,并不觉得这一资源的稀缺和脆弱,因而也就缺乏自觉的保护意识,即使外来人无偿使用也不表示反对,甚至会以为这是对文化的认同。所以,要想在源头就形成知识产权保护体系,还需要强化资源的法律保护意识,让资源的拥有者真正懂得文化资源的价值,有了知情权,才会自觉保护文化资源。

“公权为主、兼顾私权”的方式是我国现行保护传统文化的法律方式。构建传统文化知识产权保护框架要区分保护传统文化所有者与利用者的权利,将二者结合起来。就传统文化所有者而言,首先,其应当享有传统文化不受歪曲解读和任意修改的权利,即传统文化的精神内核不受侵犯;其次,传统文化所体现出的文艺作品的公开权属于所有者,一旦传统文化公开后该权利消失,但传统文化公开的方式方法等均由传统文化所有者决定;最后,还有一定的惠宜分享权,即在他人利用传统文化获得收益时收取一定的费用。同时,还要注意利益平衡理论的运用,不能因为过于强调传统文化所有者的权利而忽略使用者的利益。

三、面向科技,加强对文化创意产业的保护

知识产权立法应当面向数字时代,提升知识产权自主创新能力,加强对文化创意产业的知识产权保护,并借此提高文化创意产业的核心竞争力,增强国家文化软实力。中共中央曾在国民经济和社会发展“十二五”规划建议中提出要“加强对外宣传和文化交流,创新文化‘走出去’模式,增强中华文化国际竞争力和影响力”。文化创新活动、文化产品经营以及高新技术在文化领域的应用,均与著作权、商标权、专利权等知识产权紧密相关。从一定意义上说,一国软实力的强弱体现在自主知识产权的数量和质量上。在新闻出版、广播影视、文化艺术、文化娱乐、广告设计、工艺美术、计算机软件、信息网络等创意产业发展过程中,版权法发挥了“创新之法”与“产业之法”的制度功用。英国 1998 年出台的《英国创意工业路径文件》、美国国际知识产权联盟定期发布的《版权业对美国经济影响的评估报告》以及韩国 1999 年通过的《文化产业促进法》,无一不是通过版权战略或政策的实施,来提升文化创新能力,增强文化创意产业的核心竞争力,以此扩充文化软实力的竞争优势。当前,我国

自主创新能力不足,自主文化精品太少,这已经成为制约文化软实力提升的重要因素。因此,完善立法,加强对文化创意产业的知识产权保护,是发展文化产业、应对外来文化风险的必然要求,也是国家知识产权战略实施的重要任务。

文化创意产业既是文化与经济的融合,也是高科技与现代服务业的结合。其具有极强的渗透性,已将技术、文化和商业紧密地联系在一起。这说明文化创意产业的发展不仅与版权相关,还会涉及商标权、专利权等工业产权。综观现代文化市场,消费者的消费已经由产品消费转向品牌消费,体现在消费行为上就是崇尚品牌、追求品牌。为此,提高品牌的知名度、美誉度和忠诚度,是塑造企业核心竞争力的重要措施。作为经营领域最重要的知识产权制度,商标法赋予商标权人对其注册商标独占支配、专有使用,并禁止他人未经许可擅自使用的权利,能够确保企业品牌的“唯一性”。通过对商标,特别是驰名商标的使用和推介,文化企业可以争取更多消费者,占领市场和赢得销售份额;与此同时,互联网技术、计算机技术、移动通信技术、光储存技术、动漫制作技术和新材料、新工艺广泛应用于文化创意产业,大幅提升了文化产品的技术含量。这些技术或单独使用,或形成技术联盟乃至行业标准,但均需要依靠专利制度来保证技术的独占使用,维持技术的领先性。此外,文化创意企业的经营方法、产销策略、客户名单、广告标的等经营信息亦可作为商业秘密对其进行保护。

文化创意产业的健康发展,有赖于明确产权归属,规范文化产品市场,加强知识产权的保护与管理。在保护文化创意产业方面,英国通过主管创意的文化传媒体育部协调政府和社会各界力量合作,召集网络中介和权利持有人就社交媒体、用户上传平台、数字广告、在线市场等进行立法,具有较好的示范效果。知识产权是文化创意产业发展的制度支撑，也是世界市场经济体制的基本规则。无论是在国内市场还是在国际市场，我国文化创意产业的发展都离不开对知识产权的有效保护。从国内市场来说，知识产权是文化创意产业主体进行市场竞争的法律手段。唯有加强知识产权保护，严厉打击盗版假冒行为，才能使我们的文化产业主体将人力、物力投入到文化创新与品牌维护上，才能形成健康有序的市场环境，使创意经济发展实现良性循环。①

以动漫为例，“创意”作为动漫的核心内容唯有得到法律有效保护方能内化为推进动漫产业的发展动力。就动漫作品而言，保护创意即保护原创动漫版权。目前，业界对知识产权的保护意识普遍不强，加之相关的法律制度不健全，对制假售假的打击力度不够，导致市场上盗版、侵权等行为层出不穷，猖獗一时，极大地损害了动漫产业的整体利益，并对动漫原创性形成一定的知识产权侵害，必然会损害我国动漫产业发展的长远利益。此外，与动漫相关的衍生产品的保护也迫在眉睫，该类产品是动漫产业除动漫市场外最主要的收益来源，盈利的70%需要依靠动漫衍生产品来获取。② 相关法律对动漫产业知识产权的侵权行为进行明确的界定，如禁止使用已产生品牌效应的动漫人物用于自身的宣传和商品出售；禁止对商品进行细节改动、非法注册等情况。③ 由此可见，对于动漫产品及其衍生品的知识产权保护势在必行。

大数据时代，伴随云计算、转码技术、网络聚合等新技术的出

---

① 参见吴汉东：《国家软实力建设中的知识产权问题研究》，载《知识产权》2011 年第 1 期。

② 参见侯秀秀：《论我国动漫产业的知识产权保护》，兰州大学 2014 年硕士学位论文。

③ 参见匡亚林：《文化产业政策演化视角下动漫产业发展路径创新——自 1996—2017 年相关政策文本观察》，载《中国海洋大学学报(社会科学版)》2017 年第 5 期。

现,文化创意产品的表现形式和传播方式更加多样化,商业模式也随之发生变化,同时引发利益格局的新变化。知识产权的可复制性在得到进一步强化的同时,抄袭、盗版等侵权行为更加具有隐蔽性,为规模化和重复侵权带来了便利,这些都给互联网文化产业知识产权立法和司法带来了新的挑战。与传统知识产权相比较而言,网络知识产权的无形性特点更加突出而地域性特征淡化。在网络环境中,智力成果却是以字节流的形式存在的,以讯号的形式进行传播,网络的虚拟性使知识产权客体的无形性特征更为突出,并且对知识产权权利客体的复制和传播都呈现便捷和低成本的特点。在网络环境下,数字化作品的极易复制性得到了进一步强化,从而使网络知识产权的保护过程变得更加复杂和艰难。

网络的全球化给传统知识产权的地域性特征带来了挑战。就传统知识产权而言,地域性是指知识产权在空间上的效力受到地域的限制,即权利主体所拥有的知识产权只在本国境内有效。但是,在信息网络环境中,互联网的无国界性导致大量发生在互联网上的知识产权侵权案件是跨国界的,这既给网络侵权主体的确认和如何确定侵权行为发生地带来困难,也给知识产权执法和监管及产生纠纷后的举证等带来诸多难题。

为了适应数字技术的发展,我国于 2020 年修改了《著作权法》和《专利法》等知识产权保护相关法律,并提出了技术保护措施。但技术保护措施与合理使用制度之间具有张力,可能形成冲突。因此,数字时代文化产业知识产权保护的立法完善进路不仅要顺应数字时代文化产业的发展,寻求互联网文化产业中各方利益的协调,实现网络服务提供者、权利主体及社会公众三者之间的利益平衡,还要兼顾保护知识产权和打击盗版侵权的有效性。

（一）网络内容提供者的法律责任

网络内容提供者利用网络接入服务提供者的线路，通过自己有组织地采集、筛选、加工而将各种信息呈现给用户。世界上许多国家都将网络内容提供者类比为现实世界里的“出版者”，因为它完全可以做到像传统的出版者那样审核、控制自己所上传的信息，所以应该承担严格责任，即只要其提供的内容中有侵犯他人合法权益的内容，无论有无主观上的过错，都要承担侵权责任。例如，德国 1997 年 8 月生效的《信息和通讯服务规范法》规定，网络内容提供者按照一般的法律规则对其上传的信息承担法律责任，不享有责任豁免或限制。

关于网络侵权的归责原则，我国法学界多数学者和实务部门工作人员一直以来都认为网络内容提供者和网络中介服务者应当承担过错责任，因此都不主张区分网络内容提供者和网络中介服务者。王利明教授认为，从条文的解释来看，我国《侵权责任法》（已废止）第 36 条采用的是过错责任。[①] 持反对意见的学者则认为，“在网络环境下，我国实行的过错责任原则将与版权保护之间发生更激烈的矛盾冲突，实行严格责任的需要更加迫切了”。[②] 支持这一观点的学者认为，不应将网络内容提供者和网络中介服务者承担责任的归责原则做统一规定，而应区别对待，对于网络内容提供者应当适用无过错责任原则，而这也正是网络服务提供者区分为网络内容服务者和网络中介提供者的实际意义所在。[③]

---

① 参见王利明：《侵权责任法研究》（下），中国人民大学出版社 2011 年版，第 128 页。

② 薛虹：《网络内容提供者的版权侵权责任》，载《知识产权》2000 年第 2 期。

③ 孙玉荣：《互联网文化产业发展与知识产权保护》，载《北京联合大学学报（人文社会科学版）》2016 年第 2 期。

(二)网络中介服务者的法律责任

网络中介服务者侵权责任应适用过错责任原则。因为网络中介服务者的种类不同,提供互联网信息传输中介服务的情况各有不同,所以对其责任认定问题远比网络内容提供者的侵权责任认定复杂和棘手。

1. 网络接入提供者承担的法律责任

网络接入服务者对网上信息传播无法控制,其所起的作用仅仅相当于一个“传输管道”。作为技术中介,它仅为用户提供进出互联网的通道,用户是否连接、是否发送以及发送何种信息,均通过接入服务提供者提供的设施或计算机系统,经过自动的技术处理过程实现,网络接入提供者无法编辑,信息的内容原封未动,网络接入提供者也不能对特定信息进行控制。网络信息传输的数量与速度使网络接入提供者无法对信息进行有效的监管。过多的干涉会干扰网络的发展,甚至导致用户对侵犯隐私权的指控。

2. 网络平台提供者承担的法律责任

网络平台提供者的义务主要有两个。一是事先审查义务。在用户信息发表之后的一段合理时间内,网络平台服务提供者负有依据表面合理标准审查信息合法性的事先审查义务。平台服务提供者如果没有履行上述义务,使应被发现的侵权信息没有被删除,便应当承担相应的法律责任。二是事后控制义务。在用户信息发表后的任何时间,在技术与经济允许的范围内,平台服务提供者负有事后控制义务,即在明知某信息为侵权信息或接到权利人发出确有证据的通知后,应当采取必要的措施及时阻止该信息继续传播,否则将承担共同侵权责任,与直接实施侵权行为的网络内容提供者承担连带责任。

第二节　我国文化产业知识产权行政保护的完善

根据国家知识产权局统筹推进知识产权“严保护、大保护、快保护、同保护”的要求，我国文化产业知识产权行政保护方面要快马加鞭跟上形势，积极完善版权登记制度，完善版权行政保护机制，积极构建文化产业知识产权“严保护”和“同保护”体系，以及完善管理机制，出台和落实文化产业知识产权保护的配套政策。

一、完善版权登记制度

根据国务院的要求，行政机关应当压缩审查授权周期，完善版权登记制度，积极推进文化产业知识产权“快保护”。持续提高文化产业知识产权审查质量和效率，压减商标、专利审查周期，完善版权登记制度，能够更好地满足社会需求。有序布局知识产权保护中心，完善快速预审、快速确权、快速维权的协调联动机制，能够为文化产业权利主体提供便捷、高效、低成本的维权渠道。

鉴于文化产业知识产权保护的特殊性，国家干预需要在保护和创新发展传统文化之间寻求一种动态的平衡。为确保文化产品市场的健康运行，国家通常采取3 种干预方式，为文化产品市场化提供保护和支持。一是国家供给，即国家承担全部费用，免费提供相关信息。二是国家补贴，也就是说，国家向提供者提供部分补贴以支持他们的活动。三是国家利用立法手段界定文化产品的产权，从而改变其非强制性的非排他性。为了保护传统文化，可以采取第二种方式建立和完善国家补贴制度，为传统文化传承者的活动提供资金支持，这样不仅可以激发他们的创造力和传承感，还可以减少人才的转移,同时为传统文化的发展提供了必要的资金支持。但如果从促进文化产业发展的角度来看,采用第三种方式,即明晰产权、完善登记制度更为可取。

美国注重版权的登记注册,有明确的著作权登记和保护期限制度。美国现行版权法已经用“自动保护主义”取代了“注册保护主义”,即版权的取得不以注册为要件。但对于没有向版权局注册和呈交过样本的作品,版权人在权利受到侵犯向法院提起侵权和损害赔偿诉讼时,由于不能证明版权归属,很难赢得官司,版权也无法得到有效的保护。因此,我国应当完善版权登记制度,保护权利人的自主创新成果,鼓励权利人创造创新产品。

在传统文化保护领域,制定传统文化权利保护期限、建立合理的登记制度和数据库制度、建立适当的合理使用界限是寻求传统文化保护与创新发展平衡的有效路径。以秘鲁为例,其出台的法规要求开发者在发掘传统文化相关产业前必须先得到相关文化所有人的土著居民代表机构的知情同意,而且该机构作为土著居民权益的代理人有必要及时与所有人沟通,充分考虑该土著人民的利益,这一利益不仅包括经济利益,还包括精神利益,即要在促进文化产业创新和发展的同时保护其宗教信仰和精神寄托等不受歪曲。该土著居民代表机构需要权衡土著居民与开发者的双边利益,确定开发传统文化的具体范围和开发的深度,确保第三方获得开发利益的同时,不违背土著居民的习俗意愿,并提供适当的经济补偿。秘鲁还建立了一个传统文化分类登记处,接受已进入公有领域的众所周知的传统文化登记。这些都是保护传统文化的有效方法,值得我国借鉴。

二、完善版权行政保护机制

行政保护是通过国家行政机关对比较严重的侵犯版权的行为做出行政处罚和制裁，从而打击侵权行为，实现维护版权人合法权益的目的。日本在这方面积累了较多成熟的经验，对我们完善我国文化产业版权行政保护机制有一定的启示。

第一，确立行政救济制度。根据文化产业发展状况选择试点，在先行试点所在地制定地方性法规，确立“行政调解”制度，然后组建“著作权纠纷调解委员会”。待试点取得较好效果后，且立法时机成熟时，可由国家立法机关收回立法权制定法律，并在全国推广适用。

第二，推行著作权跨行政区域保护的部门协调机制。实践中，版权侵权行为经常是跨省区甚至跨国界发生的，而不是只发生在一个地区内。日本国土面积较小，地区之间交往便利，因此版权跨区域保护做得较好，不同部门之间的协调与合作也比较成熟。我国在版权的行政执法中还存在不同地域的部门之间各自为政的现象。而且，由于多头管理，版权行政执法的部门比较多，行政权力分散，这导致各部门之间合作较少，在打击侵权行为、保护版权人权益等方面协同效率不高，容易出现相互推诿或重复执法现象。因此，版权行政管理部门应当建立网络信息平台，共享侵权案件的信息和执法措施等，加强不同区域不同部门之间的合作与协调。

第三，提高行政执法人员的综合素质。版权行政保护的效果取决于行政执法的效果。日本在版权保护方面的行政执法方式较为成熟，执法人员素质高、业务能力强，具有较强的自觉性，因此执法成效显著。我国版权行政保护执法过程中，仍有少数执法人员徇私舞弊、玩忽职守，这严重削弱了版权行政保护的力度。因此，行政机关要注重加大行政执法的力度,提高行政执法人员的综合素质。一方面,要创新完善执法的方式方法,如利用网络建立反盗版举报平台,加大对举报盗版人员的奖励力度,建立预警机制,及时发觉侵权风险并迅速识别和处置。另一方面,要加强行政执法监督,加大对现有执法人员的培训力度,提高执法人员的业务能力,并设置监督部门加强对执法人员的监督,防止徇私舞弊、玩忽职守现象的发生。

三、构建“严保护”和“同保护”体系

(一)加强监管

在行政层面加强文化产业知识产权保护,首先要求严格执法,充分发挥市场监管综合执法队伍优势,不断完善文化产业商标、专利侵权判断标准,加大打击力度,增强执法效果。监管部门应充分发挥其监管职能,加强日常巡视工作,进一步规范经营者文化行为。如对于动漫作品及其衍生产品,行政机关应加强监管,重点巡视动漫衍生产品以及非法商标侵权行为,以保障文化产业市场的有序性。

著作权集体管理模式在法国出现得较早。这种管理模式在一定程度上限制了传统民法意义上的意思自治原则和合同自由原则,而转向一种集体协商机制。但这种集体管理模式在节约成本、提高作者议价能力和降低维权费用方面都体现出较好的效果,因此互联网背景下的著作权管理和保护可能会进一步求助于集体管理模式。① 我国《著作权集体管理条例》也已经出台,但在实践中运行不佳,尚未充分发挥其功能,应当大力推进著作权集体管理模式,以期

---

① 参见黄晖、朱志刚:《法国知识产权法典 · 法律部分》,商务印书馆2017年版,第32~33页。

更好地促进文化产业知识产权保护。

(二)惩戒严重失信行为

行政机关应当强化知识产权信用监管,包括但不限于对主体信用进行分类监管、建立诚信档案“黑名单”和失信联合惩戒机制,对重复专利侵权行为、专利代理严重违法行为等严重失信行为进行惩戒,让失信者“一处失信、处处受限”,推动建立文化产业知识产权协同保护机制,健全文化市场社会共治机制,形成知识产权保护合力。

(三)强化交流合作,有效促进知识产权“同保护”

行政机关应当建立健全与中小企业、民营企业、外资企业的沟通对话机制,对所有市场主体一视同仁、同等保护,营造更好的文化产业创新环境和营商环境。同时,积极加大涉外文化产业知识产权保护的协调力度,完善海外知识产权信息服务平台,设立国家海外知识产权纠纷应对指导中心,为文化产业发展“走出去”保驾护航。

(四)制定国家或地方知识产权保护行动指南

《国家知识产权战略纲要》明确提出了传统文化保护制度的完善方向,并要求促进传统文化保护中的惠益分享。有必要制定国家行动指南,从国家战略角度为传统文化的知识产权保护提出方针。行政机关应当在制定国家或地方文化产业知识产权保护行动指南方面扮演重要角色,发挥主动作用,引导公、私主体重视文化产业知识产权保护。

制定文化产业知识产权保护行动指南,是需要从国家层面借助公权力推动文化产业的发展,以及构建多元化保护体系。以传统文化的知识产权保护为例,不应将视角仅仅放在私法领域,引进公权力对传统文化进行国家级、政府层面的行政指导也至关重要。实际上,作为传统文化的所有者或者运营传统文化的企业在被侵权时都处于较为被动且弱势的位置,并且我国缺乏一个提纲挈领的权威行动指引。制定文化产业知识产权保护的行动指南,是促进各个主体在文化保护中发挥积极作用并形成保护体系的重要方略。

四、完善管理机制,出台和落实知识产权保护配套政策

国家完善文化产业管理机制,重点在于明确文化产业管理部门(一个行业一个管理组织),减少管理层次,避免复杂的管理网络(产业专业领域以专业部门管理为主)。另外,在这一基础上加强文化产业各管理部门之间的协商与合作。

文化产业知识产权保护不仅依赖于法律的保驾护航,也有赖于政策的支持和促进。有必要以文化产业知识产权的管理、运用为重点,构建文化产业创新政策体系。我国的知识产权制度已比较先进,但是并没有完全实现其预期的政策目标。究其原因,在于我们运用制度的经验不足。诚如国际知识产权协会主席、美国斯坦福大学的约翰·巴顿教授所言,发展中国家与发达国家在知识产权方面的差距不在于制度本身,而在于运用制度的经验。知识产权政策目标的实现有赖于一个以知识产权为导向的公共政策体系的建立。以文化创意产业为例。要想通过知识产权的管理和运用来推动文化创意产业的发展,就需要将知识产权制度与国家的科技政策、产业政策、文化政策、教育政策、外贸政策相互配合,并在有关政策出台时增加知识产权条款。具体而言,在产业政策方面,应着力调整创意产业结构,促进文化创新成果产业化;在科技政策等方面,应加大对发明创造者的保护力度,注重创意性科技成果的产权化、产业化;在对外贸易方面,应转变对外贸易增长方式,优化进出口商品结构,扩大具有自主版权、自主品牌的文化产品出口;在文化政策、教育政策方面,应鼓励文化创新,推动文化的版权化、市场化;在投资政策方面,应增大对创意产业的资金扶持力度,细化文化创新的财

政投入。[①]

第三节　我国文化产业知识产权司法保护的完善

一、完善司法救济程序

实践中，当传统技艺持有人、持有核心技术的文化企业等权利人遇到侵权行为时，其更倾向于寻求行政庇护，而不太愿意通过司法救济途径维权，这说明我国的知识产权侵权司法救济程序还有待完善。美国坚持“知识产权是私权”的理念，重视由司法机关为文化产业知识产权受到侵害的主体提供救济，因此美国的民事救济制度和刑事救济制度都较为完善。为了加大对著作权的保护力度，我们可以借鉴美国的做法。在民事救济方面，建议增加侵权损失赔偿的额度；在刑事救济方面，建议增加刑事罚金数额和延长有期徒刑期限，以此来威慑和打击知识产权侵权者，切实保护知识产权权利人的合法权益。

二、加强版权刑事保护

关于版权刑事保护，我国可以借鉴日本的刑事救济制度，实行双罚制。对于著作权刑事犯罪，除追究行为人的法律责任以外，还可以追究法人和法定代表人的法律责任。我国《刑法》目前对于版权保护的范围过于狭小，建议适当扩大著作权的刑事保护范围。首先，可以将对著作权的刑事保护直接写入《著作权法》中，并在《刑

① 参见吴汉东：《国家软实力建设中的知识产权问题研究》，载《知识产权》2011 年第 1 期。

法》中适当增加著作权犯罪行为的种类,明确著作权犯罪的罪名,为打击犯罪提供刑事法律依据。其次,删除与著作权犯罪相关的规定中的“以营利为目的”的限制。日本的著作权法对于侵害著作权的犯罪行为大都没有规定“以营利为目的”,而是将“故意”作为侵权的主观要件,这样在实践中更具有可操作性,更有利于打击犯罪。最后,还要加大对著作权犯罪的处罚力度。

相较于美国和日本,我国《刑法》对版权侵权的刑法保护力度较小。以美国为例,主要表现在以下三个方面:第一,对于录音、影片或影像作品以及零售价超过2500美元的版权作品都适用较重刑罚,即25万美元罚金与5年监禁;第二,对于侵权复制品数量的要求严格,即只要复制或发行了10份以上,就可能适用较重刑罚的法定刑幅度;第三,对重犯或再犯的侵权行为规定了更为严厉的制裁措施,最多可判处10年监禁。

我国法律目前针对侵犯版权犯罪设置了有期徒刑、拘役和罚金三类刑罚。总体上来讲,这样的刑罚配置是比较合理的,但还有不足之处。第一,罚金是附加刑,不是主刑。对于以营利为目的的版权犯罪来说,应当强化罚金刑的适用,剥夺犯罪人的财产,这样既可以使其受到应有的惩罚,还可以对其他欲进行此类犯罪的人起到震慑作用。第二,对版权犯罪仅设置有期徒刑、拘役和罚金三类刑罚,刑罚种类过于单一,有必要适当增加其他的非刑罚处罚措施。根据我国《刑法》的原则性规定,对犯罪分子违法所得的财物都应当予以追缴或者责令退赔。但这一规定只是一个概括性的规定,可操作性不强,难以适用于侵犯版权犯罪。因此,建议在侵犯版权犯罪的相关条文中增加追缴赃物、退赔违法所得的措施,以期达到更好的社会效果。

三、构建多元化纠纷解决机制

除加强司法保护外,还应当不断拓宽仲裁、调解等多种维权渠道,构建知识产权多元化纠纷解决机制。近年来,我国积极探索建立多元化知识产权纠纷解决机制,且已在多地设立了知识产权仲裁机构和调解机构。这些仲裁机构和调解机构作为知识产权纠纷社会救济的重要组成部分,与司法、行政等各部门配合衔接,形成联动保护机制。

在涉外文化产业知识产权保护方面,应当继续加强与世界知识产权组织的合作,借鉴世界知识产权组织在知识产权仲裁与调解方面的经验和有益做法,完善我国文化产业知识产权纠纷解决机制。世界知识产权组织仲裁与调解中心提供调解、(快速)仲裁、专家裁决以及域名争议解决等服务,通过信息和程序性建议提供、案件管理,为私人主体解决知识产权纠纷提供专业服务。我们有必要结合中国文化产业创新发展的现状及应对知识产权风险的需求,借助世界知识产权组织替代性争议解决机制在处理知识产权纠纷和技术争议方面的优势和影响力,促进我国与世界各国文化产业的合作与协调,提升我国文化软实力。

第四节　文化产业知识产权社会保护的完善

文化产业知识产权社会保护力度的提升包含三个方面。第一,要完善专业知识产权评估机构,加强文化产业知识产权诚信体系建设,从而更好地为文化市场提供多元化的评估、交易、审批服务。第二,要增强文化企业或权利主体自身的知识产权保护意识,化被动为主动,从源头上对文化创意进行认定,充分利用法律武器保障自身权益。第三,要建立专业人才支持体系,丰富从业人员的知识储备。整个社会需要形成一个良好的维护知识产权的氛围,全社会知识产权保护氛围的形成能够在最大限度上杜绝文化产业知识产权侵权现象的发生和出现。

一、加强文化产业知识产权诚信体系建设

从社会背景来看,诚信的缺失是著作权侵权屡禁不止的深层原因。市场经济是法治经济,更是诚信经济,离开了诚实信用,不可能建立起良好的社会秩序。改革开放以来,我国因诚信缺失所造成的社会问题日益凸显,著作权纠纷的发生与这样的社会背景不无关系。

社会信用体系的建立应延伸至文化产业。我国的个人和企业信用体系的覆盖面还很窄,这使许多组织与个人对不讲诚信缺乏畏惧感,因不诚信付出的社会成本很小,所以侵权现象屡禁不止。文化产业中也是如此,如果在中国知识产权管理组织的监督下,建立起行业内的信用机制,那么文化产业领域的不诚信和侵权现象将会大幅度减少。

二、增强版权保护意识

加强文化产业知识产权社会保护要求,增强版权保护意识。从权利主体的角度来看,应当引导权利人增强举证意识和提高举证能力;从国家干预的角度来看,应当加强官方的宣传,增强传统文化保护意识。

由于欠缺版权保护意识,一些权利人对本土传统文化产品的商品属性和财产价值没有予以充分重视。在“精神产品的创作无不源

于古人,故不能将其据为己有”的“大气”理念影响下,我国尚没有形成知识商品化之风,对精神产品的财产价值缺少基本的科学评价[①],对于通过传统文化创新衍生的新作品的知识产权保护也并不重视。上述问题影响着我国文化产业的发展,导致我国文化产业的文化创新能力不足,自主文化品牌较少。自主文化品牌是文化创意产业的核心竞争力所在,也是一个国家维系和传播民族文化的重要砝码。一般而言,文化产业发达的国家都有自主品牌的文化产品,如美国的好莱坞大片和迪士尼动画、法国的时尚设计、韩国的网络游戏等。相比之下,中国文化产业的创新能力不足,而在知识产权创名牌、保名牌这个问题上,我国文化产业经营者不仅敏感性不够,而且主动性不强。[②]

本土传统文化企业品牌意识淡薄是商标保护的隐患。有许多景点及人文资源没有相应的知识产权保护措施。多数权利人不知道如何对其拥有的资源进行商标或其他知识产权保护,缺乏品牌商标战略观念,致使这些传统文化资源极易遭受商标抢注风险。部分文化企业和技艺传承人的“商业秘密”观念意识虚无,更有甚者,将其掌握核心工艺、制造技术的传统技艺讲授他人。文化产业发展的动力源是人类的创造力。而创意产品容易被模仿,其知识的原创性容易丧失,因此,创意产权的收益会大打折扣。知识产权保护实际上就是对创意成果的保护,也是对创意人合法权益的保护,更是对我国文化产业发展环境的良好塑造。知识产权是文化产业的核心资产,是决定文化产业生存和发展的关键。

---

① 参见吴汉东:《知识产权多维度解读》,北京大学出版社 2008 年版,第 486 页。

② 参见吴汉东:《国家软实力建设中的知识产权问题研究》,载《知识产权》2011 年第 1 期。

发展文化产业,必须增强文化企业的知识产权保护意识。简言之,就是企业要尊重知识、尊重创新、尊重人权。因此,文化企业应当重视和强调法务机构在本企业文化知识产权保护中的重要作用,尤其是传统文化保护涉及的法律较为零散细碎,分布在多个部门法中,法务部门如果没有形成和提出关于传统文化保护的专业意见,或虽然法务部提出了相关专业意见但企业的负责人仅将他们的意见作为参考,显然不足以规避传统文化保护后续过程中的法律风险。企业制定传统文化保护策略时,要高度重视法务部门的作用,而不是等到侵权纠纷发生后才想起法务部门。

发展文化产业,还应当加大普法教育培训,切实提高权利人和公众的知识产权保护素养。以动漫为例,通过专业的培训和宣传,动漫企业和动漫创作家能够树立知识产权保护意识,这使其在被侵权时能够及时拿起法律武器保护自身的合法权益。行业协会也应发挥自身优势,定期或不定期举办法律培训,尤其是要加大著作权法和合同法知识培训的力度,邀请知识产权方面的专家学者或者法官、律师来为协会会员讲课指导。通过培训,权利人在签订合同时,能做到心中有数,不致落入合同陷阱。

三、充分发挥行业协会作用

由于文化行业的特殊性,行业协会在文化产业知识产权保护中也扮演了一定的角色。在制定文化产业知识产权保护策略的过程中,行业组织不应缺位。文化保护不能各自为政,仅在政府政策的引领下发展,行业内部企业之间的文化保护策略极容易相互矛盾并引发冲突。行业协会不仅能去除企业之间的文化保护竞争、包揽并控制企业的文化保护策略制定内容,还能引导企业之间的良性竞争,防止企业在制定文化保护策略的过程中恶意围绕竞争对手实施文化保护。

以影视作品为例，由于影视作品的特殊性，影视作品的署名权和使用权等需要有更明确的行业规范。如美国的《银幕认证手册》，就对电影作品的署名有详细的规定。该手册是由编剧协会和制片方等多方协商制定的，具有很强的约束力。由于我国著作权集体管理制度起步较晚，尤其是剧作家协会成立更晚，所以相关规则与制度不甚完善，难以对影视作品各方利益主体进行协调制衡。剧作家协会可以通过协商谈判、制定相关行业规范，解决影视作品署名权归属、编剧报酬支付等具体问题。但由于我国剧作家协会成立的时间较短，前述的剧作家协会的职能尚未得到充分发挥，故我国剧作家协会亟待进一步发展壮大。

当然，若要充分发挥行业协会的作用，首先要成立规范运作的行业协会，并且行业协会的运作效率、公信力和影响力要达到一定的高度。而这对行业协会从业人员的素质也提出了要求。应当提高行业协会从业人员的门槛，定期或不定期地对行业协会从业人员组织培训，提升其法律素质，进而帮助行业协会更好地发挥作用。

四、建立专业人才支持体系

一方面，文化企业需要高层次的知识产权专业人才，使其核心专利的技术研发和技术管理保护步伐跟上产业发展的速度。其中，协助策划打造自主核心专利和自主品牌的本土知识产权经管及法律人才尤为重要。[①] 另一方面，若文化企业在文化产业核心专利技术方面竞争意识淡薄，会影响文化企业对知识产权保护、研发资金

① 参见陶鑫良：《加快知识产权人才培养时不我待》，载《中华商标》2007 年第 11 期。

的投入，进而影响品牌竞争力。而且，随着数字时代的到来，文化产业知识产权侵权形式也日益多样，从事知识产权保护的专业人才应当具有敏锐的头脑并掌握先进的技术手段，能够探索现代信息技术运用，通过区块链、时间戳等方式保存、固定和提交侵权证据，及时维护文化企业或其他权利人的合法权利。

就创意性文化企业而言，创新型专业性人才培育是企业未来发展的重中之重。专业性人才培育又具体分为两大类：一是高校内部培育。国内具有一定规模的文化企业可以寻求产学结合的路子，提前在高等院校内实现人才布局。让高校内的学生可以亲身参与企业实践，开展产品创意与研发，利用在校学生劳动力成本低和创意理念丰富的特点，实现学校内部的人才培养。韩国著名的三星公司是此类运行模式的先行者。它与韩国排名前五的高校实现互联，在校内设立三星奖学金与实验室，鼓励学生开拓创新。虽然三星集团并非完全意义上的创意性企业，但其 NOTE 系列手机的外观设计的部分灵感来自大学生，该系列手机所带来的巨大经济效益可谓产学双赢的典范。二是企业内部培育。引进先进人才并不能使企业一劳永逸，如何留住人才、安置人才，满足其职业诉求，才是优秀企业该想该做的。因此，企业内部需要善用激励机制，加大激励力度，并针对创意性产业更新快速的特点，经常组织员工赴国外交流进修，汲取养分。只有双管齐下的专业性人才培育方式，才能为文化企业提供源源不断的创意支持。[①]

---

① 孙铁柱、刘谭：《"互联网思维"下中国文化产业发展问题研究》，载《税务与经济》2014年第6期。

第五节　文化产业知识产权协同保护机制的构建

我国当前文化产业知识产权保护呈现失衡状态,不同主体采取的不同保护方式抵销了不同措施应有的效应。应当建立文化产业知识产权协同保护机制,在实践中发挥不同主体、不同保护方式的优点,消解其缺点,形成合力效应,进而构建起文化产业知识产权主体协同、实施协同、保障协同的保护机制。

一、文化产业知识产权协同保护机制的构建

(一)政府与文化企业的主体协同保护机制

2008 年,中国制定《国家知识产权战略纲要》,把保护知识产权提升为国家战略。多年来,中国在知识产权保护方面付出了巨大努力,有效地营造了稳定公平透明、可预期的营商环境。保护知识产权是一个全球性议题,知识产权保护实质上也是投资环境的一个非常重要的方面,加大知识产权保护力度才能提高我国吸收外资的质量和水平,才能更好地推动科技创新、产业升级。我国政府需要进一步完善保护知识产权的体制机制、法律系统,为投资者、为知识产权的权利人提供更好的保护知识产权的环境,也为我们的创新者和拉动技术进步的力量创造一个更好的营商环境。[①] 党的十六届五中全会提出,政府要把增强自主创新能力作为科学技术发展的战略基点,大力提高原始创新能力、集成创新能力和引进消化吸收再创新

---

① 《商务部:保护知识产权需要企业和政府共同努力》,载搜狐网,http://business.sohu.com/20100414/n271512624.shtml。

能力。在政府—企业协同机制中，政府应为主导，引导文化企业共同进行知识产权保护工作。

1. 引导企业提高消化、吸收和再创新能力

从20世纪80年代开始，由于吸收了我国实施"以市场换技术"策略的经验教训，我们对在引进先进技术基础上的吸收再创新有了一个新的认识，并对其进行了新的相应规范，切实保障引进技术有利于消化吸收和再创新。韩国是从"引进技术—消化—再改良—创新"战略走向"创造性、自主性"战略的典型，而我国目前的技术引进和消化的资金比例是1∶0.007，即大部分资金被用在引进上，只有极少的资金被用在引进后的消化和吸收上。以浙江省为例，企业通常采取"二次创新—集成创新—自主创新—市场需求—应用研究及开发—工程制造—销售"的技术创新路线，即大部分企业仍处在二次创新的第一阶段。浙江样本是当今中国技术成长的缩写和真实写照。由于技术引进中的"瀑布效应"，只有尽快将引进的技术消化、吸收并内化为本国的优势技术，中国企业才不会永远步别人后尘，永远被套牢在全球产业链的低端，永远获得分工收益的最小部分。

中国企业引进吸收国外技术，受国外权利人在知识产权方面的制约，但是企业可以吸收他们关于知识产权保护的心得，为制定自己的知识产权管理战略提供参考、只有这样，企业才能在再创新阶段拥有自主知识产权后更好地保护自己的知识产权。

2. 政府应积极保护企业知识产权

知识产权保护的缺位已成为中国企业提高自身竞争力的一大障碍。政府着力保护企业知识产权在促进国家整体经济发展和提高企业国际市场竞争力上具有强劲的作用。

首先，政府主动助力企业保护知识产权。知识产权的创造和应用能力已经成为企业综合竞争力的最重要体现。知识产权是自主

创新的主要衡量指标,也是市场竞争的重要手段。在欧美大型企业中,知识产权占据了非常重要的位置。德国西门子公司高度重视知识产权管理,始终将知识和技术作为企业的核心竞争力来源。西门子公司采取集中统一知识产权管理模式,建立了专门的集团知识产权机构。其知识产权专管机构设在中央研究院内部,拥有超过 500 名专家人才,管理着西门子公司在全球的58 000多项专利。西门子公司于 2012 年蝉联欧洲专利申请的冠军,其对知识产权保护的重视程度可见一斑。荷兰飞利浦公司则在 2016 年蝉联欧洲专利申请的冠军。根据欧洲专利局公布的专利申请排行榜,飞利浦公司 2016 年一共提交了 2568 项专利申请,连续两年成为全球范围内向欧洲专利局提交专利申请最多的企业。反观我国企业知识产权发展历程,企业知识产权保护能力的提升有赖于政府的助力。根据国家知识产权局 2005 年的统计,彼时中国企业拥有自主知识产权的仅有 2000 多家,占企业总数的万分之三,99% 的企业没有申请专利;拥有自己商标的企业仅占 40% 。因此中国企业的核心知识产权容易被盗,进而导致这些企业丧失竞争力。2008 年我国颁布了《国家知识产权战略纲要》,决定将知识产权工作上升到国家战略层面。2016 年我国开始向社会公开中国专利调查报告。根据《中国专利调查报告》,“十三五”期间我国专利权人遭遇侵权的比例维持在 10% 以上,而 2012 年我国专利权人中遭遇过专利侵权的比例为 28. 4% 。从统计数据上看,近年来我国专利权人中遭遇过专利侵权的比例整体呈下降趋势,政府助力企业知识产权保护有效遏制了国内的专利侵权行为。但在涉外知识产权保护领域,我国大部分企业仍处于被动局面,有待政府助力企业强化知识产权保护能力。以深圳朗科为例,在其闪存盘核心技术获得美国专利授权后,考虑到在美国市场专利维权艰难,该公司至今也没有直接采取诉讼手段。朗科法务中心总监表示,目前美国多家企业都在肆无忌惮地侵犯朗科的专利权,朗科的经济损失不计其数。因此,政府必须主动建立知识产权体系,助力企业保护知识产权。

其次,建立“知识产权投资风险基金”机构。知识产权诉讼是市场竞争向法庭的延伸,在这个露出海面的冰山一角之下,实际隐藏的是国与国、利益与利益之间的冲突和碰撞。因此,我国政府在保护外国企业在华知识产权的同时,也应该关注与保护中国企业在国外的合法权益。南孚、双鹿、豹王、虎头、长虹、正龙 7 家电池企业联手应诉美国劲量电池公司提出的 337 项指控,且以胜诉告终。谁都不愿意被动挨打,分享电池行业的胜利的最好方式,也许就是帮助更多企业敢于应诉,敢于打官司。但是,现阶段,中国许多中小企业,由于昂贵的应诉费用,根本就没有支付企业间的马拉松式的官司的经济能力。由此可见,政府应推动建立“知识产权投资风险基金”机构,为中小企业提供涉外知识产权官司的风险贷款,支持中小企业在平等的条件下,在与国外大公司发生知识产权纠纷时敢于起诉和应诉。

再次,鼓励行业组织打造专业律师团队,共同应对知识产权侵权。美国企业知识产权保护常常挥舞三根“大棒”:一是提起反倾销诉讼,遏制中国企业;二是运用美国国际贸易委员会的知识产权 337 条款,打压中国企业;三是运用知识产权侵犯专利诉讼与中国企业纠缠。一般情况下,美国企业采取两步走战术来拖垮中方企业,即先依据 337 条款起诉,若中方不应诉,则美国国际贸易委员会就会发布命令,禁止中国产品进入美国市场;若中方企业应诉,则美国企业将在完成该案后,再向联邦法院提起诉讼,不断纠缠下去,以此把财力不足的中方企业拖垮,最终迫使其放弃市场。一个有经验的美国律师,每小时的收费在 300 ~ 700 美元。一起专利纠纷的案件少则需要一两年时间,多则需几十年才可能结案。昂贵的律师费是中国企业海外维权的一只拦路虎。无论是从维护产业利益还是从提高国家竞争力的角度出发,政府都理所应当要为中国企业撑腰。在这方面,我们应该学习韩国和日本,扭转我国外资企业各自为政、单兵作战的被动挨打局面,鼓励和支持中小企业互通信息、资源共享、共同应诉。我国政府应鼓励行业组织打造专业律师团队联合作战,派出既掌握本行业专业知识,又具备实战经验的高水平律师到国外参与诉讼,降低诉讼成本,提高胜诉概率。当然,提高企业自主创新能力与保护企业知识产权是一个系统工程,还需要全社会共同的努力。

最后,增加财政投入,培养企业知识产权保护能力。资金问题是大多数文化企业最头疼的问题,保护知识产权需要资金支持,就此,我国政府应提高相关经费的投入强度,保障知识产权的维权经费。①

(二)文化产业知识产权积极保护、消极保护与管理保护的协调实施机制

积极保护是主动要求权利并行使权利之过程,消极保护是禁止他人主张并行使某权利之过程,管理保护是为使知识产权取得最大的经济效益和社会效益而制定各项规章制度、采取相应措施和策略的活动。积极保护与消极保护是管理保护的保护方向,管理保护是积极保护与消极保护的制度细化。

管理保护在实践中体现为知识产权战略,以实施主体和范围作为分类依据,可以分为下述四类:(1)国家知识产权战略。从整个国家的宏观层面来考量,知识产权战略与我国的经济发展模式、人才

① 参见陈娟、庄培章:《政府如何鼓励企业自主创新和保护其知识产权》,载《消费导刊》2006年第12期。

培养、研发体系等密切相关,是一种统筹规划。(2)区域知识产权战略。由于我国的不同地区在科技进步、经济发展及知识产权资源方面存在很大差异,应当针对不同区域的实际情况,有不同的侧重点,实施区域知识产权战略。这也提醒政府部门,在衡量各地区的知识产权发展状况时,不宜追求单一目标。(3)行业知识产权战略。国家要在优先发展的产业,如IT、生物技术、中医药等重点行业推进知识产权战略。而对于其他行业,则循序渐进地推进知识产权保护。(4)企业知识产权战略。这一战略尤其要求培育和扶植企业的知识产权保护与利用的意识和手段,企业的知识产权战略应当遵循市场经济的规律,引导企业在市场竞争中增强自身知识产权创造、利用、管理与经营能力。

不同的实施主体有着不同的侧重,具体表现为:国家对知识产权的保护侧重对社会利益的保护,区域、行业则侧重对自身行业的发展,企业则重点保护知识产权的垄断地位,因此,它们对于积极保护和消极保护的保护方式的诉求也不相同,国家倾向消极保护,如此可以减少行政成本,实现民主;区域则希望国家投入更多资金主动打击盗版,维护区域发展;行业倾向联合企业对抗政府不公正的积极保护,希望通过行业自律来获得自由;企业则希望通过政府简政放权以及国家赋予其更长期限的垄断地位来保障自身的垄断高利润。

因此,文化产业知识产权积极保护、消极保护与管理保护的协同实施机制需要根据不同主体的诉求构建不同的保护机制。

(三)文化产业知识产权行业与市场协调保障机制

企业竞争不断加剧,大型企业之间并购整合与资本运作日趋频繁,国内外优秀的知识产权保护企业往往成为胜利者。行业由产品、个体或者经营单位组成,市场包含买方、卖方、商品、交易行为。

在知识产权保护方面,市场决定了知识产权是否值得存在和是否需要保护,行业则需要根据这些信息及时调整行业发展方向。行业为市场提供产品,市场是检验行业发展的标杆,并且返还生产资金,用于再生产。在行业—市场的循环中,知识产权是文化产业的核心,可以说文化产业中行业—市场的循环就是知识产权的循环。

知识产权从行业流向市场,涉及知识产权的申请、获权、处分等。只有市场在保护期限、保护方法、违约赔偿等方面做出回应,行业才能对现有知识产权进行改进或者利用。在市场向行业返还资金的过程中,行业通过该知识产权获得利润的同时,不应只注重眼前利益的获得,更应利用资金,加大对知识产权的保护力度,如申请专利获得保护、利用技术手段防止破解、申请防御知识产权、申请世界知识产权等。

二、文化产业知识产权协调保护具体措施——保护方法协同联动

在具体保护措施和方法上,虽然行政保护、司法保护、行业协会保护和民间保护 4 种保护方法被单独列出,但是其不宜单独发挥作用。这 4 种保护方法是可以予以结合运用的,并且只有通过结合运用,发挥不同主体、不同保护方式的优点,使其相互协同联动,才能弥补各自的不足与缺陷,从而形成版权保护的结实链条。从实践上来说,虽然这 4 种保护方法具有各自的独立性,但是又相互交叉,每一种保护方法的实施都或多或少会同其他一种或几种保护方式产生联系。既然存在这种实际存在的关联性,那么加强这种关联性,使各保护方式之间的协同得到增强,便可以使版权保护取得更加良好的效果。

(一)行政保护与民间保护的协同

首先,法治宣传同社会大众保护的协同。社会大众法律意识的

欠缺在一定程度上同政府法治宣传教育的力度不足有关。在很多违法案件中,并非违法者刻意要违反法律,而是其内心有一定的正义、是非观念,但是其对于法律条文的具体规定不甚熟知。因此,政府通过电视、广播、报刊、户外广告、现场普法等方式加强版权保护宣传教育,能够促进社会大众版权意识的增强,引导社会大众关注版权、重视版权,从而在心中树立起版权应当得到充分尊重的理念。

其次,行政执法同民间保护的协同。行政执法对版权违法行为予以处罚、曝光,使社会大众意识到版权法律同刑法等诸多法律一样,具有以国家强制力作为后盾的性质,从而发挥震慑功能、教育功能,使违法者和有违法念头的使用人衡量得失,打消违法不受处罚的幻想,并对普通大众形成教育。而民间版权保护意识的增强,同样会反作用于行政执法。民众更加热衷于举报、投诉版权违法行为,行政执法更加有的放矢,如此形成良性互动。司法保护同民间保护的协同机制大致与行政机关同民间保护的协同机制相似。

(二)行政保护与司法保护的协同

首先,加大调解力度,和谐化解版权纠纷。以调解作为结案方式,其和平化解版权纠纷、使当事人心服口服的特点使其成为在诉讼过程中受到审判机关高度重视的一种手段。加大调解力度,能调则调成为案件审理的优先考虑。由于知识产权纠纷具有高度专业性,在调解过程中引入专业人员便成为保障调解成功率的一大措施。以成都市为例,成都对外文化交流中心同成都市中级人民法院、成都知识产权审判庭合作,并引入两所全国性大型综合性律师事务所——泰和泰律师事务所、北京炜衡(成都)律师事务所和一所专注于知识产权侵权维权相关业务的专业性律师事务所——四川未知律师事务所,进行版权法律纠纷调解工作。通过专业人士分析、调解,取得良好效果。

其次,建立协作机制,搭建合作平台。一方面,深化行政执法与刑事司法的衔接,完善联动机制,实现知识产权“大保护”;另一方面,建立“诉调对接”机制,完善多元化纠纷解决机制。2017 年 9 月 1 日,成都市人民检察院与成都海关、成都市科学技术局、成都市公安局、成都市版权局、成都市工商行政管理局共同签署了《关于建立知识产权保护协作机制的意见》。意见共计 23 条,明确各部门在知识产权行政管理、行政执法、两法衔接、诉讼活动、法律服务等履职活动中的工作内容,就建立完善知识产权领域专门的信息共享、联合执法、联席会议、会商研讨、技术支持、培训交流等协作机制达成共识,推动建立知识产权行政主管、行政执法和司法保护的协作机制。① 在具体的知识产权行政执法活动中,成都市有关部门会向法院方面征求意见,借助法官的专业能力增强行政执法事实认定与法律适用的准确性。

(三)行政保护与行业协会保护的协同

尽管行业协会作为独立的自治的社会团体而存在,但是其往往具有官方主办背景,行政机关或者其下属事业单位是举办行业协会的主要力量。行政机关通过主管、指导行业协会工作,为行业协会的健康发展提供引导,并为行业协会开展工作提供资源支持;行业协会借助行政机关赋予的资源开展活动,并且为行政机关汇集、报告行业动态和会员意见、建议,从而为行政机关履职提供参考。

(四)司法保护与行业协会保护的协同

行业协会作为共同发声体,具有较强的舆论能力,能够对侵权者进行施压。而当侵权者继续侵权时,行业协会如前文所述的中国

---

① 参见《23 条意见会签　打造知识产权成都保护合力》,载成都市人民检察院网 2017 年 3 月 31 日,http://www.cdjcy.gov.cn/sjy/59805.jhtml。

音乐著作权协会和中国音像著作权集体管理协会,能够对诸多侵权者提起民事诉讼,维护创作人的权利。司法机关作为被动受理案件的裁判者,民事诉讼“不告不理”,司法保护以当事人起诉为前提。如果创作人怠于起诉,或者放弃起诉,司法保护就不能发挥其应有作用。行业协会保护同司法保护的协同的主要优点在于行业协会基于其专业性,能够及时地发现侵权行为,并对诸多侵权者提起诉讼,从而将案件呈递至司法机关。

(五)行业协会保护与民间保护的协同

文化产业中行业协会的成员传统上以创作人为主,但是现在行业协会逐步开始承担中介职能,这些具有中介性质的行业协会除吸纳创作人成为成员外,还向社会吸纳使用人等市场主体。创作人和使用人同在行业协会中,共同服从协会安排,共同参与协会活动,实现了行业协会同民间主体的互动——行业协会提供交易机会,指导创作人和使用人的版权买卖、许可等活动;创作人和使用人的版权保护意识得以增强,并且在尝到行业协会的甜头后,更加积极地参与行业协会。这种互动便形成了行业协会保护同民间保护的协同。

主要参考文献

一、中文文献

[1]《法国知识产权法典·法律部分》,黄晖、朱志刚译,商务印书馆2017年版。

[2][美]Arnold P. Lutzker:《创意产业中的知识产权——数字时代的版权和商标》(第2版),王娟译,人民邮电出版社2009年版。

[3][英]保罗·杜盖伊、斯图尔特·霍尔、琳达·简斯、休·麦凯、基思·尼格斯:《做文化研究:索尼随身听的故事》,霍炜译,商务印书馆2003年版。

[4]崔国斌:《传统知识保护的困境》,载国家知识产权局条法司编:《专利法研究(2002)》,知识产权出版社2002年版。

[5]董炳和:《知识产权制度研究——构建以利益分享为基础的权利体系》,中国政法大学出版社2005年版。

[6]范建华:《文化与文化产业发展新论》,人民出版社2011年版。

[7]冯晓青主编:《知识产权法》,武汉大学出版社2009年版。

[8]傅勇:《中美网络版权侵权制度之比较研究》,湖南大学2012年硕士学位论文。

[9]何家弘主编:《当代美国法律》,社会科学文献出版社2001

年版。

[10]胡惠林:《文化产业学:现代文化产业理论与政策》,上海文艺出版社 2006 年版。

[11]冀宗儒:《民事救济要论》,人民法院出版社 2005 年版。

[12]姜明安主编:《行政法与行政诉讼法》(第 5 版),北京大学出版社、高等教育出版社 2011 年版。

[13]姜明安主编:《行政执法研究》,北京大学出版社 2004 年版。

[14]梁军主编:《知识产权法》,电子科技大学出版社 2019 年版。

[15]刘春茂主编:《知识产权原理》,知识产权出版社 2002 年版。

[16]刘春茂主编:《中国民法学·知识产权》,中国人民公安大学出版社 1997 年版。

[17]刘春田主编:《知识产权法》(第 2 版),高等教育出版社、北京大学出版社 2003 年版。

[18]刘春田主编:《知识产权法》,中国人民大学出版社 2002 年版。

[19]宁立志主编:《知识产权法》,武汉大学出版社 2011 年版。

[20]欧阳坚:《文化产业政策与文化产业发展研究》,中国经济出版社 2011 年版。

[21]浦莉:《遗传资源与相关传统知识的民法保护研究》,人民法院出版社 2009 年版。

[22]齐爱民:《知识产权法总则》,武汉大学出版社 2011 年版。

[23]申长雨主编:《迈向知识产权强国之路——知识产权强国建设实施问题研究》(第 2 辑),知识产权出版社 2017 年版。

[24]王利明:《侵权责任法研究》(下),中国人民大学出版社 2011 年版。

[25]王迁:《知识产权法教程》(第 7 版),中国人民大学出版社

2021 年版。

[26]王迁:《著作权法》,中国人民大学出版社 2015 年版。

[27]吴汉东:《知识产权多维度解读》,北京大学出版社 2008 年版。

[28]吴汉东:《知识产权法》,法律出版社 2021 年版。

[29]谢向英主编:《文化产业知识产权概论》,高等教育出版社 2020 年版。

[30]南振兴、陈红英、于向阳、南茜:《文化创意产业的知识产权保护研究》,知识产权出版社 2015 年版。

[31]张翔飞、张炳生、蒋万来:《知识产权新论》,人民法院出版社 2002 年版。

[32]郑成思主编:《知识产权法教程》,法律出版社 1993 年版。

[33]朱建纲:《文化产业发展战略研究》,湖南教育出版社 2006 年版。

[34]蔡武进、彭龙龙:《法国文化产业法的制度体系及其启示》,载《华中师范大学学报(人文社会科学版)》2019 年第 2 期。

[35]陈绍玲:《建设知识产权强国:我国面临的国际规则挑战及对策》,载《南京社会科学》2016 年第 7 期。

[36]陈霞:《论知识产权与文化产业的发展》,载《首都师范大学学报(社会科学版)》2012 年第 6 期。

[37]初萌:《知识产权法的人本主义伦理转向——以建构主义的技术观为视角》,载《科学学研究》2022 年第 8 期。

[38]丛立先:《我国文化产业的知识产权战略选择》,载《政法论丛》2011 年第 3 期。

[39]邓玲:《民间文学艺术作品司法保护路径探索——以云南〈蟒蛇记〉著作权纠纷案为例》,载《法律适用》2013 年第 6 期。

[40]冯晓青:《非物质文化遗产与知识产权保护》,载《知识产权》2010 年第 5 期。

[41]管育鹰:《关于我国知识产权司法保护战略实施的几点思考》,载《法律适用》2018 年第 11 期。

[42]郭建磊:《对美国文化产业的反观与思考》,载《东岳论丛》2006 年第 1 期。

[43]郝凤军:《论我国著作权行政保护的完善路径》,载《中国出版》2014 年第 11 期。

[44]何崇润:《法国著作权法简介》,载《现代法学》1992 年第 6 期。

[45]何华:《知识产权全球治理体系的功能危机与变革创新——基于知识产权国际规则体系的考察》,载《政法论坛》2020 年第 3 期。

[46]何炼红、邓文武:《商品化权之反思与重解》,载《知识产权》2014 年第 8 期。

[47]胡宝岭:《中国行政执法的被动性与功利性——行政执法信任危机根源及化解》,载《行政法学研究》2014 年第 2 期。

[48]胡卫萍、王学军、赵志刚:《文化资源商品化权设权的理论构想》,载《南昌大学学报(人文社会科学版)》2019 年第 3 期。

[49]黄武双:《商业秘密的理论基础及其属性演变》,载《知识产权》2021 年第 5 期。

[50]黄晓:《产业化视角下的贵州民族民间文化资源保护》,载《贵州社会科学》2006 年第 2 期。

[51]蒋筱熙:《证明妨碍排除规则在涉互联网知识产权侵权诉讼中的应用——举证责任与举证能力的博弈》,载《电子知识产权》2021 年第 12 期。

[52]匡亚林:《文化产业政策演化视角下动漫产业发展路径创新——自1996—2017年相关政策文本观察》,载《中国海洋大学学报(社会科学版)》2017年第5期。

[53]李芬莲:《中国知识产权行政执法的困境及出路》,载《广东社会科学》2014年第3期。

[54]李富民:《作品中虚拟角色的法律保护》,载《社会科学家》2012年第5期。

[55]李浩然:《美国文化产业的发展经验及其启示》,载《人民论坛》2020年第3期。

[56]李俊、崔艳新:《新一轮国际知识产权规则重构下的中国选择——以知识产权强国建设为目标》,载《知识产权》2015年第12期。

[57]李平:《美国的知识产权保护制度对我国的启示》,载《世界经济与政治论坛》2003年第2期。

[58]李平:《美国知识产权制度的历史发展》,载《求是学刊》2002年第2期。

[59]李顺德:《对加强著作权行政执法的思考》,载《知识产权》2015年第11期。

[60]李顺德:《中国的文化产业应该加强法律保护》,载《河南社会科学》2007年第4期。

[61]李伟民:《知识产权行政执法与司法裁判衔接机制研究》,载《中国应用法学》2021年第2期。

[62]李雨峰:《版权登记制度探析》,载《知识产权》2008年第5期。

[63]林秀芹、孙智:《我国地理标志法律保护的困境及出路》,载《云南师范大学学报(哲学社会科学版)》2020年第1期。

[64]林秀芹:《商业秘密知识产权化的理论基础》,载《甘肃社

会科学》2020 年第 2 期。

[65]刘杰、胡春凌:《生生不息的文化活力——法国文化产业发展现状与趋势》,载《世界文化》2017 年第 4 期。

[66]刘锦宏、闫翔:《透析美国文化产业发展战略》,载《经济导刊》2007 年第 9 期。

[67]刘立甲:《著作权保护视阈下的民间文艺作品》,载《理论月刊》2018 年第 11 期。

[68]刘晓军:《知识产权诉前禁令制度的变革与重构》,载《知识产权》2016 年第 12 期。

[69]罗莉:《电视节目模板的法律保护》,载《法律科学(西北政法学院学报)》2006 年第 4 期。

[70]马忠法、王悦玥:《"一带一路"倡议下的知识产权国际协调法律制度》,载《上海财经大学学报(哲学社会科学版)》2022 年第 2 期。

[71]倪咸林:《行业协会商会脱钩后完善内部治理研究》,载《行政管理改革》2016 年第 10 期。

[72]彭思彬:《涉外知识产权侵权法律适用规范释义与完善》,载《武大国际法评论》2020 年第 4 期。

[73]戚建刚:《走中国特色知识产权行政保护之路》,载《中国高校社会科学》2020 年第 6 期。

[74]曲三强、张洪波:《知识产权行政保护研究》,载《政法论丛》2011 年第 3 期。

[75]饶世权:《日本文化产业法律制度及其启示》,载《出版科学》2016 年第 2 期。

[76]施小雪:《公共政策理论视角下我国知识产权司法保护的实践逻辑》,载《知识产权》2022 年第 2 期。

[77]石俭平:《我国涉外知识产权侵权法律适用规则及其完

善——以涉外知识产权审判实践为视角》,载《电子知识产权》2019年第11期。

[78]宋慧献、周艳敏:《因应时代的著作权管理制度的革新——日本〈著作权与邻接权管理事务法〉评介》,载《知识产权》2002年第5期。

[79]孙玉荣:《互联网文化产业发展与知识产权保护》,载《北京联合大学学报(人文社会科学版)》2016年第2期。

[80]田珊珊:《法国的文化政策:一个基于民族文化视角的研究》,载《法国研究》2010年第2期。

[81]王光全:《我国企业知识产权保护的策略分析》,载《科研管理》1997年第4期。

[82]汪曙华:《当代中国版权行政保护体系的核心症结及对策》,载《现代出版》2013年第4期。

[83]王迁:《论视听作品的范围及权利归属》,载《中外法学》2021年第3期。

[84]王骞:《多元维度下版权适当保护之思考——基于我国版权行政执法的考察》,载《电子知识产权》2020年第3期。

[85]王营、朱文艺:《通向创新型国家的司法保护之路:来自知识产权法庭设立的证据》,载《现代财经(天津财经大学学报)》2022年第5期。

[86]吴汉东:《保护知识产权就是保护创新》,载《人民日报》2020年12月14日,第9版。

[87]吴汉东:《国家软实力建设中的知识产权问题研究》,载《知识产权》2011年第1期。

[88]吴汉东:《〈民法典〉知识产权制度的学理阐释与规范适用》,载《法律科学(西北政法大学学报)》2022年第1期。

[89]夏道虎:《最严格知识产权司法保护的三大核心要义》,载《中国应用法学》2021 年第 4 期。

[90]薛虹:《网络内容提供者的版权侵权责任》,载《知识产权》2000 年第 2 期。

[91]薛美琴、马超峰:《合法与有效:异地商会内外治理的策略研究》,载《公共管理学报》2017 年第 3 期。

[92]杨和义:《文化产业知识产权保护的经验借鉴》,载《改革》2009 年第 6 期。

[93]易继明:《我国知识产权司法保护的现状和方向》,载《西北大学学报(哲学社会科学版)》2018 年第 5 期。

[94]易继明:《新时代中国特色知识产权发展之路》,载《政法论丛》2022 年第 1 期。

[95]于平安:《居法国文化产业首位的法国图书出版业》,载《中国出版》2005 年第 1 期。

[96]俞懿春、张朋辉:《全球知识产权治理的参与者和推动者》,载《人民日报》2022 年 5 月 5 日,第 3 版。

[97]张法连:《加快涉外法治人才培养体系建设》,载《人民日报》2021 年 3 月 25 日,第 19 版。

[98]张耕、施鹏鹏:《法国著作权法的最新重大改革及评论》,载《比较法研究》2008 年第 2 期。

[99]张祥志、宋婷:《知识产权制度体系保障文化产业发展的理论证成》,载《出版发行研究》2017 年第 6 期。

[100]张宇:《法国文化产业的发展及其启示》,载《文化产业研究》2016 年第 2 期。

[101]赵丹:《企业知识产权保护研究——基于全面推进依法治国的背景》,载《山西财经大学学报》2015 年 S2 期。

二、外文文献

[1]Gloor L. ,*Developing Cultural and Creative Industries in Ukraine*: *Conclusions Drawn from the History of the Economy of Culture and Actual Trends*,Conference of Cultural Activists,2015.

[2] Howkins J. , *The Creative Economy*, New York, Penguin Press,2001.

[3]Montgomery L. & Potts J. D. ,*Global Reuse and Adaptation in the Creative Industries—Three Further Arguments against Intellectual Property Based on Lessons from China*, Queensland University of Technology ePrints Archive,2008.

[4] Saner R. , Toseva G. & Atamanov A. , et al. , *Government Governance*(*GG*) *and Inter-ministerial Policy Coordination* (*IMPC*) *in Eastern and Central Europe and Central Asia*,8 Public Organization Review 3(2008).

[5]Sherman B. G. & Wiseman L. ,*Towards an Indigenous Public Domain*?,in Lucie Guibault &P. B. Hugen-holtz eds. ,The Future of the Public Domain,The Netherlands,Kluwer Law International,2006.

[6] Siva Vaidhyanathan, *Copyrights & Copywrongs*, *The Rise of Intellectual Property &How it Threatens Creativity*,New York University Press,2003.

[7] Throsby D. , *Economics and Culture*, Cambridge University Press,2001.

[8]Vob J. P. ,Bauknecht D. & Kemp R. ,*Reflexive Governance for Sustainable Development*,Edward Elgar,2006.

后　记

本书受西南交通大学研究生专著经费建设项目专项资助(项目编号:SWJTU－ZZ2022－053),系四川省社会科学研究“十三五”规划一般项目“文化产业知识产权的协调保护机制研究”(批准号:SC17B102)课题成果,以及西南交通大学—中细软中国高铁知识产权研究院、四川省知识产权教育培训(西南交通大学)基地项目成果(项目编号:IP21001－IP21005)。西南交通大学公共管理学院法学系硕士研究生赵建君、范晓帆、卢俊言、谢婉仪、宋爱洁、汪斐宇、陶冶、唐雯、哈吉参与了该课题的资料收集与整理等前期研究工作。特此说明并致谢意!